SOPHIA

Zeit zu erwachen

Hast du den Mut,
dem zu folgen, was du hörst?

SOPHIA

Alchemie Anthroposophie Gnosik

Dr. Johannes Slacik

www.sophia-bewusstsein.com

SOPHIA

Zeit zu erwachen

<u>Der mystische Königsweg</u>
<u>der Selbsterkenntnis</u>

Kosmische Gesetze,
vier Elemente,
Tierkreiszeichen
und der Baum des Lebens

Eine ganzheitliche Anleitung
aus geheimen Weisheiten des
mystischen Orients und
moderner, aktueller spiritueller Ansätze

Dr. Johannes Slacik

SOPHIA
Alchemie Anthroposophie Gnosis

Impressum

Bibliografische Information der Deutschen Nationalbibliothek:
Die Deutsche Nationalbibliothek verzeichnet diese Publikation in der Deutschen Nationalbibliografie; detaillierte bibliografische Daten sind im Internet über http://dnb.dnb.de abrufbar.

Die Rechte für diese deutschsprachige Ausgabe liegen bei Dr. Johannes Slacik, Kapellenhöhe 3c, 4048 Puchenau, Österreich.

www.johannesslacik-selbsterkenntnis.at

www.sophia-bewusstsein.com

© 2024 Dr. Johannes Slacik

2.   Auflage (Paperback)

Lektorat: Barbara Piper (Korrektur + Lektorat Kelly GmbH)
Korrektorat: Christian Ransmayr-Winter, Pauline Slacik
Umschlaggestaltung: Dr. Johannes Slacik
Umschlagsfoto: Quendal Bar by Unsplash

Verlag: BoD · Books on Demand GmbH, In de Tarpen 42, 22848 Norderstedt
Druck: Libri Plureos GmbH, Friedensallee 273, 22763 Hamburg

ISBN: 978-3-7693-0463-3

DANKE *von Herzen*

Auf der Entwicklungsreise hin zur Verwirklichung dieses Buches möchte ich ein paar Organisationen und Personen im Speziellen meinen Dank ausdrücken.

Ein ganz besonderes Danke geht an die Hermetik Akademie für die Zurverfügungstellung Ihrer Bibliothek, die hermetischen Einstiegskurse und vor allem das Licht, das Sie täglich der ganzen Menschheit schicken. Mein Dank geht auch an Dr. phil. Harald Fellier für die astrologischen Diskussionen.

Für das so wichtige Korrektorat von Christian Ransmayr-Winter und Pauline Slacik sowie das professionelle Lektorat von Barbara Piper im Auftrag der Korrektur + Lektorat Kelly GmbH möchte ich mich herzlichst bedanken. Erst diese genaue Durchsicht macht diese Bucherscheinung möglich.

Aus tiefstem Herzen möchte ich auch meiner lieben und verständnisvollen Frau Manuela danken. Alle meine Themen spiegelt sie mir unweigerlich wieder zurück und ist mir unermüdlicher Sparringspartner in sämtlichen psychologischen und spirituellen Belangen. Mit ihr kann ich einfach über alles reden und dafür danke ich ihr in tiefer Wertschätzung.

Vor allem aber möchte ich mich für den Zugang zum göttlich-weiblichen SOPHIA-Bewusstsein bedanken bei Maria Magdalena, die mir diese Erkenntnisse zugetragen und mir erlaubt hat, das Göttliche im Menschen zu verstehen und dadurch mein Leben und möglicherweise auch das anderer zu verbessern, sowie bei der Heiligen Mutter Maria für ihre bedingungslose Liebe, die mich in Zeiten des persönlichen Zweifels einfach liebte, mein Selbstvertrauen stärkte und mir Zuversicht gab. Danke für diese enorme Gnade.

Von subjektiver zu objektiver Mystik

„Die geisteswissenschaftliche Seelenschulung, wie sie hier gemeint ist, strebt aber nach solchen objektiven Erlebnissen, deren Wahrheit zwar ganz innerlich erkannt wird, die aber doch gerade deshalb in ihrer Allgemeingültigkeit durchschaut werden.“

Rudolf Steiner 1913,
Vorbemerkung zur vierten Auflage:
Die Geheimwissenschaft im Umriss

INHALTSVERZEICHNIS

Farb-Meditationen

PROLOG

Es ist bereits alles im Sinne der Redewendung: *„Es gibt nichts Neues unter der Sonne"* geschrieben worden. Und doch sind die hier vorgestellten Konzepte noch nie so gemeinsam, ganzheitlich und mit so vielen praktischen Beispielen für den heutigen Menschen untermauert dargestellt und aufgearbeitet worden. Dieses Buch beinhaltet neben meinem Buch *‚SOPHIA – Der göttliche Mensch'* die für mich wichtigsten und bedeutendsten Lebensweisheiten für ein glückliches, gesundes Leben und eine seelische Integration zum eigenen höheren Selbst. Dieses mir geschenkte Wissen, meine jahrelangen Recherchen, erlangten Erkenntnisse und Lebenserfahrungen möchte ich mit dir und der Menschheit teilen, damit vor allem in diesen Zeiten der Entfremdung der Mensch Halt darin finden kann und persönliche Entwicklung und Heilung möglich werden. In Ehrfurcht vor dem göttlichen großen Werk, dessen Teil der Mensch selbst ist, möchte ich mich für das mir gegebene Wissen bedanken und dieses der Menschheit weitergeben; denn der, der Weisheiten erlangte, muss sie weitergeben, zum Wohle aller, auch für sich selbst. Amen.

Erwachen heißt aufwachen. Es ist Zeit, die Illusionen dieser Welt zu durchschauen, die eigenen magischen Kräfte, die absolut jeder Mensch ohne Ausnahme besitzt, wieder zu erkennen und das Göttliche im Menschen zu reaktivieren. Die Zeit ist reif für das größte kollektive Erwachen der Menschheit. Und Themen wie Covid-19, Energiekrise, Ukrainekrieg und Klimawandel sorgen dafür, dass die Menschen in größerem Stil als je zuvor auch tatsächlich überlegen und reflektieren, was denn hier auf der Welt, aber auch in den einzelnen Nationen, eigentlich vorgeht. Die jahrtausendelang aufgebauten Illusionen unserer Welt werden transparent, und der Mensch spürt, dass auf der Erde etwas aufs Äußerste falsch läuft. Mit etwas selbstständigem Überlegen und Nachfühlen erwacht der Mensch heutzutage mitunter, weil das Wassermannzeitalter dies begünstigt.

Aber noch mehr: Die gesamte feinstoffliche Welt fördert energetisch diesen Aufwachprozess, so wie sie auch mich erwachen ließ.

Aber von vorne. Ich erkannte wieder einmal, dass ich mir selbst im Wege stand. In den Jahren 2009 bis 2019 wurde mir viel Persönliches bewusst und ich erlangte sehr viel Selbsterkenntnis, mitunter durch meine Coaching-Ausbildung bzw. durch Schattenarbeit. Vor allem in den Jahren nach 2019 hatte ich entscheidende Eingebungen, welche meine nächsten großen Entwicklungs- und Verknüpfungsschritte initiierten. Mein Vater starb 2019 und, so wage ich zu behaupten, hat mir einen Engel geschickt, welcher mir die spirituelle Welt eröffnete und mir damit Antworten und Erkenntnisse eingab, die mein Leben veränderten. Ich wusste plötzlich, um was es im Leben geht. Ich begann den Sinn des Lebens und so auch die Lebensaufgabe des Menschen im Allgemeinen zu begreifen. Ich erkannte, wie man sein Leid im Leben und damit das eigene Schicksal überwinden kann. Plötzlich waren mir Erkenntnisse aus der Anthroposophie, Astrologie, der jüdischen Kabbala wie auch der Hermetik hilfreich für mein Verständnis der Welt und der Bedeutung des Menschen in ihr. Ich dockte an das höhere Bewusstsein an. Wer das einmal erfahren hat und somit aus der Illusion der Welt erwacht ist, der weiß, dass es keinen Weg zurück mehr gibt. Und so habe ich erkannt, dass ich mich seelisch rückintegrieren muss, zurück zu meinem höheren Selbst, zu meinem „ICH BIN", um mein Leben im Sinne meines höheren Selbst zu gestalten, um endlich frei und gesund ein glückseliges Leben leben zu können. Der Engel, der mir Erkenntnisse zukommen ließ, war die aufgestiegene mystische Meisterin Maria Magdalena, und es war durch sie, dass ich am göttlichen SOPHIA-Bewusstsein andocken durfte. Ich schrieb bereits mein letztes Buch mit dem Titel ‚SOPHIA – der göttliche Mensch' und wusste noch gar nicht, dass es sich hierbei wahrlich um das zutiefst göttliche SOPHIA-Bewusstsein handelte, das mich so berührte und mir die Augen öffnete, das die göttliche weibliche Kraft des allumfassenden Bewusstseins ist. Ich bin auf ewig dankbar für diese Gnade. AMEN.

Erkenntnisse durch das SOPHIA-Bewusstsein führen allesamt in Richtung Selbsterkenntnis, um sein wahres Selbst zu erkennen und seine Seele, sein eigenes seelisches Wesen, wieder zu integrieren. Es führt zur Verwirklichung des eigenen wahren Selbst und schließlich dahin, das Göttliche im Menschen wiederzuerkennen und zu aktivieren. Doch die Reise zur seelischen Rückintegration anzutreten, ist für den Menschen im Allgemeinen heutzutage kein leichtes Unterfangen. Sofern die Erkenntnis, also Sinnhaftigkeit, und der Einstieg schon vorhanden sind, scheitern doch viele von uns schon an den ersten Versuchen, denn unser Ego ist trügerisch und noch sehr mächtig. Zudem kommen die kulturellen und familiären Prägungen, Muster und Glaubenssätze hinzu und stehen einer Verwirklichung des eigenen Selbst gänzlich im Weg.

Das soll nicht heißen, dass wir komplett anders leben müssen, als wir es gelernt haben. Aber es soll heißen, dass wir deutlich an einer Veränderung unserer weltlichen Sichtweise arbeiten müssen, um höhere Erkenntnisse zu erlangen und letztendlich ein glückliches und gesundes Leben führen zu können. Eine Veränderung im Leben kommt dann automatisch durch die Bewusstseinserhöhung. Meine Eingebungen, Erkenntnisse und Erfahrungen haben mich mir selbst sehr viel nähergebracht und mir eine Tür geöffnet, welche, so möchte ich sagen, „zu Göttlichem führt". Ich war so inspiriert und enthusiastisch, dass ich die Schwelle zur höheren Erkenntnis auch überschritt. Und so begab ich mich auf den Weg der seelischen Integration mit meinem ganzen Herzen und voller Euphorie. Die Schattenarbeit, welche unweigerlich einen großen Teil der Reise ausmacht und das Aufarbeiten aller unbewussten Verhaltensmuster und Glaubenssätze bedingt, hatte ich bereits einige Jahre zuvor begonnen, und ich entwickelte mich so, dass es innerlich und äußerlich bemerkbar wurde. Meine Herzensvisionen ernst zu nehmen und daran zu glauben, war ein nächster Riesenschritt und ich kam meinem Selbst und damit MIR immer näher. Ich erkannte das auch am sogenannten Flow: Alles lief plötzlich von selbst, aber mit einer Qualität, die ich nie erwartet hätte. Meine Doktorarbeit konnte ich beinahe ein Jahr unter der Mindeststudienzeit mit Auszeichnung beenden, und es wurde mir sogar der JKU Young Research Award verliehen.

Noch im selben Jahr wurde ich für den Student Award der Johannes Kepler Universität Linz als bester Lehrer aus Sicht der Studierenden nominiert, was mich zutiefst berührte, denn ich liebe es, zu unterrichten. Zusätzlich brachte ich innerhalb eines halben Jahres zwei Bücher heraus, wobei sich eines weit mehr verkaufte, als ich je erwartet hatte. Was war geschehen? Wie konnte mich diese Welle des Erfolges, dieser Flow des Lebens einholen und mich überraschen? Was musste ich nun tun, damit das auch so bleibt und ich auf dieser Welle zumindest ein Weilchen, wenn nicht gar für immer, reiten kann?

Ich verstand, dass mein Inneres sich im Außen widerspiegelte und ich daraus bereits schließen durfte, dass sich bei mir etwas verändert hatte. Ja, zum Positiven, zum äußerst Positiven! Ich wusste und spürte, dass mein eingeschlagener Weg mir zugleich die Richtung zeigte und mich anzog. Das Prinzip der Resonanz wirkte. Es war, als hätte ich mich innerlich meinem Weg gewidmet. Ich konnte gar nicht mehr anders handeln, als mich auf diesen Prozess einzulassen. Erst jetzt begriff ich, dass ich weiterlernen, mich entwickeln und meine Reise gewissenhaft antreten musste. Denn die Schattenarbeit, gepaart mit den Einträgen in mein Schattentagebuch, und das parallele Achten auf Herzensvisionen, gepaart mit den Einträgen ins Herzenstagebuch, waren erst der große, aber dennoch bescheidene Anfang meiner gewählten Reise. Die Anleitungen der Maria Magdalena durch ihr Evangelium waren zielführend, aber irgendetwas fehlte noch, um mich gänzlich seelisch rückintegrieren zu können und zu MIR zu kommen. Denn trotz all des Flow-Gefühls wusste ich auch, dass ich noch Meilen von einer seelischen Integration entfernt war. Um meine Seele und den Ausdruck meines höheren Selbst auf dieser Welt im Vollsten auszuleben und dadurch meine Handlungen und die Umwelt positiv zu beeinflussen, bedarf es noch weitaus mehr.

Ich spürte, dass es um Energien ging, die ich noch nicht benennen konnte. Ich spürte, dass es um Göttliches ging, zu dem ich keinen Zugang hatte. Es gibt Kräfte in dieser Welt, die allgegenwärtig sind und die wir nutzen sollten. Die meisten von uns haben aber keine

Ahnung, wie wir diese nutzen könnten, sofern wir überhaupt wissen, dass sie da sind. Es sind die Energien, die uns ausmachen, die alles ausmachen, das gesamte Universum, alles, was da ist. Wir sind so in unserem Alltag gefangen, dass wir in der Illusion leben, die Welt sei, wie wir sie gerade erleben. Ein klassischer Wahrnehmungsfehler, aber wir können ja scheinbar nicht aus.

Aber halt! Nimm dir kurz die Zeit, nachzudenken, innezuhalten und die unsagbare kosmische Unendlichkeit wahrzunehmen. Schau hinauf in den Sternenhimmel und erkenne die Größe und die Energien des Universums. Wir sind ein Teil dieses gesamten kosmischen Plans, jeder Einzelne von uns. Nichts ist unmöglich und alles ist möglich. Es sind Kräfte, die wir für uns nutzen können, wenn wir lernen, diese wahrzunehmen, und uns dafür öffnen. Wir sind dafür geschaffen, unser Selbst zu leben, und die kosmische Einheit führt nahe, dass wir alle unseren Platz in diesem Universum und auf dieser Welt haben. Dafür müssen wir aber unseren Weg erkennen und auf unser Herz bzw. unser Selbst hören.

Während meiner Recherche und der Suche nach dem nächsten Schritt erkannte ich, dass es keinen anderen Weg mehr gibt, als in den Traditionen der Mystik und Magie meinen Weg fortzuschreiten. Denn die etablierten Religionen haben diesen Zugang zum wahren Göttlichen in uns selbst beinah gänzlich verloren bzw. sogar absichtlich verdrängt. Zuerst war ich der Mystik und Magie gegenüber sehr skeptisch und vorsichtig. Es war mir zudem peinlich, dass ich mich nun der Magie widmete und mit mystischen Meditationen meine Zeit verbrachte. Ich war wieder Lehrling, war unbeholfen und sogar ängstlich. Ich sah aber den Weg, weil ich durch meine Recherchen und Verknüpfungen verstand, dass diese Richtung die einzige Möglichkeit ist, um in diesem meinem Leben ein echtes höheres Bewusstsein zu erlangen und, als wäre es Magie, mich seelisch zu integrieren. Ich wusste aber noch nicht, was dieser Weg bringen und wie er zu bewerkstelligen sein würde. Ebenso wenig wusste ich, welche Bücher geeignet sind, wahres fundiertes Wissen weiterzugeben bzw. welche Zirkel oder Orden es gibt, die tatsächlich Weisheiten vermitteln, aus denen ich lernen konnte, was ich suchte.

Schließlich gibt es nach wie vor genügend Scharlatane, vor allem in der Esoterik, in deren Hände ich nicht fallen wollte. Daher musste ich zuerst den Unterschied verstehen lernen zwischen echter, weiser Mystik, wahrer Magie, die echte Wunder bewirkt, und den esoterischen Richtungen, die oft schön klingen und auch die Gefühle hochleben lassen, aber keine wahre bzw. tiefe Veränderung hervorbringen, weil ihnen selbst der Zugang fehlt bzw. die Anwendungen nicht zur „Selbst"-Entwicklung anregen, sondern eher zum Nachlaufen des Anbieters. Letztendlich gab es keinen Weg mehr zurück. Ich fand meinen Weg, auf welchem ich mich nun seit 2019 befinde. Doch eines muss ich noch festhalten, denn mein Vater verstarb 2019 an Magenkrebs, und fünf Monate später hatte ich Eingebungen, die meine Welt veränderten. Durch die Trauererfahrung entstand eine Offenheit in meinem Herzen, die mein Bewusstsein erweiterte und ein Empfangen der Eingebungen überhaupt erst ermöglichte. Auch konnte ich meinen Vater wahrnehmen. Ich erhielt in den folgenden Monaten so viele Erkenntnisse, speziell über Maria Magdalena, dass ich dies nicht einmal ansatzweise mit meinem Vater in Verbindung brachte. Doch im Laufe der letzten drei Jahre, in denen ich sukzessive auf dieser Reise reifte und bewusster wurde, erkannte ich plötzlich Zusammenhänge, Fügungen und Eingebungen, welche tatsächlich durch oder mit Unterstützung meines Vaters ermöglicht wurden. So schwer ich mich anfangs tat, dies voll und ganz zu glauben, so sehr weiß ich heute, dass es wahr ist. Und so wurde ich mit dem Beginn der Arbeit an meinem ersten Buch zu einem spirituellen Menschen. Ich begann, das Göttliche zu begreifen und daran zu glauben, mehr noch, ihm zu vertrauen und es zu verkörpern. Ich nahm im Laufe der letzten drei Jahre 17 Kilogramm ab, weil gesunde Ernährung plötzlich wichtig wurde, ja, für die persönliche Entwicklung sogar im Vordergrund stand. Ich habe seit zwei Jahren mein Idealgewicht, ohne dass ich auf die Waage sehen muss. Meine Essgewohnheiten änderten sich zwar durch meine neue Ausrichtung, aber es ging wie von selbst. Und eines ist leider klar: Nur ein gesunder Körper kann gesunde Gedanken verarbeiten. In einem Körper, der durch Krankheit geprägt ist (und sei es Übergewicht), ist es schwer, sich vom Ego zu befreien und klare, gesunde Gedanken zu hegen. So geht mit einem höheren Bewusstsein die Gesundung des Körpers einher, weil der Fokus plötzlich relevant wird und man Weichen für die körperliche Gesundung im Leben stellt. So bin ich beinahe auf vegane[1], also gesunde, Ernährung umgestiegen, denn es macht absolut Sinn, nur Bio-Gemüse, Kräuter und Obst zu essen. Sicher, es hat eine Zeit gedauert, bis das auch im Alltag durchgesickert ist, bis auch mein Ego verstanden hat, dass dies mein neuer Weg ist. Auch Zucker wurde von mir großzügig mit Ahornsirup, Apfelsirup, Kokosblütenzucker substituiert, denn der Fabrikzucker kostet uns mehr Mineralstoffe, als wir am Tag aufnehmen können. Das ist mitunter der Grund, warum wir altern, denn wir ernähren uns falsch, und die Ernährungswissenschaft schaut sogar noch zu, ohne diese wichtigen Informationen in die Welt hinauszuposaunen. Aber gut, vieles davon ist hinlänglich bekannt, wir wollen es nur nicht wahrhaben und essen ungesund weiter. Das verändert sich mit einer Bewusstseinserhöhung.

Im Rahmen meiner Weiterentwicklung und mit dem Ruf, der Menschheit und den Menschen um mich herum Unterstützung auf ihrem Weg zum eigenen ICH zu geben, möchte ich mit diesem Buch zum mystischen Verständnis beitragen, einen Überblick über die Anwendung, einen Einblick in die persönlichen höheren Erkenntnisse anhand der sieben kosmischen Gesetze des Hermes Trismegistos und deren anthroposophischer Betrachtung sowie der jüdischen kabbalistischen Emanationen des Lebensbaumes und deren Entsprechungen in unserem Alltag sowie eine daraus entwickelte heilpraktische Anleitung für den Menschen im 21. Jahrhundert vermitteln. Diese, so scheint mir, sind eine göttliche Basis zur Erlangung von höherem Bewusstsein und universellem Verständnis. Es ist sozusagen der nächste Erkenntnisschritt zur seelischen Integration und verläuft über den Weg der mystischen Traditionen. Und ja, auch die vier Elemente müssen wir hier einbringen und betrachten, um die Kräfte des Menschen und seine Potenziale erfassen zu

---

[1] Wohlgemerkt ist vegan nicht automatisch gesund. Denn in sehr vielen Produkten im veganen Supermarktregal sind leider genauso chemische Inhaltsstoffe, Zucker, Aromastoffe und ungesunde Verbindungsmittel enthalten wie in anderen Lebensmitteln auch. Honig ist im Vergleich wieder sehr gesund, gilt aber als nicht-vegan.

können. Ich fand meinen Sinn des Lebens, und auch die Arbeit am nun vorliegenden Buch half mir einmal mehr dabei, die Reise zu mir, zu meinem Selbst und zur seelischen Integration zu verstehen und anzugehen.

Ich schrieb dieses Buch vor allem, weil es meine Bestimmung scheint, hohe abstrakte Konzepte und Lebensphilosophien, welche sich auch so oft in religionsphilosophischen, gnostischen und alchemistischen Texten finden, auf praxisnahe Anwendbarkeit und für ein alltägliches Verständnis aufzubereiten, damit jeder von uns wachsen kann und die uralten Weisheiten auch dem Menschen des 21. Jahrhunderts endlich einmal von Nutzen sein können. Genau deshalb fährt das SOPHIA-Bewusstsein, die Quelle und der Ursprung des göttlichen Bewusstseins, derzeit in so viele Menschen ein: Weil es Zeit ist, kollektiv aufzuwachen. In diesem Sinne hoffe ich, du kannst diesem Buch etwas abgewinnen und die freigelegten Erkenntnisse, persönlichen Erfahrungen und Meditationen gut für dich und deine ganz individuelle Weiterentwicklung hin zu einem erfüllten und gesunden Leben nutzen. Mögen auch dir diese Erkenntnisse helfen und deinen ganz persönlichen Weg zu deinem Selbst unterstützen.

Wenn du das Buch noch nicht zugeschlagen hast, dann begleite mich auf dieser religionsphilosophischen, aber vor allem mystisch geprägten Reise zum eigenen Selbst und lerne einen möglichen Zugang zu deiner Seele kennen. Auch in diesem Buch verbinde ich wieder nach eingehender theoretischer Rahmenerklärung und Aufarbeitung des Themas die gesammelten Erkenntnisse mit einer praktischen Anleitung als sogenannte Alchemie der *Selbst*-Erkenntnis, mitunter auf Basis alter Weisheiten, meiner gesammelten Erkenntnisse, der vielen persönlichen Erfahrungen und Geschichten des Lebens sowie des mitwirkenden SOPHIA-Bewusstseins.

Unweigerlich kommt es beim Lesen dieses Buches auch zu persönlichen Erkenntnissen, Inspirationen und Weisheiten. Wenn du diese proaktiv mitsteuern willst, dann empfehle ich, die einzelnen Kapitel sorgfältig und langsam durchzugehen – vielleicht sogar nur ein Unterkapitel wöchentlich, damit das Gelesene ins Bewusstsein und

Unterbewusstsein sickern und dort wirken kann. Auch empfehle ich, zu Beginn wöchentlich nur jeweils eine der vielen angeleiteten Meditationen im Buch jeden Tag zu praktizieren. Das erlaubt deinem Verstand und Gefühl, diese eine Meditation zu vertiefen und sich in und mit ihr zu entwickeln. Es werden sich neue Bilder, Töne, Farben und anderes bemerkbar machen, die mit nur einmaliger Meditation vielleicht nicht möglich wären und die den Kontakt mit deinem höheren Selbst erleichtern werden. In diesem Sinne wünsche ich dir viel Geduld und Liebe mit dir selbst (also viel Selbstvergebung und Selbstliebe), aber auch viel Freude beim Lesen und Arbeiten.[2]

Johannes Slacik

---

[2] Gender-Disclaimer: *Um die Lesbarkeit sowie das textliche Verständnis im Buch zu gewährleisten, wird keine gendergerechte Sprache verwendet. Wo angebracht, wird die Formulierung mal in männlicher, mal in weiblicher Form gewählt, spricht jedoch immer alle Geschlechter an.*

1. TRANSFORMATION DES MENSCHEN IM 21. JAHRHUNDERT

Gleiches erkennt Gleiches.
Hermes Trismegistos (Buch X, 20)

Denn ihr werdet sein wie Gott.
Genesis (1. 3:5)

Wir werden ihn sehen, wie er ist.
Jesus Christus (1. Jh 3:2)

Großartige Meister der Mystik, welche selbst das Göttliche in sich erkannt haben, weil sie zu dieser Weisheit emporstiegen und diese empfangen konnten, haben uns vor Jahrtausenden bereits ihr Wissen mitgegeben. Nicht umsonst war der Orient einst das Wissenszentrum der Welt. Die Alchemisten der Antike wurden im alten persischen und ägyptischen Raum zwischen Babylon und Alexandria ausgebildet. Große Meister der Mystik, Hellsichtige und Hellfühlende waren z. B. König Zarathustra, Hermes Trismegistos, der auch als ägyptischer Gott Thot oder als Merkur verehrt wurde und wird, Joseph, Moses, König Salomon, Buddha, Laotse, Mutter Maria, Jesus Christus, Pythagoras, aber auch Franz von Assisi, Theresa von Ávila, Hildegard von Bingen, Meister Eckhart, Christian Rosenkreuz, Novalis, Rudolf Steiner, Anna Katharina Emmerich, der Dalai Lama, die Zeitgenossin Estelle Isaacson und, ja, auch Maria Magdalena, um einige bekannte Vertreter zu nennen. Es gab noch Abertausende mehr, bekannte und weniger bekannte oder unbekannte, deren Existenz und Wissen die Geschichte zum Teil durch die vielen Bücherverbrennungen verlor. Zum Teil auch, weil Mystik und Magie zu Beginn der Moderne in einen schlechten Ruf gerieten und viele nur mehr im Geheimen wirkten und ihre Weisheiten lediglich mit Auserwählten teilten. Erst durch die Qumran- und Nag-Hammadi-Funde wurden zum Teil auch einstige weise Meister und Meisterinnen wieder zum Vorschein gebracht, wie z. B. der Apostel Paulus und seine Thekla oder eben die seit 2016 vom Vatikan anerkannte Apostolin der Apostel Maria Magdalena, welche sich selbst durch die Anleitung Jesu seelisch rückintegrieren konnte. Das heißt, sie überwand ihre Schatten durch Jesu Hilfe und konnte ihr wahres Selbst erkennen und leben.

Im orientalischen Weltteil der Erde war das Wissen um das Göttliche vorhanden und wurde auch gelehrt und mitgeteilt. Viele Ehrgeizige, aber auch Verlorene besuchten den Orient, um später als Magier nach Europa zurückzukehren und dort die Heilkunst und Magie anzuwenden, den Hofstaat zu verblüffen und Reichtum zu erwirtschaften. Man mag sich z. B. an Messmer oder Cagliostro erinnern. Aus dieser Zeit kommt unser Sprachverständnis der "Orientierung". Wir orientieren uns, weil im Orient (= Osten, die Richtung der aufgehenden Sonne) damals das Wissen zuhause war. Wer aber nicht lernte, seine Schatten aufzuarbeiten, und daher kein reines Herz besaß, der wandte unweigerlich – bewusst, aber auch oft unbewusst – schwarze Magie an und grub anderen und sich selbst ein sich schnell anbahnendes Grab. Man mag sich an den Fall Cagliostro (alias Giuseppe Balsamo) und die Halsbandaffäre der Marie Antoinette im 18. Jahrhundert zurückerinnern. Seit dieser Zeit sind Mystik und Magie tendenziell negativ konnotiert, die Gesellschaft fürchtet sich eher davor, als dass sie damit arbeiten will, und somit sind auch jahrtausendealte Weisheiten ins Verborgene abgedriftet, wo sie bis heute von Geheimbünden immer noch relativ streng bewahrt werden. Denn, so zeigt die Geschichte, bis auf manche Individuen ist der durchschnittliche Mensch noch nicht reif für diese Weisheiten und deren Gebrauch. Auch die Hexenjagd und Hexenverbrennungen haben der Mystik stark geschadet, wurden ihre Inhalte doch zu teuflischen Machenschaften umgedeutet.

So erhielt auch der symbolische Baphomet, welcher als Originalsymbol für den Sündenfall und die seelische Rückintegration steht, eine Verbindung zum teuflischen Werk, und seine Anhänger wurden (zumeist von der katholischen Kirche) gejagt. Der Mensch hat seitdem eher Angst vor dem Ungewissen, vor den Kräften, die sich dahinter verbergen, und vor der Gefahr, dem Bösen oder Magischen ausgesetzt zu sein. Dass im Eigentlichen das Göttliche dahintersteht, ist für viele kaum mehr fassbar. Die Kirche hat auch hier ihren Teil dazu beigetragen, alte Weisheiten zu vernichten und zu entwerten.

Das Göttliche wurde von der Kirche selbst an den Pranger gestellt und verurteilt. Damit hat sich auch eine Gesellschaft gebildet, die den Zugang zu Gott, zu sich selbst, nicht mehr oder kaum mehr hat. Intuition wurde sukzessive im Namen der Vernunft abtrainiert und damit auch der letzte göttliche Funke im Menschen. Nun ja, dies galt nicht für alle Menschen, denn manche erhielten sich den Zugang zu ihrer Intuition und zu ihrem Selbst. Der Kirche kam jedoch die philosophische Welle der Vernunft, wie Voltaire, Diderot, Immanuel Kant und René Descartes sie sahen, nur allzu gelegen, denn wenn der Mensch auf der Vernunft besteht, dann gehört die transformationale Welt der göttlichen Macht wieder der Religion bzw. der Kirche.

Auch unser Bildungssystem hat hier schwere und nachhaltige Schäden angerichtet, fokussiert es doch ebenfalls auf Vernunft und Vergleichbarkeit und entfernt sich vom Genie des Einzelnen. Gleichheit und damit Konkurrenz wurden geschürt anstatt Einzigartigkeit, wie die Natur sie uns täglich vor Augen hält. Wir wollen zwar immer individueller auftreten, folgen dabei aber doch den Trends und damit dem äußeren System. *„Dies verhindert im Inneren wie Äußeren die individuelle Entwicklung des Menschen"*, wie meine Lektorin, Barbara Piper, bestätigt. Und so ist es schön zu erkennen, wie sich die Welt und das Rad der Zeit drehen und wie vor allem seit dem letzten Jahrzehnt deutlich mehr Interesse an Erwachung und Selbsterkenntnis besteht und sich mitunter der Weg der Mystik als erstrebenswerter sinnstiftender Weg neu etabliert. Allerdings muss man hier noch zwischen christlicher Mystik, wie von den Karmelitern, Augustinern oder Franziskanern gepredigt, und über den Religionen stehender hermetischer und anthroposophischer Mystik unterscheiden.[3]

---

[3] Und selbstverständlich müsste vor allem die christliche Mystik mit Jesus Christus als lebendigem Beweis ebenso über den Religionen stehen, was aber die Kirche vor Jahrtausenden schon vereitelt hat. Nun stehen Christus und seine Mysterien vor allem unter einer Religion, die seine Mysterien zwar anerkennt, seine wahren Aussagen aber missinterpretiert und die Entwicklungsmöglichkeiten der gesamten Menschheit tragisch verlangsamt hat. Allein die Anthroposophen und Hermetiker nehmen die wahren Mysterien des Jesus Christus in den Blick, obwohl sie sich nicht auf die Christenheit, sondern über die Religionen

Laut Businesscoach Dr. Manfred Winterheller ist das psychologische Zeitalter nach den Kondratjew-Zyklen[4] bereits eingeläutet. Dennoch bewahren die großen Geheimbünde wie die Rosenkreuzer, die Theosophie, der Martinistenorden oder The Golden Dawn, um einige wichtige, bekannte zu nennen, die Essenzen der seelischen Integration hin zum Göttlichen und damit Magischen und schützen sowohl sich selbst als auch die Gesellschaft einmal mehr. Natürlich geschieht dies zum Leid vieler, die sich entwickeln wollen, auf der Suche sind und letztendlich auch unter Anleitung nicht weitergehen dürfen. Sie müssen den restlichen Weg selbst finden und sich selbst erkennen. Höchstwahrscheinlich ist es aber zum eigenen und gesellschaftlichen Schutz so.

Ganz gezielt leistet das Buch in deinen Händen einen Beitrag zur persönlichen seelischen Rückintegration, um das eigene Selbst wieder zu erkennen. Es erklärt auf nachvollziehbare Weise, wie die kosmischen Kräfte wirken und wie wir in unserem Alltag heutzutage damit umgehen und diese Kräfte für uns nutzen können, um ein glückliches und gesundes Leben führen zu können. Einmal mehr zeigt uns hier auch der kabbalistische Lebensbaum Möglichkeiten zur Selbsterkenntnis sowie eine hierarchische Verknüpfung mehrerer Entwicklungsebenen hin zum göttlichen Menschen, dem Anthropos oder Adam (Kadmon), dem ersten und göttlichen Menschen, der Sinnbild für Jesus Christus war und auch für die meisten von uns ist. Doch mehr über den Sündenfall und die Mysterien des Christus später.

Denn ja, es scheint schon verrückt, was wir erkennen, wenn wir erst einmal aus der Distanz unsere Gesellschaft und ihre Entwicklungstendenzen beobachten. Die Herausforderungen des Alltags hören nicht auf, und unsere hausgemachten Probleme werden maximal

---

hinaus auf einen spirituellen gemeinsamen Nenner beziehen, welcher alle Religionen beinhaltet.

[4] Der sowjetische Wirtschaftswissenschaftler Nikolai Kondratjew entwickelte in den 1930er-Jahren seine Theorie zur zyklischen Wirtschaftsentwicklung, die Theorie der langen Wellen. Demnach wird das Informationszeitalter der letzten 50 Jahre durch das psychologische Zeitalter abgelöst.

durch andere Probleme ersetzt. Und ja, alle Probleme sind hausgemacht und damit ein Teil der persönlichen Haltung und Lebenseinstellung. Die meisten von uns kompensieren auf die eine oder andere Weise: Zum Beispiel verdrängen wir durch Essen oder Einkaufen unsere Alltagssorgen, welche unsere eigentlichen Lernthemen im Leben beinhalten. Darum wirkt die Freude am Erworbenen auch nur so kurz, denn es ist nicht die eigentliche Freude, deren wir bedürfen. Wer kann schon für sich behaupten, den Himmel auf Erden zu leben? Sicher, in manchen Momenten gelingt dies für manche oder vielleicht für viele ganz gut, vor allem in der westlichen Welt, weil sich dort der Mensch schon geistig weiterentwickelt hat (z. B. positives Denken, Selbstbewusstsein, psychotherapeutische Aufarbeitung von Lebensthemen etc.), als in vielen Entwicklungsländern, wo überdurchschnittliche Armut und Krankheiten Zeichen dafür sind, dass der Mensch nicht erlöst ist. Im Westen leben die meisten Menschen, zumindest in ihrer Illusion, ein gutes Leben. Viele glauben auch, durch berufliche Beförderung und das teils enorme Einkommen im Paradies zu leben, aber es schürt nur die Illusion des Trugbildes, zumindest für viele. Denn ihr Reichtum ist immer noch gegründet auf materiellem Besitz – Besitz, der uns oftmals mehr besitzt als wir ihn. Die Illusion ist die materielle Kompensierung von Unsicherheiten bzw. Beziehungsthemen zum eigenen Selbst und zu anderen. Wenn überhaupt bleibt das Paradies für viele nur ein Moment, ein Hier und Jetzt des Glücklichseins. Und ja, auch im Westen verzeichnen wir unglaublich viele Krankheiten und sind weit von der Erlösung entfernt. Ein ewig andauerndes Glücklichsein ist uns in unserem Leben komplett fremd. Das erreichen nur ganz wenige, diejenigen, die auch den Materialismus loslassen können, wenn er dem Glück im Wege steht. Doch wohlgemerkt, auch Jesus Christus war nicht immer glücklich. Dies würde ja grundsätzlich unserem menschlichen Entwicklungsprozess entgegenstehen. Wie auch der Buddhismus klar aufzeigt, ist unser individueller Lebensweg ein Leidensweg. Warum aber? Ein Leben lang versuchen wir, unsere Lebensumstände zu verbessern, kündigen den Job, um einen neuen Weg einzuschlagen, trennen uns von der Partnerin oder dem Partner, um weiterzukommen und der Beziehungsmisere ein Ende zu setzen, in der Hoffnung, eine geeignete Partnerin oder einen Partner für die nächste Beziehung zu wählen. Es funktioniert nur nicht. Meistens laufen wir wieder in dasselbe oder in ein ähnliches Unglück hinein. Wir leiden an unserer Unfähigkeit, uns nicht kontinuierlich entwickeln zu können. Meistens verbessern wir unser Leben nicht, wir verändern es nur auf lateraler Ebene, wenn man so will. Ein neuer Partner, dieselben Umstände, dieselbe innere Einstellung, die sich zwangläufig im Außen manifestiert. Ein neuer Job, dieselbe Unzufriedenheit. Und ja, diese Probleme sind meist gekoppelt mit Gedanken und Aussagen wie „Das sind ja alles Idioten!" oder „Die sind ja alle unfähig!" Sind sie das wirklich, alle? Oder trügt uns unsere Wahrnehmung und wir projizieren autosuggestiv unsere eigenen Lebensherausforderungen auf die anderen? Die Antwort darauf hat auch Byron Katie schon eindrücklich in ihrem berühmten Buch ,Lieben was ist' aufgezeigt. Die Themen befinden sich im Inneren und manifestieren sich im Außen.

Sicherlich, mit einer neuen Partnerin oder einem neuen Partner verbessert sich manchmal unsere Situation tatsächlich, wenn wir etwas dazugelernt haben und die bewussten oder unbewussten Erkenntnisse in unserer neuen Beziehung auch umsetzen können. Wie aber können wir uns gezielt entwickeln und an unseren Erkenntnissen reifen, um ein besseres Leben zu haben, als es derzeit für uns der Fall ist? Die vielen Tausend oder selbst Millionen Euro auf dem Konto überbrücken ja nur unsere Leiden. Das Geld ist zwar Potenzial, aber wir verwechseln unser geschaffenes Potenzial mit der Anhäufung von Materiellem. Wir kompensieren ständig und bemerken es gar nicht. Mit einer großen Yacht im Hafen von Monte Carlo wird man nur glücklich, wenn man auf dieser Yacht wahrlich eins mit sich selbst, mit der Umwelt und dem Universum ist; dann löst es Glückseligkeit aus. Dann wiederum brauche ich die Yacht vielleicht gar nicht mehr, welche natürlich auch materielle Sorgen bringt und auf der die großen Vergnügen, die sich der neidische Mensch vorstellt, nur in geringer Form gelebt werden. Materielles hält uns gefangen und besitzt uns sogar, wenn wir nicht loslassen können oder nicht über den materiellen Dingen stehen. Denn sie bieten Freude und tolle Momente, aber nicht anhaltendes Glück. Dafür müssen wir die Reise nach innen angehen. Wir müssen uns wieder rückbesinnen und erwachen aus dem tiefen menschlichen Schlaf, um zu erkennen, wer wir wirklich sind. Wir sind Gottes Ebenbild, Kinder Gottes. Wir haben diese Fähigkeiten in uns und müssen sie uns wieder bewusst machen und aktivieren, denn wir haben vergessen, dass wir aus dem Göttlichen kommen und so Jesus Christus ja eigentlich unser Bruder ist, der uns damals zeigen wollte, wer wir sind und welche Fähigkeiten wir als Menschen haben. Ja, ich weiß, es ist wahrlich schwer, das Göttliche in uns zu erkennen bzw. daran zu glauben, denn wir sind es einfach nicht gewöhnt, uns als Schöpfer und Gestalter zu sehen und zu fühlen. Wir entwerten uns ja auch ständig selbst, unbewusst natürlich, und verhindern sogar höheres Bewusstsein durch unsere niedrige Schwingung. Wir sind menschlich, nicht göttlich; obwohl das doch dasselbe ist, kommen wir ja alle aus der kosmischen Einheit. Der Fall aus dem Paradies nimmt uns diese Göttlichkeit nicht weg, wir vergaßen nur, dass es so ist. Und es wird Zeit, dies wieder in uns allen zu aktivieren, damit wir in unsere Kraft kommen, unser Leben in die Hand nehmen und ein glückliches Leben gestalten können.

Was haben nun die kosmischen Gesetze und der Baum des Lebens mit uns, unserem Alltag und der im vorliegenden Buch dargestellten Erkenntnisreise zu tun? Beide sind esoterischer, mystischer Natur und wirken sich täglich auf uns aus. Wir wissen es nur nicht, weil die Geheimnisse der Geschichte viel zu streng bewahrt werden und uns vor allem die Kirche vor Jahrtausenden schon den gänzlichen Zugang zum Wissen über uns selbst vereitelt hat. Erst mit dem Fund der Nag-Hammadi-Texte wurden Evangelien wiederentdeckt, welche guten Aufschluss über die tatsächlichen Worte Jesu geben und damit auch einen Weg für den Menschen freilegen, welchen wir in dieser Form seit über zweitausend Jahren nicht erkannten bzw. verlernten. Ich sage verlernten, denn was z. B. Teresa von Ávila, Franz von Assisi, Johannes Klimakos und viele mehr noch wussten, ist bis heute verdrängt und vernachlässigt worden, als wäre es nicht zielführend für den Menschen. Oder es war bewusst von den Machthabern wie der Kirche und den politischen Oberhäuptern gewollt, dass der normal sterbliche Mensch dieses Wissen nicht mehr erlangt. Jahrhunderte nach der Kreuzigung Jesu wurden gnostische

Schriften, Bücher und Evangelien verbrannt. Orden, Klöster und Mönche, die das nicht taten, wurden gleich mitverbrannt. Die Templer-, aber auch die Hexenverfolgungen und die Inquisition trugen ebenso bösartig wie effizient dazu bei, dass esoterisches Wissen über die wahren Entwicklungswege des Menschen hin zu einem glücklichen und gesunden Leben verloren gingen. Übrig blieben Texte mit halber Aussagekraft, auch in der Bibel, welche die Kirche gezielt dafür nutzen konnte, den Menschen klein zu halten und als Dauersünder zu entwerten. Bis heute fehlen teils wichtige Textteile, um die wahren Aussagen richtig interpretieren zu können und damit das Erbe Jesu und vieler anderer der Menschheit zurückgeben bzw. wieder zur Verfügung stellen zu können.

Neben der Anthroposophie, die als moderne mystische Richtung von Rudolf Steiner ihren Platz findet, tritt beinah einzig und allein die Hermetik auf Basis des Corpus Hermeticum von Hermes Trismegistos und der mit ihm assoziierten ägyptischen und griechischen Mythologien sowie der jüdischen Kabbala, aber auch vieler anderer Schriften, heraus und formuliert antikes Wissen und überprüfte Weisheiten, um dem heutigen Menschen Unterstützung in seiner Entwicklung zu geben. Der Begriff *„hermetisch abgeschlossen"* kommt von der hermetischen Lehre, deren Theorien allesamt klar und ganzheitlich ausformuliert sind, womit alles ganzheitlich erklärt wird, sodass keine Fragen offenbleiben. Doch selbst die hermetischen Schulen geben ihr Wissen nicht freizügig preis, denn es bedarf sehr geduldiger und intensiver Vorarbeit, um den Menschen auf die höheren Ebenen des Bewusstseins, wie Jesus es hatte, zu führen. Hermetisches Wissen frei zur Verfügung zu stellen bewirkt, dass auch unreife Menschen diese Wundertechniken anwenden und damit ihrem Ego mehr Raum und Kraft geben als ihrem seelischen, erlösenden höheren Selbst. Das wird ihnen unweigerlich zum Verhängnis und das Ego bzw. das Teuflische oder Böse in ihnen gewinnt. Nicht, dass wir alle böse wären, aber den Lastern unseres Egos unterworfen zu sein, ist, als würde uns der Teufel reiten. Genau das ist der Grund unseres Leidensweges. Wir hören unbewusst mehr auf unser Ego als auf unser höheres Selbst, das unsere Seele ausmacht. Wir haben heutzutage kaum mehr Zugang zu unserem höheren Selbst, auch wenn wir in einer ICH-Gesellschaft denken, dass wir uns zur Gänze erleben und ausleben, erfolgreich sind, Sport machen und die Karriereleiter emporsteigen. Das ist aber, und da kann ich nur dem Neurobiologen Gerald Hüther beipflichten, nur unser antrainiertes Verhaltensmuster auf Ebene des Egos. Wir glauben, so funktionieren zu müssen, damit wir erfolgreich sein können bzw. werden. Erfolg im Finanziellen wird wohl dadurch möglich sein. Vielleicht verdienst du ja sogar mehrere hunderttausend Euro pro Jahr. Aber du wirst auf diesem Wege nicht glücklich werden, so meine Hypothese für die meisten von uns. Du suchst, aber du findest nicht, und ich sage, dem ist so, weil dein Ego zwischen dir und deinem Glück steht. In diesem Kontext wird der oft falsch verstandene und sogenannte Matthäus-Effekt auch besser verständlich: *„Denn wer hat, dem wird gegeben, und wird im Überfluss haben; wer aber nicht hat, dem wird auch noch weggenommen, was er hat"*, so das Matthäus-Evangelium. [5] Denn wer auf sein Selbst hört und sein Selbst lebt, der wird noch vieles mehr erkennen. Wer dies aber nicht vermag, dem wird durch seine unbewussten, egogetriebenen Handlungen auch noch genommen, nämlich die Liebe, das Glück und der Himmel auf Erden – nicht das Geld. Das Geld ist hier eine reine Begleiterscheinung, um das Potenzial des gelebten Selbst zu vergrößern, also den Überfluss und die Fülle zu erweitern, die Welt zu kreieren und zu erschaffen. Daher ist Geld, wie wir es heute verwenden, höchst spirituell, denn es ist in alles verwandelbar. Geld erzeugt unbegrenztes Potenzial, was ja auch in den Grundlagen der Ökonomie verankert liegt. Damit ist aber auch klar, wer auf sein teuflisches Ego hört, selbst wenn es unbewusst passiert, landet in der Hölle – der Leidensweg ist vorprogrammiert. Was ich hier aufzeigen möchte, ist 1), dass, ja, alle Egoisten leiden – ausnahmslos, und 2), dass es hier nicht um egoistische Züge geht, sondern um unsere egogetriebenen Teile, welche z. B. Materielles und Sicherheit als wichtiger ansehen als Loslassen und Vertrauen.

Allerdings muss man an dieser Stelle sagen, dass die Buddhisten, Buddha sei Dank, keine Hölle haben, sondern nur den Leidensweg.

---

[5] Mt 13:12; Mk 4:25; Lk 8:18; Jh 15:2.

Die Hölle, wie wir sie heute kennen, wurde in der Renaissance von dem Schriftsteller Dante Alighieri geboren bzw. erfunden und von der Kirche gepredigt. Als Metapher für unsere egogetriebenen Handlungen ist das Sinnbild der Hölle natürlich reflektiv interessant, wenn auch immens übertrieben.[6] So ist es auch leicht verständlich, dass uns die Kirche der Dauersünde anklagt, der wir nicht entkommen. Wir können dieser Sünde bzw. unserem schelmischen Ego nicht entkommen, weil die wichtigsten Hinweise dazu absichtlich und längst aus der Geschichte gelöscht wurden. Erst die in der zweiten Hälfte des 20. Jahrhunderts wiederentdeckten Schriften und Apokryphen geben uns Einsichten in die damals schon erreichten Erkenntnisse und die eigentlichen Bedeutungen der antiken Weisheiten.

Unser Ego versinnbildlicht also Satan und ist das Böse, der Teufel oder ähnlich Schlimmes. Doch die Geschichte gibt uns noch einen Zusammenhang: Das Wort ‚Satan‘ kommt ursprünglich aus dem Hebräischen (hat somit auch sprachlich die Wurzeln von Christi Umfeld), wird *shâtan* geschrieben und bedeutet ‚der Ankläger‘ oder ‚Beschuldiger‘ oder auch ‚Gegenspieler‘ bzw. ‚Widersacher‘. Nie wäre ein Mensch auf den Teufel gekommen (vor dem wir uns fürchten), sondern eher auf das Ego, das durch seine Verhaltensmuster, Glaubenssätze und zumeist aufgrund von Ängsten und Sorgen das eigene Selbst und die echten Herzenswünsche verhindert. Das Ego versteht die höhere Ordnung noch nicht. Wir haben quasi sowohl unser Selbst (oder unsere göttliche Seele) als auch shâtan (unser Ego) in uns. Das Ego trennt uns von unserem Selbst, es ist damit ein klassischer Widersacher. Und es macht doch schon eher Sinn, den Teufel nicht an die Wand zu malen und uns zu fürchten, sondern den Widersacher in uns zu erkennen. Teufel, also *diabolos* im Griechischen, bedeutet ebenso ‚der Teiler‘, ‚Aufteiler‘ oder ‚Trenner‘. Den eigenen Kritiker in uns, unseren Trenner von Gedankenmustern, der uns Angst einredet und unser Urvertrauen schwächt, den kennen wir doch eigentlich ziemlich gut. Daher ist shâtan, der gefallene Engel,

---

[6] Je erleuchteter man ist, desto mehr erkennt man, dass es tatsächlich die Hölle ist, die wir durchschreiten. Uns Normal- oder Durchschnittsbürgern der Erde kommt dieses Dauerleiden leider normal vor.

auch auf Erden, weil er das Ego repräsentiert, welches von der Seele, dem Göttlichen, getrennt ist. Und es bedarf daher auch einer seelischen Rückintegration, wie sie Jesus Christus vorlebte, um das Ego wieder mit der Seele zu vereinen. Allerdings hat uns auch dies die Kirche nie gesagt, sondern stattdessen den Teufel auf die Erde geholt.

Das Ego des Menschen und seine unbewussten Verhaltensmuster und Glaubenssätze sind auch der einzige Grund, warum diese hermetischen Geheimnisse nach wie vor Geheimnisse bleiben, damit sich der Mensch langsam und schrittweise darauf hinentwickeln kann, und wenn er so weit ist, dann bekommt er die Summe an Weisheiten und Erkenntnissen, welche seit Jahrtausenden bewahrt werden und von nur wenigen im heutigen Alltag um- und eingesetzt werden. Aus welchem Grund sonst wird ein Buch wie ‚Das Geheimnis‘ von Rhonda Byrne, im Englischen als ‚The Secret‘ veröffentlicht, zum Bestseller, und trotzdem können sich so wenige Menschen mit den erlangten Weisheiten entwickeln? Weil der wahre Kern und die Kraft der Erkenntnisse verborgen bleiben. Weil zwar der Zugang zu Weisheiten eröffnet wird, nicht aber der Prozess und auch nicht der ganzheitliche Einblick in die höheren Ordnungen. „Das Geheimnis" erklärt lediglich ein untergeordnetes Prinzip der sieben kosmischen Gesetze, welche Hermes Trismegistos, so die Überlieferung, allesamt auf einer Smaragdtafel verewigte. Das Prinzip der Resonanz ist ein überaus erkenntnisreiches und wichtiges Prinzip, aber eben nur ein Teil eines Gesetzes der sieben. Eine ganzheitliche Betrachtung würde alle sieben kosmischen Gesetze einbeziehen, wie es in diesem Buch versucht wird. Zudem liegt der Fokus des Prinzips der Resonanz nicht im Außen. Ich wünsche mir einen Parkplatz und im Außen wird einer freigemacht – so geht das nicht. Sollte es gelingen, ist es scheinbar magischer Zufall. Da es aber keine Zufälle gibt – dieser Meinung bin ich absolut – kann man davon ausgehen, dass die kosmische Ordnung den Parkplatz tatsächlich für mich freigehalten hat. Aber es hat, wenn überhaupt, nur indirekt mit dem Prinzip der Resonanz zu tun. Weitaus wichtiger als der Fokus nach außen ist daher der Fokus nach innen. Du musst mit allen Sinnen fühlen und wissen, dass ein Parkplatz für dich verfügbar ist. Du musst es so sehr spüren, dass du es nicht glaubst, sondern es wahrhaftig weißt. Und weil du es weißt, kannst du auch loslassen von diesem Gedanken. Erst dann kann das Prinzip der Resonanz für dich funktionieren. Und das bedarf viel mehr, als sich einen freien Parkplatz einzubilden bzw. zu imaginieren. Sprich, ein Parkplatzwunsch ist ein wirklich schlechtes Beispiel für die Anwendung dieses Prinzips und dient nicht einmal als Metapher. Dein Traumjob oder deine Beziehung zu einem Menschen hingegen sind nur allzu adäquate Resonanzpotenziale, um zu entdecken, wie weit du das Prinzip der Resonanz verinnerlicht hast und für dich nutzen kannst. Und um das geht es schließlich im Leben. Wenn wir glücklich und gesund leben und uns am Leben erfreuen wollen, dann hilft es, wenn wir uns mit den kosmischen Gesetzen auseinandersetzen, diese verstehen, mit ihnen leben lernen und endlich Macht über unser Leben entwickeln.

Diejenigen, die sich ganzheitlich auf den persönlichen Entwicklungsprozess, auf Veränderung, auf Achtsamkeit, auf Schattenarbeit, auf die eigene Seele, auf höheres Bewusstsein, auf Gutes und, wie die Alchemisten sagen, auf das „Große Werk" einlassen, diese Menschen beschäftigen sich schließlich jahrelang mit sich selbst und sind auf einem zielführenden Weg, um in Glückseligkeit und Gesundheit ihr Leben leben zu können. Diese Menschen kennen Erfolg, sind eventuell auch finanziell reich, wie offensichtlich so manche erleuchteten Gurus beweisen, aber sie leben im Reinen mit sich und sie leben ihr absolutes höheres Selbst. (Ich bin mir aber nicht sicher, ob das auf alle Gurus zutrifft, ironisch gemeint, und möchte das hier nicht verallgemeinern.) Sie entfalten ihr Potenzial und teilen es mit der Welt. Sie sind glücklich, weil sie ihren Weg gehen und nicht den, den uns die Gesellschaft, vor allem auch verstärkt durch unser Bildungssystem, vorgibt. Denn auch das so gezielt eingedrillte Konkurrenzdenken fördert einmal mehr unser egogetriebenes Verhalten und nicht unsere seelische Erfüllung. Keine Menschenseele würde je in Konkurrenz mit einer anderen Seele gehen, sondern, wie Jesus Christus es vorlebte, diese wertschätzen und sich in Nächstenliebe begegnen und nicht durch Vergleichen und Feindschaft. Wenn wir uns als Menschen entwickeln wollen, dann müssen wir davon loslassen. Jeder Mensch ist einzigartig, unvergleichlich und leistet seinen ganz speziellen individuellen Beitrag in unserer Gesellschaft. Diese individuellen Fähigkeiten, wie z. B. Mozarts Klavierspiel, Salvador Dalís Surrealismus, aber auch Steve Jobs Visionen, Arnold Schwarzeneggers Kinosympathie oder Gandhis Härte, gegen Ungerechtigkeit zu kämpfen, kann man nicht verallgemeinern und sollten nicht abtrainiert werden. Schon gar nicht, indem man in der Schule bereits allgemeine Fähigkeiten hochtrainiert und den Fokus im Bildungssystem auf Dinge schärft, welche derzeit wirtschaftlich viel Geld einbringen und daher erwünscht sind. Vielmehr sollte man individuelle Fähigkeiten und Talente fördern, damit die Welt endloses Potenzial entwickeln kann, aufgrund der unterschiedlichen Fähigkeiten, Interessen und Sehnsüchte. Der Mensch muss wieder im Mittelunkt stehen. Wenn wir Menschen seelisch integriert sind, dann hat jeder Mensch seinen Platz auf dieser Welt und alle werden erfolgreich.

In meinem Buch ‚SOPHIA – Der göttliche Mensch' zeige ich auf, wie sich der Mensch seelisch rückintegrieren kann, damit er seine Göttlichkeit erkennt und diese auf Erden auch im heutigen Alltag ausleben kann. Das Göttliche in uns ist ein Synonym für das höhere Bewusstsein, nach dem wir streben, um ein glückliches und gesundes Leben führen zu können. „Der in die Höhen blickende Mensch", so wurde der göttliche Mensch als Anthropos erstmals von Rudolf Steiner, Gründer der Anthroposophie und der Anthroposophischen Gesellschaft, genannt, ähnelt damit dem Übermensch Zarathustra von Nietzsche. Diese Göttlichkeit, dieses herrliche Jesus-Phänomen, nach dem sich die gesamte Menschheit seit über zweitausend Jahren verzehrt, diese einzige Befreiung aus den konventionellen Zwängen, diese Freiheit, Liebe und Hoffnung, diese Glückseligkeit sollten wir wieder zurückgewinnen, zurückerobern, damit wir unser höheres Selbst leben und für uns und unsere Umwelt das große Werk des Miteinander, der Nächstenliebe und der Entwicklung des höheren Bewusstseins erfüllen können. Als Ebenbild Gottes geschaffen, sollten wir unser gesamtes Potenzial auch wieder zurückintegrieren und es auf Erden ausleben. Doch wer glaubt schon an die eigene Göttlichkeit bzw. die Göttlichkeit des Menschen? Und bitte verstehe hier das Wort ‚Gott' nicht falsch. Ich bin kein Gläubiger oder Anhänger einer Religion. Doch Gott steht vor allem für unser „höchstes SELBST", als größter feinstofflicher Ur-Teil des Gesamten und damit als höchstes Bewusstsein und Fokuspunkt für die inneren Kräfte, die der Mensch entwickeln kann. Auch den *echten* Magier kann man ‚göttlich' nennen, denn er verwendet genau diese wirkenden Kräfte und Energien. Er vollbringt göttliche Wunder, er zaubert, er wirkt mit Übersinnlichem. Hermes Trismegistos meinte, dass wir uns empor und hin zu unserem göttlichen Potenzial entwickeln sollen, um Gott und das Göttliche zu erkennen, denn Gleiches erkennt Gleiches. Diese Kraft und diese Macht sind in uns, und wir sind als Menschheit aufgefordert, diese zu erkennen und uns dahingehend zu entwickeln, damit wir glücklich und gesund den Himmel auf Erden leben können. Dies betrifft jeden Einzelnen von uns, aber es betrifft uns auch gesellschaftlich. Denn jeder Mensch, der glücklich ist, birgt Liebe in sich und kann und wird diese Liebe weitergeben. Liebe heilt und erfüllt die Menschheit. Kein Konkurrenzdenken, keine Machtspielchen der Unterdrückung, keine Ängste und keine Wertung bzw. Entwertung bringt den Menschen weiter, sondern nur die Liebe, die Nächstenliebe, die Vertrauen schafft und Hoffnung gibt. Liebe ist die allerfüllende Energie, die uns vereint und uns ultimativ heilt. Diese Form der Liebe müssen wir aber wieder erlernen und uns ihrer Kräfte bewusst werden. Das Streben nach höherem Bewusstsein ist das Streben nach der göttlichen ewigen und bedingungslosen Liebe. Im Ursprung sind wir längst diese Liebe, in unserer Seele bis hin zum höchsten Teil unseres Ur-Selbst. Doch das Ego, das Sinnbild der Trennung vom Göttlichen ist und das uns so stark im Griff zu haben scheint, wirkt oft konträr zur Liebe und ihren liebevollen Handlungen. Leidenschaften, wie Eitelkeit, Furcht, Trägheit, die der katholische Katechismus als Todsünden benennt, aber auch unsere Unwissenheit stehen unseren vorhandenen Ressourcen und dem Ausdruck der Liebe im Wege, um den Lebenszweck zu erfüllen. Vor allem aber können wir keine Liebe erleben, wenn wir nicht in unser Herz gehen und unser Herz für uns selbst, die Menschen und Lebewesen dieser Welt öffnen. Nicht in diese Liebe zu gehen, kommt einem andauernden Schicksalsschlag bzw. Leidensweg auf Erden gleich.

Um unseren Lebensweg und die ewige Spannung zwischen göttlicher Seele und menschlichem Ego besser nachvollziehen zu können, um letztendlich einen gesunden persönlichen Weg erkennen zu können, wurde in der jüdischen Kabbala der Lebensbaum entwickelt. Er stellt die göttliche Vision der Schöpfung bis hin zur Manifestation durch den Lebenszyklus des Menschen dar. Anhand des Lebensbaumes kann aufgezeigt werden, auf welcher Stufe sich der Mensch befindet. Auch hier begegnen wir sowohl dem Seelischen als auch dem Ego. Und während die kosmischen Gesetze allgemein gültig sind, bezieht die Sichtweise des Lebensbaums den individuellen Menschen ein. Für ein noch besseres Verständnis der persönlichen Phänomene entlang der Pfade durch den Lebensbaum wird oft auch der Tarot herangezogen und wirkt somit erklärungsunterstützend. Dadurch ist es auch möglich, dass sich jeder Mensch im Lebensbaum wiederfinden und durch Erkenntnisse wachsen kann. Er ist quasi eine Hilfestellung für den persönlichen Lebensweg hin zu einem glücklichen und gesunden Leben. Eine Brücke zwischen den kosmischen Gesetzen, dem Lebensbaum und der Astrologie sind auch die vier Elemente, welche tagtäglich auf uns wirken, ob es uns bewusst ist oder nicht. In diesem Sinne beschäftigt sich dieses Buch sowohl mit den Elementen als auch damit, wie wir lernen können, diese Energien nicht nur auf uns wirken zu lassen, sondern wie wir sie für unsere Potenziale und daher unsere Potenzialentfaltung einsetzen können. In der Antike, und so auch für Hermes Trismegistos, lag ein Erklärungsschlüssel unter anderem in der Astrologie bzw. in der Deutung der Sternzeichen. Die universellen Kräfte wirken auf uns und gehen weit über die Kräfte der Erde hinaus, nämlich ins planetarische Universum. Wie der Mond seine Wirkung auf uns zeigt, so haben auch die restlichen Planeten und Sternsysteme in unserem Sonnensystem ihre Wirkung, ob wir das verstehen oder nicht. Auch dieser astrologische Schlüssel wird in diesem Buch integriert und systematisch anhand der Elemente und der Tierkreiszeichen für die praxisnahe Anwendung erarbeitet.

In diesem Buch erkläre ich auf möglichst einfache und praktische Weise die sieben kosmischen Gesetze von Hermes Trismegistos, die Wirkungen der Elemente sowie die prozessuale Erkenntnisreise durch den kabbalistischen Baum des Lebens, welcher als Metapher für unseren Lebensweg steht und punktgenau Erklärungen für das anstehende persönliche Wachstum geben kann. Mein erstes Buch ‚*SOPHIA – Der göttliche Mensch*' ist für Vorwissen nicht vonnöten, aber ich kann es nur empfehlen, weil es die persönliche Erkenntnisreise durch Schattenarbeit und Herzfokussierung verständlicher macht. Um Erlösung zu finden, muss der Mensch schließlich fähig sein, die kosmischen Kräfte zu erkennen und sich diese zu Gemüte führen. Dann geht es bereits um die eigene Entwicklungsreise hin zum göttlichen höheren Selbst bzw. hin zur seelischen Integration, welche der Leserin und dem Leser in diesem Buch eröffnet wird. Ent-falte dich, lebe dein volles Potenzial und überwinde dein Schicksal auf Erden – das ist der Aufruf, der dieses Buch begleitet.

Begleite mich nun auf dieser persönlichen Erkenntnisreise zurück in den antiken Orient, wo die Weisheiten der alten Perser, Ägypter und des jüdischen Volkes schon alles beinhalteten, was wir heute wieder so mühsam zu verstehen versuchen. Zuletzt erkennen wir schließlich, dass es sich um das SOPHIA-Bewusstsein handelt. Denn erst die ganzheitliche Betrachtung und Analyse der alten Mysterientraditionen und modernen mystischen Bewusstseinsschulen ergeben ein eindeutiges, klares Verständnis der ewig währenden Mystik des Göttlichen und des Menschlichen und deren Verbindung bzw. den Sinn des Lebens. Dieses Buch versucht, unterschiedliche mystische Richtungen auf einen Nenner zu bringen, eine Verständnislücke abzudecken bzw. mehr Klarheit daraus zu generieren und die göttliche Kraft des Menschen hervorzuheben, sie zu aktivieren, was bei manchen gelingen mag.

Dass dieser Prozess vom Göttlich-Weiblichen, dem SOPHIA-Bewusstsein, geleitet wurde, wurde mir erst nach ein paar Jahren klar – und nachdem ich fast zweihundert Seiten dieses Buches geschrieben hatte. Es ist Gottes Werk und ein kleiner Teil für das große Werk. In vollster Dankbarkeit verbeuge ich mich vor der Gnade, diese Eingebungen und Weisheiten überliefert bekommen zu haben und vor dem persönlichen Wandel, den ich dadurch erleben durfte und immer noch darf. AMEN.

2. Der Stein der Weisen

Denn das Gute ist das Schöpferische.
C. H. X

Es ist wohl zielführend, bevor wir mit den sieben kosmischen Gesetzen beginnen wollen, Näheres über Hermes Trismegistos zu erfahren, dem Gott oder Menschen, dem wir diese kosmischen Gesetze verdanken. Hermes kommt in der ägyptischen wie auch in der griechischen Mythologie vor. In seiner mehrere Tausend Jahre alten Geschichte wurde er als dreimal größter (*tris-megistos*) Hermes und Gott der Schrift, des Mondes, der Wissenschaft sowie der Magie verehrt. Er selbst, als ägyptischer Gott Thot, soll die Hieroglyphen erfunden haben. Ebenso stellt er den griechischen Archetyp und Gott Merkur dar, welcher für die Sprache, die Wissenschaft, die Vermittlung und Übertragung stand und in der Astrologie nach wie vor diese Bedeutungen zugeschrieben bekommt. Gerüchte besagen, dass Hermes tausend Jahre nach Adam, dem ersten Menschen, auf der Erde regiert und vor allem durch seine vielen Schriften der Menschheit göttliche Weisheiten überliefert haben soll. Seine Weisheiten sind ihm ursprünglich durch das Merkur-Orakel offenbart worden, also durch göttliche Wesenheiten von Merkur (im Vergleich etwa zu Sonnenwesen wie Christus).[7] Andere Quellen schrieben, dass er ein Zeitgenosse von Moses war, also um 1200 v. Chr. lebte.[8] Seine Schriften beweisen seine Göttlichkeit bzw. seine Verbindung mit dem Göttlichen. Seine Smaragdtafel, welche das Kybalion und die Traktate des Corpus Hermeticum beinhaltet (insgesamt haben eine bescheidene Anzahl von 19 aus ursprünglich 42 Büchern und einige Einzelfragmente überlebt), gehört bis heute zu den wertvollsten Schriften für Alchemisten, Hermetiker, Magier, Mystiker, Esoteriker und für alle auf der Suche nach höherem Bewusstsein. Aufgrund seiner astrologischen, gnostischen und religionsphilosophischen Schriften wird Hermes auch als Offenbarer

---

[7] Siehe Rudolf Steiner GA 13.
[8] Louis Ménard, 1866; Richard Reitzenstein, 1904.

gesehen. Gott Thot hat direkt zu uns gesprochen, so der Glaube. Ähnlich den Gottes-Offenbarungen der Zehn Gebote durch Moses oder den Goldenen Platten von Prophet Mormon durch Joseph Smith so auch die Offenbarung der Smaragdtafel Jahrtausende zuvor. Zu keiner dieser Offenbarungen wurde je das Originalschriftstück gefunden oder gesehen. Aber tatsächlich, die von Hermes niedergeschriebenen kosmischen Gesetze sind universal und immer gültig. Umso mehr scheint es notwendig, dass wir diese in unserem Leben zumindest berücksichtigen bzw. verstehen lernen. Ich weiß, das kann nicht jeder glauben, denn es bedarf schon guter persönlicher Reife, um überhaupt zu erkennen, dass z. B. das Gesetz der Analogie (wie oben so unten, wie im Innen, so im Außen) universell Gültigkeit hat, sprich, dass unser Außen auch immer mit unserem Inneren zu tun hat. Denn was ich im Inneren nicht habe, kann ich im Außen nicht erleben. Als banales Beispiel lässt sich zeigen, dass wir, wenn wir uns ein Auto einer bestimmten Marke kaufen, plötzlich überall auf den Straßen den gleichen Autotyp sehen. Wir wussten bis dato gar nicht, dass so viele Menschen diesen Autotyp fahren. Das kommt von unserer selektiven Wahrnehmung. Alles, was uns nicht bewusst ist, erkennen wir auch nicht. Es bedarf einer Bewusstwerdung. Das Gute daran ist, dass wir immer alles selbst in der Hand haben. Wir können das Außen ändern, denn es ist in unserem Inneren. Anhand von einigen Beispielen werde ich dies in anstehenden Kapiteln noch ausführlicher beleuchten und nachvollziehbar erklären.

Die Legende besagt, dass Hermes, selbst Lehrer der ägyptischen Muttergöttin Isis[9], alle Weisheiten auf einen Stein schrieb, auf eine Smaragdtafel, und diese für die Nachkommenden versteckt hielt. Dieser seit Jahrtausenden begehrte „Stein der Weisen", welcher so viele Alchemisten, Magier und Astrologen in den Orient zog, wurde

---

[9] Das gilt noch für die christlich-koptischen Übersetzungen, wo Gott der Herr, also Vater und männlich, ist. Tatsächlich wurde Hermes wie auch Isis durch die Hathor-Traditionen unterwiesen und die Weitergabe der mystischen Weisheiten erfolgt durch das Göttlich-Weibliche, durch das SOPHIA-Bewusstsein. So hat Isis wohl eher Hermes unterrichtet. Doch mehr dazu weiter hinten im Buch.

nie gefunden. Aber Überlieferungen kamen jahrhundertelang von Priestern des alten Ägypten. Thales von Milet, Heraklit, Pythagoras, Platon und so auch Aristoteles beschäftigten sich mit den Schriften des Hermes. Ab dem 7. Jahrhundert wurden sie auch aus dem byzantinischen Raum weitervermittelt.

Abb. 1: Bildnis der Smaragdtafel (Heinrich Khunrath, 1595)

Richard Reitzenstein schrieb 1904, dass der altägyptische Hermetikkult einer mystischen Gemeinde, einer Sekte aus der Umgebung Alexandrias, gegründet von einem ägyptischen Priester, zugrunde lag, die ihre Philosophie und ihr etabliertes gnostisches System in etwa zu Christi Zeiten formierte und bereits im 2. Jahrhundert n. Chr. bis nach Rom vorgedrungen war. Die bekannte Philologin M. M. Miller teilt die Ansicht von Louis Ménard, dass sich im Schmelztiegel Alexandria, wo sich ägyptische, jüdische und christliche Glaubenssysteme und Bräuche vermischten, naturreligiöse wie auch hermetische Randgruppierungen bildeten. Und so mischten sich kulturelle und religiöse Einflüsse in die überlieferten Schriften des Hermes, welche mitunter auch heidnische Glaubensstrukturen beinhalten. Diese esoterischen Glaubensrichtungen waren für das aufkommende Christentum natürlich eine Herausforderung.

Abb. 2: Hermes Trismegistos (J.T. de Bry, 1615)

Die Hermetik beschreibt den Prozess der Schöpfung als kosmische Ordnung. Eine Ordnung, weil alles seinen Sinn hat und sich selbst das Rad des Schicksals im kosmischen Rhythmus dreht. Die Schöpfung wie auch der einzelne Mensch werden subjektiv in ihrer Evolution geformt, geprägt und verändert. Das soll nicht bedeuten, dass wir dem Schicksal ausgeliefert sind, sondern, dass wir den Aspekten des Karmas nicht entkommen und der Mensch sich im Sinne der kosmischen Gesetze entwickeln muss. Sprich, alles, was wir noch nicht gelernt haben, wird uns immer wieder vor die Nase gesetzt, bis wir es begreifen und uns weiterentwickeln können. Dementsprechend wirkt das Schicksal mit bestimmten Ereignissen, um den Menschen in seiner individuellen Evolution zu unterstützen.

Aber auch die kosmischen Energien haben ihre Ordnung. Die Energien verändern sich nicht, sie existieren und wirken auf uns Menschen, auf alles im Kosmos Seiende durch das Nichtseiende, den

37

göttlichen Geist bzw. das göttliche höhere Bewusstsein, das göttliche Alles und Nichts, die Einheit, aus der der Hauch allen Lebens kommt. Daher folgen auch die elementaren Energien Wasser, Feuer, Erde und Luft dieser Ordnung. Sie gleichen stets die Geschehnisse im Universum aus. In der Hermetik ist es allein der Geist, der Spirit, der gestaltet, schöpferisch aktiv ist und im Rahmen des kosmischen Ausgleichs und des göttlichen Geistes, der Weisheit und des Lichts auch verändert. Der Spirit herrscht über die Materie. Ich nenne diese Kraft vorerst einmal *Spirit*, da dieser Begriff noch eher nachvollziehbar scheint. In nachstehenden Kapiteln werde ich den Begriff Spirit, wie er hier tatsächlich gemeint ist, genauer entschlüsseln und definieren.

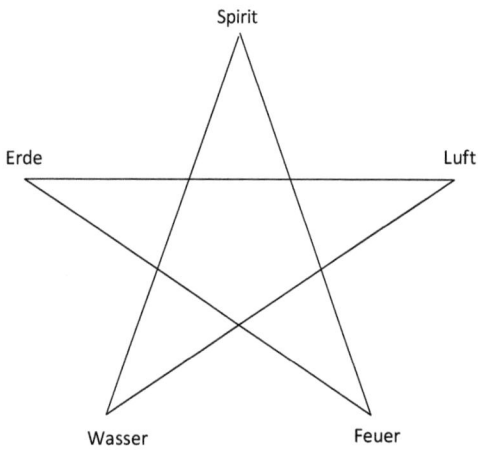

Abb. 3: Pentagramm – der Spirit herrscht über die Materie

Sämtliche Überlieferungen der hermetischen Schriften sind allerdings bereits christlich-koptisch geprägt und wurden frühestens 300 n. Chr. von den ersten Kirchenvätern Clemens von Alexandria sowie Augustinus übersetzt. Daher vermischen sich die ursprünglichen altägyptischen Worte und Weisheiten mit christlicher Kultur und Übersetzungsleistung. Und so ist die göttliche Trinität auch in der Hermetik mehrmals deutlich zu erkennen. Allerdings ist die Sprache der göttlichen Nachricht sehr metaphorisch und allegorisch und daher nicht immer eindeutig und klar verständlich. Andererseits ist es einleuchtend, dass die göttliche Sprache offen und interpretativ bleiben muss, um alle Potenziale im Universum zu fördern. Nur so kann es gelingen, dass sämtliche Teile im Menschen aktiviert werden und der Geist animiert, inspiriert und begeistert bleibt. Der Geist entfacht Energie, die schließlich im Herzen brennt wie Feuer. Genauso darf man sich die Verbindung von geistigen Vorstellungen hin zu einem empfundenen inneren Brennen von Leidenschaften im Lebensfeuer denken. Man kann sagen, das Feuerelement drückt sich schöpferisch durch Leidenschaft und Kreativität aus und fügt sich dennoch der kosmischen Ordnung. Denn das hermetische Gottesbild zeigt einen schöpferischen, immanenten und allgegenwärtigen Gott, der durch sein Licht und seine Liebe den schöpferischen Geist im Menschen darstellt. *„Welcher Art sein Wesen ist, weiß nur er selber.*[10] *Und in der Kosmischen Jungfrau* (Teil der Schriften im C.H.) *ist Gott im Anfangszustand der Schöpfung unbekannt, das Ziel der Schöpfung bleibt aber gerade die Erkenntnis Gottes und seine Erweckung im Menschen"*, schreibt M. M. Miller. Alles in der Hermetik weist darauf hin, dass das Göttliche und Schöpferische im Menschen existiert und ausgelebt werden will. Es ist der Wille Gottes, das göttliche Wollen, das der schöpferische, kreative Mensch ausdrücken soll. Unsere schöpferischen Ideen, sofern nicht vom Ego geleitet, sind, metaphorisch gesprochen, allesamt der Wille Gottes. Im Sinne der Hermetik ist Gott die schöpferische Kraft in uns. Wir können auch sagen, unser höchstes Selbst ist Gott. So schreibt Hermes: *„Dieser Geist ist ein Gott in den Menschen, durch ihn sind einige unter den Menschen Götter und ihre Menschlichkeit kommt schon der Gottähnlichkeit nahe."*[11] Dabei gilt es, alles in Einklang zu bringen, Körper (griechisch = *soma*), Seele (griechisch = *psyche*) und Geist (griechisch = *logos* über das *nous* = das kollektive Unbewusste). Es gilt, das Manifeste mit Leben und dem göttlichen Hauch (hebräisch = *ruach* oder griechisch = *pneuma*) durch die universelle schöpferische Kraft, die in allem ewig ist und alles hervorgebracht hat, zu vereinen. Sprich, der schöpferische Geist Gottes kann durch den Menschen im Leben manifestiert werden. Genau das ist der Sinn im Leben, das schöpferische Göttliche auszudrücken. Und dazu

---

[10] XII, 1 = Zwölftes Buch C.H., erster Absatz.
[11] XII, 1.

bedarf es der Selbsterkenntnis, bis wir erkennen, dass wir göttlich, Gottes Ebenbild, Kinder Gottes sind.

Sämtliche Teile im Menschen drücken das Göttliche in uns aus. Wichtig dabei ist nur, dass das Ausgedrückte tatsächlich das Göttliche ist und nicht etwaige egobehaftete Impulse darstellt, die nur auf einen unglücklichen Irrweg hinführen. Durch sein Ego und den freien Willen kann sich der Mensch auf seinem Weg verirren. Daher ist es notwendig, ein reines Herz zu haben, was mit viel Reflexion und Schattenarbeit möglich wird. Hermes nennt dies das Frommsein des Menschen, das einzige und alleinige Gute im Menschen, welches nicht mehr dem (bösen) Ego verfallen kann, weil es das Göttliche erkennt – außer, der Mensch hat bereits ein verhärtetes und verschlossenes Herz gegen das Göttliche (was durch einen tief gefühlten Liebesverlust, das daraus resultierende sinkende Urvertrauen und die damit einhergehenden seelischen oder Herzensverletzungen ausgelöst wird). Dann ist ihm laut Hermes nicht mehr zu helfen.

Den Weg zum reinen Herzen (zur hermetischen Frömmigkeit) habe ich anschaulich im Buch ‚SOPHIA – Der göttliche Mensch' diskutiert und einen Schlüssel bzw. eine Anleitung dafür zur Verfügung gestellt. Hier weitere Erklärungen anzuführen, würde den Rahmen des Buches sprengen. Ich werde daher nicht näher auf diesen Prozess eingehen, außer zu erwähnen, dass es eine Schlüsselstelle und für die eigene Entwicklung von großer Bedeutung ist.

Doch nicht nur im Christentum findet man Teile der hermetischen Philosophie wieder, sondern auch in anderen Religionen, wie z. B. dem Judentum, dem Buddhismus oder auch dem Hinduismus, was offensichtlich zeigt, dass die Überlieferung schon älter ist als alle überlieferten Schriften. Es bestätigt damit aber auch, dass ein einheitlicher göttlicher Geist ähnliche und dieselben Weisheiten auf dem gesamten Erdball zugänglich machte, nicht nur im Orient und nicht nur im Fernen Osten. Hermes ist in der Überlieferung an mehreren Orten zitiert worden, was auf seine augenscheinliche Transzendenz hinweist. Er scheint als Sinnbild, Metapher und Gott für verschiedene Religionen gewirkt zu haben. Allerdings gab es im

Osten ein differenziertes Verständnis und somit eine andere Umsetzung der gelehrten Weisheiten. Denn während in der westlichen und christlich geprägten Welt der Mensch an sich als Sünder angesehen wurde (und noch immer wird) und damit die Trennung als Mauer zwischen Menschen und Gott unter starrer dogmatischer Religionslehre gedacht und gelebt wird, so wurde und wird im Osten bzw. Fernen Osten die Einheit gepredigt. Diese Denkrichtung führt aber ebenso zum Leidensweg wie die Auslegungen des westlichen Christentums. Nur Eingeweihte, sogenannte Mystiker, wie z. B. Hermetiker, Theosophen oder Anthroposophen, die einst die Überlieferungen der ursprünglichen Mysterientraditionen (sogenannte Orakel-Kulte bzw. geistige Gruppierungen unter Eingeweihten) aufnahmen und weitergaben, welche über Generationen bis heute noch vermittelt werden, verstehen die wahre Bedeutung der Schriften und Aussagen des Hermes Trismegistos und kennen den Weg der Erlösung hin zum ewigen Glücklichsein.

In der Renaissance waren vor allem die Florentiner Medici diejenigen, die das überlieferte Corpus Hermeticum aus dem Altgriechischen ins Lateinische übersetzen ließen. Diese Version wurde in Europa veröffentlicht, verbreitet und wird bis heute verwendet. Die christlich angehauchte Überlieferung sieht den Gott Hermes oder Thot in der bereits bekannten Dreifaltigkeit von Vater (Gott), göttlichem Sohn und Heiligem Geist (der Logos). Wobei hier die christliche Religion die ursprünglich gemeinte Mutter, die auch als „Kosmische Jungfrau"[12] oder SOPHIA benannt wird und den weiblichen Teil Gottes darstellt, mit dem Heiligen Geist substituierte. Auch hier ist wieder ersichtlich, wie die Weiblichkeit und damit die Frau von der Kirche unterdrückt wurde. Der Heilige Geist ist hier die zu empfangende göttlich-weibliche Kraft, wie Mutter Maria, Isis, Hathor

---

[12] ,Jungfrau' war in der Antike ein Begriff für Reinheit. So sollte das Wort als Symbol auch heute noch verstanden werden. Die Heilige Jungfrau Maria wurde insofern als sehr *reine* Frau beschrieben, konnte höhere Frequenzen halten und den Christus und Sohn Gottes gebären, nicht aber als Frau, welche einen Sohn vom Heiligen Geist gebar. Wohl hatte Jesus aber den Heiligen Geist nach der Taufe in sich.

und andere wie die Grüne Tara oder Kwan Yin des Buddhismus es vorlebten, die der Mensch empfangen kann.

Hermes wurde jedoch, so wie Jesus, zum menschlichen Sohn Gottes. Am bekannten, aus Marmor gestalteten Bodenrelief im Dom von Siena ist die Trinität gut veranschaulicht; in der Tafel, die Hermes in der Hand hält, steht geschrieben: *„Gott, der Schöpfer aller Dinge schuf einen zweiten sichtbaren Gott [...], und er freute sich sehr und liebte ihn als sein Eigen ... ihn, der das heilige Wort genannt wird.“*[13] Im Bodenrelief kann man Hermes als menschlich gewordenen Sohn Gottes erkennen, der gnostische Weisheiten verbreitet, während der Heilige Geist im Hintergrund fungiert, wenn man so will (siehe Abbildung 4).

Abb. 4: Hermes-Trismegistos-Relief im Dom zu Siena

Wohl gibt es viele in Europa verbreitete Übersetzungen des lateinischen Originals, z. B. ins Englische und Französische, und auch einige Versuche, Textteile ins Deutsche zu übersetzen. Und

---

[13] Asklepius 1,8.

Übersetzungen, wie wir das schon von der Bibel her kennen, bringen immer auch Vermischungen der Anschauungen, der Kultur und des Sprachverständnisses des Übersetzers mit sich. So ist es ein Unterschied, ob Poimandres (Dialogpartner des Hermes im ersten Buch) als Selbstherrlicher, Himmlischer oder Herrschender dargestellt wird, um ein Beispiel zu nennen. Die Philologin M. M. Miller brachte uns die lateinische Medici-Version übersetzt von Marsilio Ficino erstmals in deutscher Sprache näher, und auch das vorliegende Buch beruht auf dieser beeindruckenden Übersetzung. Zudem haben auch hier die Nag-Hammadi-Funde wieder dazu beigetragen, nicht nur gnostische Texte und Evangelien freizulegen, sondern auch bis dato sogar unbekannte Passagen der Schriften des Hermes Trismegistos.

Für Hermes ist der Mensch in seiner höchsten Form Ebenbild Gottes, wie es in Poimandres 12 geschrieben steht: *„Der Vater des Alls, der Leben ist und Licht, zeugte den Menschen, sich selber gleich und er liebte ihn als sein eigenes Kind, denn über die Maßen schön war er, ein Abbild des Vaters (...) Und er übergab ihm alles, was er geschaffen."* Diese Aussage ist bedeutend, denn sie suggeriert, dass der Mensch Göttliches in sich hat, ja, geradezu göttlich ist. *„Nun siehe, Mensch, wie du bist irdisch und dann auch himmlisch in einer Person vermischt"*, wie Jakob Boheme seinerzeit schrieb.[14]

Der Mensch, also du, ich, wir alle müssen es nur erkennen und glauben können, und wir müssen lernen, es zu aktivieren, denn *„wer sich selbst erkannt hat, kehrt in den Gott zurück"* (Poimandres 21). Um die Göttlichkeit in dir zu aktivieren, muss man an seine Gottebenbildlichkeit glauben, um das Licht des Bewusstseins erlangen zu können, wie M. M. Miller schreibt: *„Diese Bewusstwerdung, dieser Glaube ist eine TAT, die nichts anderes verlangt als ‚Werde, was du bist'."* Während Jesus Christus uns vorlebte, wie wir uns durch unser Herz seelisch (rück-)integrieren können, um uns selbst zu finden, fordert uns Hermes auf, über uns selbst hinauszuwachsen. Doch beide treffen hier denselben folgenden Punkt, welchen ich aus Hermes X, 20 zitieren möchte: *„Wenn du dich nicht selber Gott*

---

[14] Siehe auch 1. Kor 15:49.

gleichmachst, so kannst du Gott nicht begreifen. Denn nur Gleich-
artiges kann Gleichartiges verstehen. So steigere dich selbst zu un-
ermesslicher Größe, springe hinaus aus allem, was Körper heißt,
erhebe dich über alle Zeit und werde Ewigkeit! Dann wirst du Gott
begreifen. Stelle nichts als unmöglich hin in dir selbst, halte dich für
unsterblich und imstande, alles zu begreifen, jede Kunst und jede
Wissenschaft und die Lebensart aller Geschöpfe. Werde höher als
jede Höhe und tiefer als jede Tiefe! Alle Empfindungen des Geschaf-
fenen fasse zusammen in dir selbst, die des Feuers und die des Was-
sers, die des Trockenen und die des Feuchten. Begreife, dass du
gleichzeitig überall bist, auf der Erde, im Meer, im Himmel, unge-
boren im Mutterleib, Jüngling, Greis, gestorben, im nachtodlichen
Leben. Und wenn du alles dies zugleich und in eins begreifst: Zeiten,
Räume, Dinge, Quantitäten, Qualitäten, dann kannst du Gott be-
greifen." (C.H. X, 20)

Hermes spricht eine volle Erweckung des Menschen an, welche sich
an den Geist, das Herz und den Willen wendet und durch den Glauben vitalisiert wird. Für Hermes ist aber der Geist, also das Wissen
und die Weisheit um die eigene Göttlichkeit, auch ein Wissen des
Herzens, wie es auch auf mancher ägyptischen Stele schon geschrieben steht: *„Der Gott der Erkenntnis ist in deinem Herzen"* (siehe
Stele von Bubban, Rat zu König Ramses II.). Die Gotteserkenntnis
des Menschen ist der Weg hinauf zum Olymp (C.H. X,15). *„Der in*
die Höhen blickende Mensch", wie Rudolf Steiner ihn beschrieb.
Dieser Weg der Erkenntnis eint schließlich die alten Mysterientraditionen mit den christlichen Mysterien durch Jesus. Denn es geht
um die individuelle Reise zu sich selbst und darum, das ICH-Bewusstsein zu aktivieren, den Gott im Herzen zu erkennen.

Deinem Herzen musst du allerdings glauben. Der Weg zum Herzen
und damit zur Seele und zum eigenen höheren Selbst ist durch deinen Glauben an dich und deine Visionen möglich. Genau das beschreibt Hermes, wenn er äußert: *„Wenn du nun erfährst, dass du*
aus Leben und Licht bist, und du in deinem Herzen gewiss bist
(glaubst), dass du aus ihnen kommst, so wirst du wieder ins Leben
zurückkehren." (Poimandres, 21)

Und während das Herz so entscheidend ist, um das Göttliche wahrzunehmen, ist für Hermes das Instrument des Wachstums und der Erkenntnis schlichtweg der Spirit oder Geist und das vernünftige Denken, aus welchem natürlich auch die hermetische Ordnung stammt, die wir so sehr aus der Schule und unserem Alltag kennen. Hermes gibt dem Denken die Kraft der Bewusstseinserhöhung hin zum Verständnis des Weltgeistes des Makrokosmos, wie M. M. Miller formulierte. Es ist also eine Symbiose von Herz und Geist, die uns reifen lässt, uns Bewusstsein und Selbsterkenntnis geben kann. In diesem Sinne aber trifft Hermes die Verbindung zwischen Mystik und Magie, wenn er beschreibt, dass es uns Menschen möglich ist, das Göttlich-Schöpferische auszudrücken und auszuleben und quasi an das göttliche Werk oder auch „das Große Werk" zu gehen. Wir sind aufgefordert, Gottes Werk zu tun – zu erschaffen, kreativ zu sein, im Geiste zu leben und den Körper und die Materie für uns zu nutzen. Das ist die wahre Magie des Lebens, unsere Göttlichkeit auszuleben, das Leben (Fortpflanzung) und Dinge (Neues, Innovatives, Kreatives) zu erschaffen. Die Berücksichtigung der kosmischen Gesetze und der vier Elemente können uns dabei helfen, ein glückliches und gesundes Leben zu führen. Auch Selbstheilung und Heilung anderer sind hier möglich. Jesus Christus hat uns dies ebenso vorgelebt wie Hermes Trismegistos. Aufgrund der göttlichen Inkarnation als Menschen manifestiert, können wir im wahrsten Sinne den Himmel auf Erden erleben. So heißt es in C. H. X, 24: *„[...] der Mensch aber steigt hinauf in den Himmel ... und was größer ist als alles: er verlässt die Erde nicht und ist doch droben."* Wir müssen dafür nur unserem ureigenen Weg – unserem Herzen bzw. unserer Seele – folgen. Durch die schöpferische Kraft Gottes können wir uns mit ihm gleichstellen. Wir können das Göttliche in uns erwecken. *„So führt die Menschheit ihres göttlichen Wesens und Ursprungs eingedenk das Werk der Gottheit weiter."* Denn wie aus dem Göttlichen der Mensch erschaffen wurde, um ihm zu gleichen, *„so schuf die Menschheit sich selbst ihre Götter nach ihrem eigenen Bild und Gleichnis"*, wie man an den antiken ägyptischen und vor allem den griechischen Göttern erkennen kann. *„Denn das Gute ist das Schöpferische."* (C. H. X)

Die Hermetik besagt aber auch, dass wir zwei freie Wahlrichtungen haben: (1) Entweder entscheiden wir uns für unser Ego und damit für das Materielle im Leben und sind dadurch auch dem Schicksal ausgeliefert, denn jede Wirkung hat ihre Ursache. In der materiellen Welt erleben wir das Leiden auf Erden auch als unser Schicksal. Wir glauben, es beeinflussen zu können, aber das Schicksal holt uns immer wieder ein. Letztendlich dürfen wir erkennen, dass das Leben auf Basis des Egos keinen Sinn macht. Es ist eine Illusion, die uns das Ego vorgaukelt, welches seine Energie hauptsächlich auf Ängste und Unsicherheiten im Leben setzt statt auf Vertrauen und die Liebe. (Das ist im Buch ‚*SOPHIA – Der göttliche Mensch*‘ sehr gut veranschaulicht.) (2) Oder wir entscheiden uns für den Königsweg der Selbsterkenntnis, um über uns hinauszuwachsen, im Zuge einer seelischen Integration gottähnlich zu werden, durch Liebe und Vertrauen geleitet und nur mehr kosmischen Gesetzmäßigkeiten unterworfen zu sein. Jede Entscheidung birgt also ihr Schicksal in sich, allerdings mit großem Unterschied, denn auf dieser göttlichen Ebene sind wir tatsächlich frei und unsterblich und können Ursache und Wirkung jederzeit beeinflussen. Denn in XII, 9 heißt es: „*Der Geist, die Seele Gottes, herrscht in Wahrheit über alles, über das Schicksal, das Gesetz und alles andere. Und nichts ist ihm unmöglich, auch nicht die menschliche Seele über das Schicksal zu erheben, noch sie unter das Schicksal zu stellen, wenn sie gleichgültig ist gegen alles Geschehen.*" Diese Aussage basiert auf dem Wissen, dass der Geist selbst das Göttliche in sich trägt und damit auch der Mensch, der vom Geist beseelt ist. Der Geist „*strömt von der Wesenheit Gottes aus wie das Licht von der Sonne. Dieser Geist ist ein Gott in den Menschen, durch ihn sind einige unter den Menschen Götter.*"

Die hermetische Ordnung ist in Abbildung 5 hierarchisch dargestellt und zeigt die schicksalhaften Energien, denen der Mensch ausgesetzt ist. Die Wahlrichtung geht vom Manifesten zum ewig Geistigen und beginnt an der Schwelle der Tierkreiszeichen zur seelischen Ebene, welche im Zeichen der Fixsterne steht. Der schwarze Punkt in der Mitte ist das Materielle, die Manifestation aller Dinge, so auch der Mensch. Dieser wird von Geburt an in eine kosmische Ordnung gestellt und von der zur Zeit der Geburt vorherrschenden Energie geprägt.

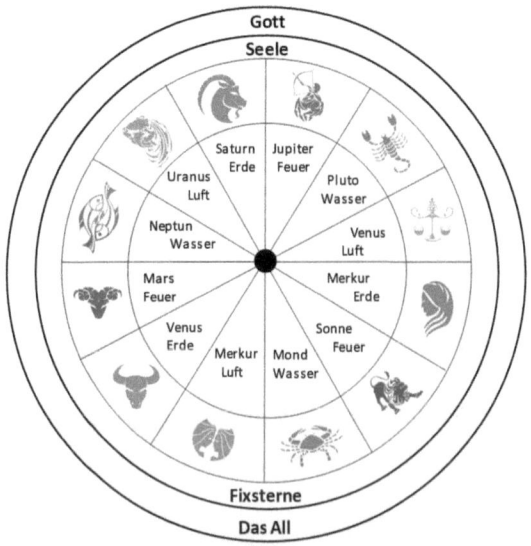

Abb. 5: Göttliche Schicksals-Hierarchien

Im Materiellen, also dem körperlichen Zustand, und unter Fokussierung auf das Ego schafft sich der Mensch sein Schicksal (den irdischen Leidensweg) im Zeichen der Planeten um ihn herum, welche zudem von den Tierkreiszeichen beeinflusst werden. Die Astrologie benennt „Häuser" für dieses Erklärungsmodell, in welchen die Planeten stehen und welche durch die Tierkreiszeichen geprägt werden. Es sind also Energien und Prägungen der Einflussnahme der Gestirne auf den Menschen. So wie der Mond die Gezeiten auf Erden verursacht, so wirkt er auch im Menschen. Ob wir das bewusst wahrnehmen oder nicht, der Mond erzeugt Gemütsschwankungen. In diesem Sinne wirken auch die anderen Planeten, die sich in unserem Sonnensystem befinden, auf uns ein. Jeder Planet wirkt anders, denn er hat auch eine andere Distanz, eine andere magnetische Anziehung, eine andere Energie bzw. Wirkung. Dies müssen wir berücksichtigen, denn diese wirken wie das Schicksal auf uns und wir können ihnen nicht entkommen – außer, wir beschäftigen uns damit, lernen diese Energien und Wirkungen in uns zu begreifen und erhöhen uns auf unsere seelische Ebene, wo wir, auf Basis der hermetischen Philosophie, über diesem Schicksalhaften stehen und unser Leben lenken können. Das ist auch der Grund, warum die wissenschaftlich nicht anerkannte Astrologie dennoch so genial treffsicher die Lebenswirkungen und Energien aufzeigt, denn sie existieren und die Wirkungen sind ständig nachvollziehbar, unmittelbar und unabkömmlich. Es gibt kein anderes Modell, das diese Energien und Wirkungen erklären geschweige denn aufzeigen kann.

Die Seele steht auf Ebene der Fixsterne und damit über dem Einfluss der Planeten und der Tierkreiszeichen. Dort ist die Seele bereits frei und kann sich schicksalsfrei bewegen. Sprich, das Schicksal ist auf dieser Ebene ebenso höherer Schwingung ausgesetzt und wirkt damit nicht so manifest, sondern freier. Was meine ich damit: Auch auf der Ebene der Seele sind wir nicht komplett frei, da uns die kosmischen Gesetze immer begleiten, denn wir können ihnen nicht entkommen. Allerdings wirken sie in einem harmonischen Sinne. Ausschließlich das Allergöttlichste, der göttliche Ursprung, steht über jedem Gesetz und kann es erschaffen wie auch auflösen.

Dieses Buch ist also auch eine Erkenntnisreise durch dein selbst auferlegtes Schicksal, indem ich auf die sieben kosmischen Gesetze aus dem Kybalion eingehe, ebenso wie auf die Emanationen des kabbalistischen Lebensbaumes gepaart mit der Lehre der Elemente. Die astrologischen Wirkungsgrade der Elemente erkläre ich anhand der Tierkreiszeichen (die astrologisch-archetypische Schattenarbeit kann man bei Bedarf im Buch ‚SOPHIA – Der göttliche Mensch‘ finden). Letztendlich gibt der Inhalt dieses Buches eine ganzheitliche Einsicht und Anleitung des Weges zur Erleuchtung wieder, mindestens aber löst er ein Erwachen aus der Illusion aus. Tauche mit mir in die mystische Welt der alchemistischen Hermetik, Anthroposophie und Gnostik ein und erkenne dich selbst durch die Gnade des SOPHIA-Bewusstseins, welches sein Licht zwischen den Zeilen verbirgt, damit du beim Lesen erwachen kannst.

3. Ein Leben mit den Sieben Kosmischen Gesetzen

Wenn Hermes Trismegistos eines in seinen Schriften veranschaulicht, dann, dass der Kosmos, oder besser das All, seine Ordnung hat. Das All folgt klaren, universal gültigen Gesetzen, welche für jede Ebene des Daseins gelten. Diese Ordnung müssen wir zuerst einmal begreifen lernen, um schließlich zu erkennen, wie die einzelnen kosmischen Gesetze auf uns wirken. Um diese für die Anwendung in unserem Alltag letztendlich auch verstehen zu können, hilft es, diese Gesetze und Prinzipien mit anderen alchemistischen, gnostischen und philosophischen Schriften zu analysieren, gemeinsame Nenner zu finden und die kosmischen Gesetze mit Praxisbeispielen zu erläutern und zu untermauern.

Grundkenntnisse der alten Philosophien und Weisheiten, von welchen viele auch in Evangelien und gnostischen Schriften stecken und manche schließlich in ganzheitlichen Glaubenssystemen integriert wurden, sind letztendlich auch in diesem Rahmen heranzuziehen. Vor allem, wenn wir uns dieser mystischen, religionsphilosophischen, jedenfalls spirituellen Reise zur ENT-FALTUNG unseres Selbst, hin zu einer seelischen Integration, widmen.

In vielen orientalischen und fernöstlichen Texten wurde bereits eine persönliche Befreiung des irdischen Leidensweges durch Bewusstseinserhöhung erwähnt und für den Menschen aufbereitet. So zählt neben der Kabbala, einer jüdischen, bis heute anerkannten esoterischen Philosophie, auch die Hermetik zu den wichtigsten spirituellen Richtungen für seelische Integration und Bewusstseinserhöhung, um schließlich das „Göttliche in sich" zu finden und in die Welt bringen zu können. Auch die Hermetik gehört damit zum Kreis der *inneren Perspektive*, den Pythagoras seinerzeit „esoteros"[15]

---

[15] Nach Pythagoras bedarf die Sicht nach innen derselben Aufmerksamkeit und Achtsamkeit wie der Kreis und die Sicht nach außen, genannt „exoteros", welche heutzutage so sehr institutionalisiert und durch Aristoteles gestützt Anwendung in der Wissenschaft und für die meisten im alltäglichen Leben findet. Hier teilt sich bereits das Verständnis

nannte. Während die heutige Wissenschaft immer noch versucht, sämtliche irdisch-physischen und psychologischen Erkenntnisse in den außen beobachtbaren Phänomenen zu entlarven, und dabei immerhin ihre Fortschritte erzielt, scheinen mystische Richtungen, so auch die Hermetik, alle Antworten bereits zu kennen. Und tatsächlich findet die Wissenschaft, vor allem die Naturwissenschaft, alle paar Jahrzehnte Erklärungen, welche den Hermetikern seit Jahrtausenden bekannt sind, und untermauert damit sogar regelmäßig die hermetischen Anschauungen. So entdeckte die Wissenschaft der Physik, dass die Materie und alles, was materiell ist, tatsächlich gebunden ist, weil eine unglaublich hohe Schwingung an Energie die Materie in Form bringt und durch solch hohe Geschwindigkeiten zusammenhält, ja, man möchte sogar meinen, die Materie bewege sich nicht. Man denke an ein Rad oder z. B. Autofelgen, die sich so schnell drehen, dass man glaubt, sie stünden oder bewegten sich sogar rückwärts. Der gleiche Vorgang wird im Atom ersichtlich, welches sich durch unglaubliche Geschwindigkeiten von Elektronen um einen Kern aus Protonen und Neutronen zusammensetzt. Nichts ist je im Stillstand. Diese seit 1911 wissenschaftlich gesicherte Erkenntnis wurde im kosmischen Gesetz der Schwingung spätestens 1300 Jahre v. Chr. bereits erwähnt – um nur ein Beispiel zu geben. Auch das Gesetz der Analogie deutet bereits darauf hin – wie im Kleinen, so im Großen. Materie ist also extrem hohe Schwingung von Energie, welche sich durch Moleküle, Atome, Elektronen, Protonen und Neutronen manifestiert und den Eindruck erweckt, als würde sie stillstehen. Kein Wunder, dass Magier sprichwörtlich Naturkräfte beherrschen und eventuell sogar durch Wände gehen können, wenn sie dieses Gesetz verstehen und gelernt haben, es für sich anzuwenden, denn sie können Materie verändern bzw. sich darauf einschwingen. Das ist die Zukunft des Transbeamens, ganz nach einer uralten gesetzlichen Ordnung bzw. universellen Energie.

---

von einer fassbaren Sicht nach außen, nämlich allem, was wir wahrnehmen und beobachten können, und einer schwierig fassbaren Sicht nach innen, welche wir kaum beobachten, sondern eher durch Reflexion, Mediation und Übung nur allmählich verstehen können.

Während also die Wissenschaft die Welt im Außen und Beobacht-baren zu erklären versucht, versuchen mystische Traditionen und re-ligiöse Philosophien den Weg nach innen, hin zum eigenen Göttli-chen, zum eigenen Selbst durch das Herz und den Geist zu erklären bzw. zu finden. So vermitteln neben der Hermetik auch die jüdische Kabbala, der Buddhismus und der Hinduismus in seinen uralten Sanskrits und Upanischaden, die Anthroposophie durch die Einsich-ten von Rudolf Steiner, aber auch christliche Evangelien, wie das Evangelium von Maria Magdalena, Thomas[16] oder von Johannes sowie gnostische Schriften, wie im Petrusbrief 2,5 oder im Römer-brief 12,1, um einige zu nennen, die Idee, nach innen zu gehen und menschliche, fleischliche Gebundenheit zu überwinden.

Die Mystik geht davon aus, dass alles in allem ist. Das Göttliche ist somit im Menschen und umgekehrt, sprich, der Himmel ist auf Er-den, wenn man so will. *„Vielmehr ist das Königreich des Vaters ausgebreitet über die Erde, und Menschen sehen es nicht"* (Th 113), heißt es im Thomas-Evangelium.

Wenn wir die Erde und den Himmel als *eins* sehen lernen, werden wir auch erkennen, wie schön das Leben auf Erden ist. Und wenn wir erkennen, dass das Göttliche in uns steckt und wir damit arbeiten können, jederzeit, immer und überall, dass wir alles selbst in der Hand haben, um ein glückliches Leben führen zu können, dann wird das Leben zur genialen Erfüllung unserer Seele und unserer Bestim-mung. Hermes Trismegistos zeigt uns einen Weg der seelischen In-tegration und der Einswerdung mit allem. Er zeigt uns den Weg zu Gott und durch Gott und damit eindeutig zu uns selbst. Für manche Menschen ist es der Königsweg der Selbsterkenntnis.

Zudem verbildlicht die Metapher einer Integration vom Himmel auf Erden zwei Teile, das Göttliche mit dem Menschlichen oder, anders

---

[16] Beide Evangelien stammen aus archäologischen Funden (Nag Ham-madi und Qumran) und sind der Familie der Apokryphen zuzuordnen. Das Thomas-Evangelium wird bis heute vom Vatikan nicht anerkannt, wohingegen Maria Magdalena aufgrund ihres Evangeliums zur Apos-tolin ernannt wurde.

ausgedrückt, das Yin mit dem Yang oder das Männliche mit dem Weiblichen. Diese Sinnbilder und Metaphern sind ja allgemein bekannt, aber dennoch leben wir diese nicht integriert, geschweige denn als Integration des Himmels auf Erden. Wir versäumen die bewusste Integration des Männlichen mit dem Weiblichen und leben oft nur einen ausgeprägten Teil. Sprich, zumeist fehlt noch ein Stück Verständnis, um diese Teile im Leben bewusst um- und einzusetzen. Hermes zeigt die Grundpolarität des Geschlechts in allem auf. Genau dies müssen wir ebenso erkennen und ausleben lernen, um ein ausgeglichenes, erfüllendes und glückliches Leben zu leben.

Letztendlich aber bleibt es die Aufforderung der Mystik, dass wir uns mit uns selbst und dem eigenen Göttlichen durch Meditation auseinandersetzen müssen, um diesen göttlichen Zustand erreichen zu können. Die Inkarnation der Seele ist absichtlich, evolutionär und unaufhaltsam, denn es ist der Weg unserer Seele. Insofern ist es eine reine Frage der Zeit, bis wir sowieso an Erkenntnis wachsen. Aufgrund der Evolution kommen wir dem göttlichen Rhythmus nicht aus. Um aber unser Leben zu erleichtern und sogar ein glückliches Leben genießen zu können – nämlich jetzt, heute –, haben wir die immerwährende Chance, uns weiterzuentwickeln, jederzeit, jeden Tag. Wir müssen uns nur dafür entscheiden. Das ist ein erster großer Schritt in Richtung Weichenstellung zur eigenen Glückseligkeit. Dadurch können wir der unaufhaltsamen Evolution entgegenschreiten und unsere tiefe Sehnsucht nach der Einheit und der Rückkehr (seelische Rückintegration) zu unserem höchsten Selbst, zum Göttlichen in uns, stillen.

Ja, sicherlich erfordert unsere persönliche Weiterentwicklung sehr viel Arbeit an uns selbst sowie Zeit zum Meditieren, die heutzutage keiner mehr hat. Die meisten Menschen sind ja auch keine Mönche oder Apostel. Doch nur durch Beharrlichkeit und Zeit für sich selbst ist es möglich, den göttlichen Spirit oder Geist in uns zu erkennen bzw. zu erwecken. Insofern ist es heutzutage die Herausforderung schlechthin, Zeit aufzubringen, auf sein Herz zu hören, sein eigenes Tempo zu gehen und seinen eigenen Weg im Leben einzuschlagen. Denn unser Alltag bringt so viele Umstände, Hürden, Herausforderungen und Ablenkungen mit sich, dass wir eigentlich oft gar nicht erkennen, wer wir in diesem Leben sind und was unsere Aufgabe ist, geschweige denn, dass wir Zeit und Muße haben, um auf uns selbst zu hören und uns mit unserem Selbst, unserer Seele und unseren göttlichen Kräften zu befassen.

Deshalb habe ich es mir zur Aufgabe gemacht, meine religionsphilosophischen Verknüpfungen aus relevanten gnostischen und hermetischen Texten, diese Fülle an Informationen in einer gesammelten Form für den Menschen des 21. Jahrhunderts klar, anschaulich, verständlich, einfach und somit hoffentlich begreifbar darzustellen und zu beschreiben. Dieses Buch soll die individuelle Reise zur eigenen Seele und schließlich zum kollektiven Unbewussten erleichtern. Dadurch soll es jedermann und jederfrau in der heutigen zeitknappen Welt ermöglicht werden, auf schnelle und nachvollziehbare Art Verständnis für das Göttliche in ihm/ihr aufzubauen und den Zugang zum Göttlichen mit all seinen Ressourcen und Antworten zu finden. Und die Zeit zum Erwachen ist wahrlich da: Selten in der Erdengeschichte gab es Zeiten wie diese, in welcher Transformationen wie von selbst gehen. Entwicklungssprünge sind wie noch nie zuvor in unserem Leben möglich, wenn man sich auf diese einlässt bzw. seinem eigenen Ruf folgt, also dem Herzen folgt.

Unterstützend und einführend helfen uns auf diesem Weg auch die sieben kosmischen Gesetze des Hermes Trismegistos, die sich auf universelle, immer gültige Prinzipien beziehen, welche – ganz egal, wie unser Leben läuft und was wir gerade tun – immer wirken und präsent sind. Es sind Lebensbegleiter, wenn man so will, denen man nicht auskommt, sondern, so scheint es, wie unser Schicksal auf uns wirken. Und dennoch kann man, wenn man diese Gesetze einmal verstehen lernt, diese auch als Maßstab für die eigene Lebensqualität verwenden und die Kräfte, die hier wirken, sozusagen für sich walten lassen, anstatt der schicksalhaft Verwaltete zu sein. Diese Gesetze wirken als universelle Prinzipien ständig. Es gibt nur ein Leben mit ihnen, nicht gegen sie. Und wer sich fügt, hat es schon einmal leichter, weil er nicht auf die Prinzipien polarisiert. Wer aber lernt, diese Gesetze für sich anzuwenden, kann wie durch ein

Wunder über den Gesetzmäßigkeiten stehen und diese auf sein Glück im Leben hin scheinbar umkehren. Wir können lernen, unser Leben selbst im Griff zu haben, äußere Bedingungen als innere Haltung zu begreifen und so Herr über unser Leben zu werden.

Ich versuche hier, die sieben kosmischen Gesetze so zu erklären, dass sie für die heutige Zeit verständlich und mit einleuchtenden praktischen Beispielen untermauert werden. Die Kunst ist, die Gesetze für sich verwenden zu können, und das ist eine sogenannte hermetische Kunst. Während ich aber versuche, dir die hermetischen Gesetze näherzubringen, möchte ich zugleich darauf hinweisen, dass die aufgezeigten mystischen Weisheiten auch eine Weltanschauung darstellen, die immer Raum für Diskussion lässt, denn es bleibt eine subjektive Wahrnehmung der Welt. Jeder und jede muss für sich entscheiden, was für ihn oder sie als wahr und annehmbar gelten kann. Ich möchte dir also diese Weltanschauung und Philosophie nicht aufzwingen und suggerieren, sondern ausschließlich durch nüchterne Aufarbeitung und Beleuchtung des Themas die darin zahlreich enthaltenen Weisheiten für die praktische Anwendung und persönliche Lebensverbesserung verständlich zur Verfügung stellen, um damit dir, aber im Weiteren auch der Menschheit, in deiner bzw. ihrer Entwicklung Unterstützung zu bieten. Obwohl man bei genauerer Betrachtung natürlich erkennen kann, dass viele Aussagen und Anschauungen allgemeingültig sind.

3.1. Das Gesetz des Geistes

Das Universum ist mental.
Das Kybalion

Die Quelle des LEBENS ist unendlicher SCHÖPFERGEIST.
Elias Rubenstein

Das Universum ist mental, ist der fundamentale Grundsatz des Hermes Trismegistos und seiner mystischen Weisheit. Alles ist Geist. *Alles* inkludiert das gesamte Universum und schließt, falls vorhanden, auch Multiversen mit ein. Das All und Allumfassende ist mental. Die Welt wurde kreiert aus einer mentalen Vorstellung, eine Schöpfung durch den göttlichen, unerschöpflichen Geist, den höchsten Spirit, der in allem ist und immer sein wird. Nun wird es auch Zeit, die Begriffe Geist und Spirit, wie sie bis jetzt verwendet wurden, genauer zu definieren, um im Weiteren den Geist des kollektiven Unbewussten im Vergleich zum menschlichen Verstand zu definieren. Das griechische Wort *nous* steht für den allumfassenden Geist, welcher ins Deutsche als „höheres Bewusstsein" übersetzt werden kann. Das höhere Bewusstsein sowie das Nous sind der allumfassende, unendliche, lebendige Geist, den die Hermetiker den „Geist des Alls" nennen. Er wird von ihnen auch der *Reine Geist* und die *Wirkliche Existenz* genannt, die hoch über jeder Materie oder mechanischen Energie steht. Das höhere Bewusstsein ist der Aspekt, in dem das All, das Allergöttlichste, denkt und fühlt. Das allerhöchste Bewusstsein ist der Ursprung des weiblich-männlichen Gottes selbst. Der lebendige Geist ist jenes Bewusstsein, das immer präsent und immer als Schöpfergeist aktiv ist. Lebendig bedeutet in der Hermetik, dass man das höhere Bewusstsein als eigenes göttliches, lebendig gewordenes Lebewesen verstehen kann, das denkt und fühlt, z. B. dein eigenes höheres Selbst. Lass diesen Gedanken bitte sickern. Der reine Geist, das allumfassende Bewusstsein, das sowohl denkt als auch fühlt und als lebendiger Geist und Lebewesen begreifbar ist. Dies ist bereits eine Schlüsselstelle, denn wenn du dies akzeptieren bzw. annehmen kannst, bist du in deinen mentalen Möglichkeiten schon ein beachtliches Stück weiter bzw. kannst deine eigene Grenzenlosigkeit erkennen. Und sei dir gewiss, der Geist denkt *und* fühlt. Nur positives Denken greift aber zu kurz und bewegt kaum etwas. Zudem erkennen wir, dass das höhere Bewusstsein viele Ebenen bzw. Grade der Erleuchtung hat, bis hin zum allergöttlichsten Bewusstsein, welches ich als das SOPHIA-Bewusstsein erkenne.

Das mentale Universum bzw. die mentale Göttlichkeit schafft und kreiert ständig, und das All dehnt sich aus und verändert sich im göttlichen Gedanken des höchsten Bewusstseins. Das höhere Bewusstsein beinhaltet bereits alle gedachten und erschaffenen Prozesse, von Zeitbeginn bis jetzt, es weiß alles und beinhaltet alles, was je war und ist. Daher wird das höhere Bewusstsein bzw. das Nous auch das kollektive Unbewusste genannt. In diesem höheren Bewusstsein leben und existieren wir zwar – ICH BIN/WIR SIND durch das höhere Bewusstsein des höheren Selbst – aber wir sind auch auf Erden manifestiert und müssen den Zugang zu diesem Bewusstsein erst wieder finden. Seit der Trennung von unserer Seele durch das Ego (das die Kirche als Sündenfall tituliert) können wir den Zugang zum kollektiven Unbewussten, zum höheren Bewusstsein, kaum oder nur schwer finden. Die Inkarnation in diese Dichte des menschlichen Körpers ist solch eine Prozedur und ein Gewaltakt der Geburt, dass die meisten von uns im Zuge dieser Kraftaufwendung das Bewusstsein verlieren, ja, es sogar vergessen. Wer es aber schafft, dort anzudocken, dem steht alle Erkenntnis Gottes zu Verfügung, denn das höhere Bewusstsein weiß alles. Das höhere Bewusstsein ist die wahre Natur der Energie und Materie, und wer das verstanden hat, der hat auch das höhere Bewusstsein als Instrument der Macht erkannt. Denn wer herrscht, hat Macht, und wer das höhere Bewusstsein für sich nutzen kann, der herrscht über sein Leben und hat die Macht, alles zu verändern. *„Mind* (also höheres Bewusstsein) *kann von Zustand zu Zustand umgewandelt werden, von Grad zu Grad, von Beschaffenheit zu Beschaffenheit, von Pol zu Pol, von Schwingung zu Schwingung* (ebenso gut wie Elemente). *Wahre hermetische Transmutation ist eine mentale Kunst"*, wie das Kybalion beschreibt. Diese Transmutation, die hier angesprochen wird, stellt die geistige Entwicklung dar und ist vor allem durch Reflexion und Meditation erreichbar. Ich gehe später noch einmal näher darauf ein. Denn wo ein Wille im Bewusstsein ist, da ist ein Weg. Und das ist tatsächlich bereits die Magie, von welcher so viele Bücher sprechen und welche als mentales Training und positives Denken immer mehr ihren Weg in die Gesellschaft findet. Warum aber verändert sich die Gesellschaft nicht, wo wir das doch schon 40 Jahre vorgegaukelt bekommen? Weil der Haken im Fühlen liegt. Man muss das Gewünschte auch fühlen, damit es manifestiert werden kann. Im österreichischen Film „The Chase" geht es um die Ski-Legende Franz Klammer, der im Film meinte, dass er nicht hoffe, nicht glaube, sondern wisse, dass er gewinne. Er kann es aber nur wissen, weil er es fühlt. Das ist der wahre Schlüssel zum Erfolg. Wir müssen unsere

Wünsche fühlen und ins Herz gehen, und wenn die Wünsche im Herzen nicht zu fühlen sind, dann sind sie eben nur Kopfwünsche, also Ego-Wünsche, die selbst durch positives Denken nicht zur Glückseligkeit oder nur zu kurzfristigem Erfolgsgefühl führen.

Nehmen wir ein anderes Beispiel zum positiven Denken, nämlich das Radrennen „Race across America", wo der Radfahrer über 5000 Kilometer zurücklegen und sowohl in extremer Hitze als auch bei Regen Vollgas geben muss, um zu gewinnen. Das geht nur mit mentaler Stärke, sprich, mit mentalem Willen und (Auto-)Suggestionen. Der Mensch herrscht über die Materie, in diesem Fall über seinen eigenen Körper, wie der Radrennfahrer und zweifache Weltmeister Wolfgang Fasching bezeugt. Aber ja, er spürt es auch und er weiß: Das ist es, was er will. Weitere Beispiele finden sich im Tauchsport, wo der Kroate Goran Čolak im Jahr 2013 ganze 22,5 Minuten ohne Sauerstoff unter Wasser blieb und damit ins Guinnessbuch der Rekorde Eingang fand. Aber auch die Rekorde der Tieftaucher (9,02 Minuten bei Frauen und 11,35 Minuten bei Herren), die auch noch dem hohen Wasserdruck ausgesetzt sind, scheinen nur mit Magie machbar zu sein. Und dennoch ist es keine Magie: Es ist das universale Gesetz des Geistes. Der Geist herrscht über die Materie. Und man kann wirklich sagen, alle Sportarten arbeiten mit mentaler Stärke. Die Meisterin wird über den mentalen Zustand ebenso wie über Materie, z. B. den Körper, herrschen können. Doch die Hermetik geht noch weiter. Sie besagt, dass jeder Körper, jede Form ursprünglich aus einem Gedanken kommt bzw. erschaffen wird. Es ist der Geist, der sich im Gedanken manifestiert und die Gedanken, die sich in Materie manifestieren. Der Geist herrscht über die Materie, weil er auch ihr Schöpfer ist. Nichts ist, was nicht zuvor erdacht wurde bzw. im Geiste existierte.

Doch noch einmal zurück zu den Begrifflichkeiten. Das Wort „Geist" kann auch im Sinne von „Spirit" verstanden werden und wird hier insofern auch mit dem Heiligen oder Lebendigen Geist gleichgesetzt. Dieser ist aber nicht identisch mit dem allumfassenden höchsten Bewusstsein, sondern ist als der göttliche Lebenshauch definiert. Der Spirit oder Geist gibt Menschen und Tieren und allen Lebewesen im Universum ihr Leben. Es ist der Hauch, der hinter allem Leben steht. Und ja, auch dieser ist ein göttlicher Geist, aber eben nicht das allumfassende höchste Bewusstsein, das grenzenlos und unerschöpflich ist. Das höchste Bewusstsein stellt eine konstante, ewige, geistige Meditation dar, in welcher wir alle mit unserer Kreativität und unseren Vorstellungen und Überlegungen mitwirken und unser Universum im göttlichen höchsten Bewusstsein miterschaffen. Und ja, hier können wir bereits erkennen, dass wir das Göttliche in uns und täglich zur Verfügung haben und sogar die Bestimmung in uns tragen, unsere Welt zu erschaffen. Wie wir die Welt erdenken, so wird sie auch gestaltet, lautet die hermetische Prämisse: „wie im Innen, so im Außen". Diese Entsprechung wird im Gesetz der Analogie näher behandelt, zeigt aber im Gesetz des Geistes bereits ihre Wirkung. Und auch die Aussage aus dem Kybalion „wie oben, so unten" spiegelt sich im Gesetz des Geistes wider. Denn so, wie wir Menschen uns etwas vorstellen und manches davon in die Tat umsetzen und sich unsere Vorstellungen manifestieren (Man braucht sich nur an Hollywood zu wenden: die Sci-Fi-Filme der 1960er- und 1970er-Jahre sind ja bereits Realität. Künstliche Intelligenz ist auf dem Vormarsch und das Weltall wird nicht mehr lange auf uns warten müssen.), so geschieht es eins zu eins im göttlichen All, wo durch das universelle Bewusstsein das Universum geschaffen und immerwährenden Veränderungen ausgesetzt wird. Wir Menschen sind hier nur ein allerkleinster Teil dieser großen Schöpfung und tragen dennoch täglich zu dieser Schöpfung bei, wie jede Zelle in unserem Körper dazu beiträgt, dass wir unser Tagwerk verrichten können.

Der menschliche Verstand ist hingegen als geistige Brücke zur Lebenskraft durch den universellen Heiligen Geist und zum kollektiven Unbewussten, dem höheren Bewusstsein, zu verstehen. Dieser unser Verstand spiegelt unser Denkvermögen und unsere Vorstellungskraft wider. Wir können dadurch Realität vom Traum (also Materielles vom Feinstofflichen) unterscheiden und bewusste Handlungen setzen. Sprich, wir können durch den Verstand unsere Vorstellungen im Leben umsetzen und sind fähig, unsere Welt zu kreieren und zu erschaffen. Dieser bewusste und fassbare, nachvollziehbare Verstand bildet die Brücke zum nicht fassbaren Unbewussten, zum Feinstofflichen. Durch Bewusstmachen unserer Verhaltensmuster, unserer Glaubenssätze und unseres wahren Selbst sowie durch geistige Meditation sind wir durch den Verstand fähig, unsere Kräfte und Potenziale und unseren persönlichen Weg im Leben zu erkennen und die göttliche Verbundenheit wahrzunehmen. Es ist eine Frage der Fokussierung und damit der Bewusstmachung, und das können wir in der Meditation trainieren. Wir können durch den Verstand und durch Übung an das kollektive Unbewusste andocken und ewiges Wissen einholen. Im Sinne des Gesetzes der Schwingung kann man hier auch von drei unterschiedlichen Ebenen sprechen, welche – jede für sich – unterschiedliche Schwingungen aufweisen und von Dichte zur Transzendenz reichen. Diese Schwingungsebenen sind identisch mit unterschiedlichen Bewusstseinsebenen. Somit ist der Verstand das geistig Dichteste und Kompakteste, was es auf Erden bzw. im Universum gibt, mit einer sehr niedrigen Schwingung (so kann das vermeintliche Ego leicht andocken und überhandnehmen), damit wir all unsere Gedanken auch wahrlich fassen können. Wenn wir sodann unsere Gedanken aussprechen oder aufschreiben, reduziert sich die Geschwindigkeit noch einmal, und jeder Gedanke wird noch einmal konzentrierter und dichter, bis er sich zum Beispiel als Handlung manifestiert. So beschreibt es auch die Bibel, denn am Anfang war das Wort. So wird jedes ausgesprochene Wort auch automatisch zum Zauberspruch und wir sollten uns bewusst sein, was wir denken und vor allem sagen. Denn es gilt: wie im Innen, so im Außen. Überlegt mal, unsere Gedanken, Aussagen manifestieren sich im Außen ... und plötzlich ist es die Realität – selbst erschaffen, oh du göttlicher Mensch.

Dieses Beispiel zeigt ebenso auf, wie der Geist über die Materie herrscht. Hingegen ist das höchste Bewusstsein oder Nous absolute Transzendenz, nicht mehr fassbar für unseren gewöhnlichen Verstand und mit unvergleichlich hoher Schwingung. Darum ist es für uns nicht fassbar, weil es für uns Menschen in der Dichte eine viel zu hohe Schwingung hat, als dass wir es je mit unserem körperlichen Gehirn begreifen könnten.

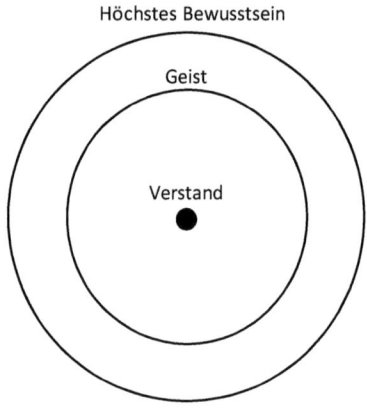

Abb. 6: Geistige Ebenen des Universums

Anhand der in Abbildung 6 dargestellten Ebenen kann aufgezeigt werden, dass alles wie im Großen auch im Kleinen ist. Nehmen wir das Beispiel des Atoms: Der Atomkern ist dichteste reduzierte Materie, bestehend aus Protonen und Neutronen, wohingegen die sogenannte Atomwolke aus Elektronen eine hunderttausendfach größere Schicht um den Atomkern bildet. Diese wird als Wolke beschrieben, weil die hohe Schwingung der Elektronen die geringste Masse aufweist. Während der Atomkern konzentrierte Dichte ist, gleich den geistigen Ebenen des Universums oder auch den Planeten im Vergleich zur Galaxie und zum Weltall als Ganzes.

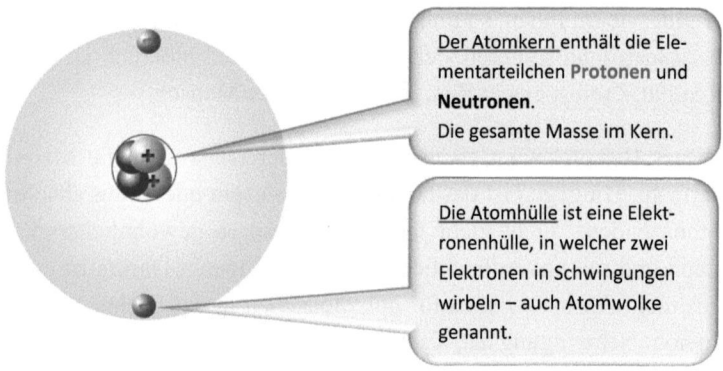

Abb. 7: Protonen, Neutronen und Elektronen des Atoms
Quelle: Basischemie, W. Hölzel, 2009

Wie die Elektronen im Atom durch ihre Schwingung Leben erzeugen, so wirkt auch der Geist oder Spirit als Hauch des Lebens und Verbinder zwischen dem Transzendenten und dem Dichten, letztendlich dem Materiellen – denn Gedanken manifestieren sich in erschaffene Dinge.

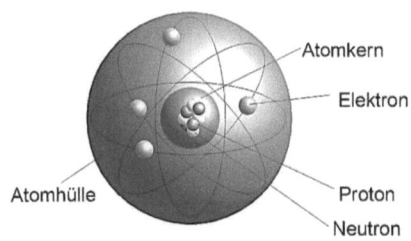

Abb. 8: Schwingungen der Elektronen in der Atomhülle
Quelle: Atommodell nach Rutherford

Das höher Schwingende beherrscht das gering Schwingende. Der niederste Punkt ist die gröbste Materie (z. B. Gestein), während der höchste Punkt vom reinen Geist des Alls (höchstes Bewusstsein) erfüllt ist. Und so herrscht der Geist auch über die Materie und damit über alles Irdische. Dies zeigt sich schon an sehr einfachen Beispielen. Wenn wir nur daran denken, dass uns der Zahnarzt im Zahnloch herumbohrt, zieht sich bei manchen alles zusammen. Oder beiße doch gedanklich in eine Zitrone und schmecke den Saft. Auch hier wird sich bei vielen eine körperliche Reaktion zeigen, wenn auch nur im Gesicht. Stelle dir vor, wie du im Wettkampf gegen jemanden boxt oder Tennis spielst, da wirst du sogar bald mal ins Schwitzen kommen. Und ja, je intensiver deine Vorstellung ist, sodass du es auch fühlst, desto höher die Wirkung über die Materie, über deinen Körper in diesem Fall. Wir können also eine körperliche Reaktion wahrnehmen, obwohl wir nur an etwas Bestimmtes gedacht haben. Der Geist beherrscht die Materie. Wenn wir beim Beispiel des Atoms bleiben, dann können wir auch hier bereits das Gesetz der Polarität erkennen – vom Atomkern nach außen in die Atomwolke und wieder zurück zum Kern – vom Manifesten zum Feinstofflichen. Auch diese Spannung wird vom Gesetz des Geistes beherrscht. Und so bewirkt der Geist unseres höheren Bewusstseins, dass alle Atome in unserem Körper, ja, mehr noch, alle Elektronen, die in uns ständig schwingen, miteinander in Synchronizität schwingen und dabei manifestieren, nämlich das, was der göttliche Wille des Menschen ist. Das beweist einmal mehr, dass wir aufpassen sollten, was wir denken, denn es wird sich manifestieren. Unsere Schwingung durch die Elektronen sorgt dafür, dass wir genau das manifestieren, was wir erschaffen, erdenken, aussprechen.

Und der Geist ist immer und überall allgegenwärtig. Er wird immer sein. Es ist ein ewig seiendes höheres Bewusstsein, das in sich durch göttliches Licht oder göttliche Energie und eine bedingungslose göttliche Liebe existiert und unvergänglich ist – wohingegen Materie vergänglich ist, wie der Körper des Menschen. Das Allergöttlichste ist Licht und Liebe und kann durch den lebendigen Geist alles erschaffen. Licht und Liebe sind die mächtigsten Kräfte der göttlichen Schöpfung. Insofern ist alles Geschaffene aus dem allumfassenden höheren Bewusstsein ebenso göttlich und ebenso kreativ in der Schöpfung. Wir Menschen sind geschaffen (von unserem höheren Selbst) und ebenso geistig kreativ in der Schöpfung gleich dem ewig Göttlichen. Denn wir sind Ebenbild Gottes, Kinder Gottes. Wir sind eins, und das sollten wir uns einmal auf der Zunge zergehen lassen und wieder aktivieren und begreifen lernen, denn wer das versteht, der kann durch Licht, Liebe und seinen lebendigen Geist alles in seinem Leben verändern … und zwar hin zu einem glücklichen und gesunden Leben.

Alles ist aus einem Geist, einem höchsten Bewusstsein, geschaffen. Dieser lebendig gewordene Geist wirkt in allem, auch in uns, und wir erschaffen somit selbst ständig lebendig Geistiges. Das ist auch der Grund, warum nichts ewig gleichbleibt, weil das göttliche höchste Bewusstsein auf ewig Neues erschafft und sich verändert. Es muss sich verändern, um zu gedeihen, um sich entfalten zu können, so wie sich Licht und Liebe auf ewig ausdehnen und nicht stillstehen. Die Welt und das Universum entwickeln sich.

Gedanken sind also auch auf unserer menschlichen Ebene reine Schöpferkraft. Jede Vorstellung und Visualisierung schafft und kann sich durch unsere Taten manifestieren bzw. materialisieren. Du denkst an ein Ziel, das du gerne erreichen würdest, und durch diese

Gedanken manifestiert sich bereits ein Weg mit Zeitverzögerung, dieses Ziel zu erreichen. Unser Bewusstsein zeigt die Richtung an und unser Unterbewusstsein wirkt auf göttlicher Ebene und stellt die Weichen im Leben, um das Ziel zu erreichen. Vor allem, wenn es auch gefühlt wird und wahrhaft ein Herzenswunsch ist. Denn tiefe Glaubenssätze oder konträre Handlungen zum eigenen göttlichen Plan können das Erreichen deines Ziels verhindern.

Je intensiver und gefühlter wir visualisieren und uns das Ziel vorstellen, desto näher sind wir der Erschaffung von Neuem und letztlich unserem Ziel (wenn es dem eigenen göttlichen Plan gerecht wird). Umso wichtiger ist es, dass wir auf unsere Gedanken achten, denn das Unbewusste lässt sich von unseren schöpferischen Gedanken lenken. Sprich, wenn ich insgeheim nicht sicher bin, ob ich das Ziel je erreiche, dann wird es wohl schwierig werden. Wenn sich jemand täglich vor dem Spiegel, in der Arbeit, in der Beziehung entwertet und entwerten lässt und sich selbst suggeriert, dass er oder sie es nicht wert ist, dann hat das schwerwiegende Folgen für den Menschen. Sich selbst im Spiegel zu betrachten und zu lieben, sich wertzuschätzen, aber sich dennoch in Handlungen mit der Haltung „ich brauch das doch gar nicht", „das ist eh nicht so wichtig" zurückzustellen, ist ebenso seelisch entwertend und prägt das Leben desjenigen Menschen. Denn das Göttliche will gelebt und nicht gehindert werden. Es geht um die volle Entwicklung und Erfahrung von allem, was die Seele des Menschen, also das höhere Selbst, erleben will. Schöpferische göttliche Gedanken erschaffen und erzeugen und wollen sich entwickeln, und das geht nur mit positiven Gedanken und nicht mit negativen bzw. nicht, wenn Gedanken etwaigen Hemmungen oder Ängsten unterliegen. Gedanken können sowohl erschaffen als auch zerstören, wie Elias Rubenstein, Großmeister des Rosenkreuzerordens und Leiter der Hermetik Akademie, schreibt.

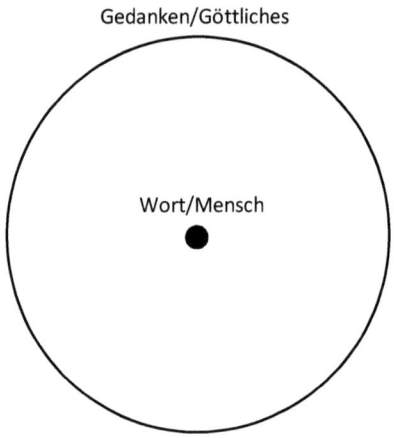

Gedanken/Göttliches

Wort/Mensch

Abb. 9: Höhere und manifestierte niedere Schwingungen

Dir selbst deine Gedankenmuster bewusst zu machen, ist essenziell für den Weg zu deinem Selbst, und es liegt in deiner Hand, deine Gedanken zu trainieren.

Analog, und das betrifft nun wieder die Verbindung zum Gesetz der Analogie *„wie im Großen, so im Kleinen"*, können wir unsere hohe Schwingung der Gedanken als Pendant zur ewigen göttlichen Hochgeschwindigkeitsschwingung deuten und das Geschriebene oder das Ausgesprochene unserer Gedanken als die konzentrierte niedere Schwingung deuten, welche analog dazu dem Irdischen, also dem Menschen, gleichkommt. Das geschriebene Wort als Konzentration der Gedanken ist nichts mehr als der manifestierte Mensch oder z. B. Mutter Erde als Ganzes für die göttliche Meditation bzw. Schwingung.

Das bedeutet wiederum, dass die hohen Schwingungen der Gedanken nur dann auch Sinn machen können, wenn wir diese umsetzen, ausleben, manifestieren können. Es ist der Auftrag des absolut Göttlichen, die hohen Schwingungen der ewigen Meditation zu manifestieren. Und umgekehrt ist es des Menschen Auftrag, zurück zu diesen hohen Schwingungen zu finden, um möglichst viel Göttliches auf Erden wieder manifestieren zu können, sprich, göttlich inspiriert und kreativ zu werden.

Doch das Wissen aus dem höheren Bewusstsein können wir ebenso nutzen, um unser Leben zu verbessern und ein glückliches Leben zu leben. Das höhere Bewusstsein ist der Ort, wo unsere Seele auf das kollektive Unbewusste trifft und alle Weisheiten der Welt zur Verfügung stehen. Dies ist der Ort, wo Heilung passiert und wo Friede einkehrt und Liebe wieder bewusst wird. Dieser friedvolle Zustand kann von Menschen durch Reflexion, Übung und Bewusstseinserhöhung erlangt werden. Und Hermes, aber auch Isis, Jesus und Tausende erleuchtete Menschen dieser Erde sagen, dass jeder Mensch diesen Zugang hat und darauf zugreifen kann. Absolut jeder Mensch ist laut Hermes fähig, die Künste und die Wissenschaften und das Universum zu verstehen, schreiben M. M. Miller wie auch Rudolf Steiner.

Und ja, Bewusstseinserhöhung braucht Zeit, Reflexion und Meditation und es ist somit fraglich, ob der Mensch das noch will, denn er müsste sehr viel Zeit in das Erlangen dieser Fähigkeiten investieren oder sich sogar wie ein Mönch zurückziehen. Also stellt sich die ehrliche Frage: Wie können wir uns dennoch seelisch rückintegrieren, unser höheres Selbst vollkommen ausleben und ein glückliches Leben führen? Doch unter Berücksichtigung der kosmischen Gesetze können wir das immer noch lernen bzw. tun. Vorerst gilt es, diese Gesetze zielführend in unserem Alltag einzusetzen und wirken zu lassen. Dann haben wir schon sehr viel geschafft und kommen uns selbst deutlich näher, weil der Weg leichter wird. Sind einmal die Polaritäten der Welt überwunden, ist das Göttliche schon nahe. Und somit heiße ich dich nun willkommen in der Welt der Mystik und Magie. Denn dieses Buch ist einerseits ein sehr praktisches Buch für den persönlichen Entwicklungsprozess hin zu einem glücklichen und gesunden Leben. Andererseits birgt dieses Buch aber auch unweigerlich die Phänomene der Mystik und Magie, welche mitunter offen und manchmal versteckt in den Zeilen zu finden sind. Der geschulte Leser wird dies sehr wohl erkennen und noch viel mehr aus diesem Buch herauslesen können. Dies sei jedoch jedem gewünscht.

Eines möchte ich allerdings noch erwähnen: Das Gesetz des Geistes steht über allen anderen Gesetzen, die von Raum und Zeit einbezogen. Das höhere Gesetz waltet über das niedere. Das All, das allumfassende höchste Bewusstsein, bringt die Gesetze hervor, doch keines ist dem höchsten Bewusstsein unterworfen. Wir sind Teil dieses unendlichen göttlichen Bewusstseins und damit Teil dieses ewigen Alls. Unsere Möglichkeiten sind daher in Raum und Zeit unendlich, wie es von drei Eingeweihten im Buch *Das Kybalion* heißt. Du musst es nur auch glauben, um in deine Kraft zu kommen! Und man muss die Gesetzmäßigkeiten verstehen, denn sie sind unabdinglich. Durch die Kunst der philosophischen Alchemie kann der geübte Mensch jedoch das Unerwünschte in einen erwünschten oder wertvollen Zustand verwandeln, um ein glückliches und gesundes Leben zu führen. Die hier besprochenen Gesetze sollen dabei helfen, dies zu erkennen und auch umzusetzen.

Meditation 1: Der Geist ist Leben

Suche dir einen ruhigen Platz, an dem du ungestört bleiben und meditieren kannst. Setze oder lege dich bequem hin. Atme ein paarmal tief und laut durch. Atme bei jedem Einatmen gesunde positive Energie ein und bei jedem Ausatmen negative Energie und Belastendes aus. Spanne kurz deinen ganzen Körper an, von den Füßen zu den Waden, Ober- und Unterschenkel, Gesäß, Bauch, Brustkorb, Arme, bis zum Hals und den Kopf und entspanne danach den gesamten Körper wieder. Nimm bewusst wahr, wie die Spannung aus deinem Körper fließt und wie du deinen Körper spürst. Und nun fokussiere auf dein Herz und nimm es ganz bewusst wahr, wie es immerwährend für dich pumpt und dir täglich Leben schenkt. Dein Herz ist die Brücke zwischen deinem Körper und deinem Geist, deinem höheren Bewusstsein, deinem höheren Selbst. Dein höheres Selbst ist dein Heiliger Geist des Lebens. Versuche nun dein Herz zu öffnen und verbinde dich durch dein Kronenchakra[17] mit deiner Lichtquelle, deinem höheren Selbst und weiter hinaus mit der göttlichen Quelle im Kosmos, und komme wieder mit deinem Bewusstsein in deinem Körper, in deinem Herzen an. Spüre, wie Licht in dein Herz einfließt und das Herz sich weitet und erhellt. Spüre die Energie des Lichts und wie du dich öffnest. Das ist deine Lebensenergie.

Stelle dir nun vor, dass du von einer hellvioletten Lichtsäule umgeben bist und dich im Zentrum der Säule im vollen brillantweißen Licht befindest. Spüre die Energie des Lichts um dich herum und in dir. Fühle die Schwingung der Energie. Im Geiste des allumfassenden höheren Bewusstseins, der göttlichen Einheit, deines höchsten Selbst, strahlt das Licht aus der göttlichen Einheit auf dich. Fühle es und nimm das Licht voll und ganz in dich auf. Spüre, wie dich das Licht erfüllt und wärmt. Spüre die erneute Lebenskraft, die nun durch dich fließt. Durch diesen Geist kommt auch das Leben. Nimm den Lebenshauch durch den Geist wahr, den Atem, der uns am Leben hält und ewig pulsiert, die universale göttliche Kraft des ewigen Lebens und des Seins. Danach schicke das allumfassende Licht deines göttlichen höheren Bewusstseins an die ganze Menschheit. Wünsche jedem Menschen das Licht und die Lebenskraft, die du gerade empfangen hast. Das unterstützt dein Karma positiv, denn wir alle sind miteinander verbunden.

Von der Seele deines höchsten Selbst, des Göttlich-Männlichen und Göttlich-Weiblichen, strömt bedingungslose Liebe in alle Menschen. Spüre diese ewige, großartige, nährende Liebe durch das dir gesandte Licht und den Geist, der dir Leben schenkt. Fühle ihre unendliche Wirkung in dir. Wir haben alle einen göttlichen Vater und eine göttliche Mutter und wir sind niemals alleine und verlassen. Lass diese allumfassende Liebe zu und nimm die Liebe in dich auf. Vielleicht möchtest du dich im Zeichen der bedingungslosen Liebe mit Isis oder Mutter Maria oder auch Jesus oder Maria Magdalena

---

[17] Aus der Chakren-Lehre ist das Kronenchakra dein am höchsten liegendes Energiezentrum, welches sich direkt dem Spirituellen, Göttlichen öffnet. Es befindet sich auf der Schädeldecke deines Kopfes.

verbinden, denn sie alle haben die Liebe so sehr gelebt und geteilt und können gute Mentoren für uns sein. Öffne dein Herz und lass Licht, Leben und die Liebe in dein Herz. Spüre diese Wucht and Lebensenergie und Liebe. Sie sind immer für dich da, gehen nie weg, du brauchst sie nur zu erkennen und zu empfangen. Danach schicke diese allumfassende Liebe an die ganze Menschheit. Wünsche jedem Menschen diese bedingungslose Liebe, die du gerade fühltest. Fühle noch etwas nach und sage laut: AMEN – so möge es sein.

Spüre noch nach, das Licht, den Lebenshauch, die Liebe. Und in deinem Tempo komme wieder zurück ins Hier und Jetzt, zurück auf deinen Meditationsplatz.[18]

3.2. Das Gesetz der Analogie oder Entsprechung

Wie oben, so unten – wie unten, so oben.
Das Kybalion

Wir kennen es und haben es schon hundertmal gehört. Aus der Bibel, dem Alten Testament, aus manchen gnostischen Texten, der Kabbala, aber auch aus den Erkenntnissen der Atomphysik kennen wir die Analogie „wie oben, so auch unten" und umgekehrt „wie unten, so auch oben". Wie im Großen, so im Kleinen – wie im Kleinen, so im Großen. Wie innen, so außen – wie außen, so innen. Alles auf dieser Welt und im Universum hat, laut Kybalion, seine Entsprechung, seine Analogie.

Wie im letzten Kapitel bereits angesprochen, dürfen wir davon ausgehen, dass die Zusammenstellung des Atoms im Kleinen ein Ebenbild der unendlich großen Zusammenstellung im Großen ist bzw. oben wie unten. Dies beschreibt die kosmische Ordnung. Wenn wir

---

[18] Diese geführte Meditation steht dir auch auf meiner Website www.sophia-bewusstsein.com als ‚audible-Datei' zur Verfügung. Registriere dich als Mitglied und genieße alle geführten Meditationen aus dem Buch.

das verstehen, dann können wir auch erkennen, dass dies auf alles im Leben zutrifft.

Hier ein Beispiel: Wie oben und im großen Universum alles von selbst läuft, so können wir erkennen, dass auch unten, z. B. im Körper, alles von selbst läuft. Wir tragen ja beinahe nichts dazu bei, dass unser Körper funktioniert. Das Herz pumpt von selbst, die Verdauung macht alles allein, und selbst im Schlaf atmen wir immerwährend und bleiben so dem Leben erhalten, ohne dass wir etwas Bewusstes dafür tun. Würden wir diese Funktionen bewusst steuern müssen, dann wären wir längst tot, weil es zu komplex für uns wäre, an all das parallel und jede Sekunde denken zu müssen. Auch die Planeten in unserem Universum sind Materie und folgen derselben Ordnung. Alles funktioniert scheinbar von selbst. Und dennoch herrscht unser Geist über Materie und so können wir dem Körper tatsächlich suggerieren, dass er z. B. den Herzschlag verlangsamen soll, damit wir uns beruhigen. Das allumfassende höchste Bewusstsein im Universum herrscht über die erschaffene Materie und wir haben das ebenso in uns – ganz analog – und damit einen Beweis für das Göttliche in uns. Im Universum können wir z. B. eine enorme Expansion wahrnehmen, aber auch hier auf Erden vermehren wir uns enorm. Es ist unser Potenzial, welches sich wie Liebe vermehrt, denn diese Ausdehnung ist göttliche Liebe auf höchster Ebene – es ist ein Beispiel für die universelle Analogie oder Entsprechung. Und so schöpfen und erschaffen wir gleich dem hermetischen Axiom: *„Gleiches bringt Gleiches hervor."*

Da wir aber das allumfassende Große nicht wirklich verstehen können, müssen wir im Kleinen die Erklärungen finden, um letztendlich auf das Größere zu schließen. Und so haben wir die Chance, jederzeit im Kleinen zu erkennen, wie das Universum und die Multiversen bzw. das unendlich Göttliche funktioniert. Aufgrund unseres Wissens, dass das All durch ein höchstes Bewusstsein geschaffen ist, ist auf Basis des Gesetzes der Analogie nachvollziehbar, dass wir hier auf Erden ebenso wie oben durch unser Bewusstsein, unseren Geist, herrschen. Und genügend Bücher über positives Denken, mentale Kraft und Visualisierung beschreiben diese unglaubliche

Kraft, die wir durch unseren Geist freisetzen können. Unser Geist erschafft im Kleinen wie das allerhöchste Bewusstsein im Großen.

Wenn wir im sogenannten Flow sind, dann merken wir, wie wir im Fluss mit allem sind – es scheint göttlich zu sein, denn die Dinge laufen wie von selbst, wie sie eben auch im Universum laufen – reibungslos, unkompliziert, von selbst. Die absolute göttliche Ordnung ist immer beständig und ordnet daher auch alles durch das höchste Bewusstsein. Was wir bewusst nicht wahrnehmen, das fällt dann ins Unterbewusste und wir bemerken es gar nicht, aber die kosmische Aufgabe durch das höchste Bewusstsein bleibt dieselbe. Was zuvor erdacht wurde, kann nun seinen Lauf nehmen und sich durch den Flow des Unterbewussten manifestieren. Auf diesen Flow haben wir nur wenig Zugriff bzw. oft nur durch Bewusstseinserhöhung und ein Verständnis der Elementarwirkung und der kosmischen Gesetze. Es scheint, als ob der Flow passiert. Leider versuchen wir oft genug, diesen Flow und unsere Erfolgsstrecke zu kontrollieren, was den Flow nur unterbrechen kann. Denn die bewusst kontrollierende Handlung ist nicht Teil des Flows. Die bewusste Handlung wird dem Gesetz der Ursache und Wirkung gerecht. Denn jede Ursache, z. B. eine Handlung durch uns, hat auch ihre Wirkung. Das mag mit dem Flow zusammenpassen, ist aber eine andere Dynamik und ein anderes Gesetz, das hier bedient wird. Wer also den Flow durch seine Handlungen unterstützen möchte, sollte sich hüten, denn es könnte einen aus dem Flow werfen. Dieser kann nämlich nur wirken, wenn wir uns im und vom Flow treiben lassen. Und das können wir durch Bewusstseinserhöhung lernen, dann, wenn wir dem Unterbewussten vertrauen, dass es alles für uns Geeignete tut. Sprich, sobald wir unsere Gedanken manifestiert und uns unseren Erfolg vorgestellt und suggeriert haben, wird es auch wieder Zeit, loszulassen und den Dingen, also dem Unterbewussten und damit dem Flow, Raum zu geben. Das höchste Bewusstsein wird die Weichen für uns stellen und durch unser Unterbewusstsein werden wir in den Flow geleitet. Vertrauen darauf, dass das Ersehnte eintrifft, ist hier die Grundlage. Und wieder ist die Aussage aus dem Film „The Chase" sehr zutreffend, denn *du wirst es wissen,* dass alles so läuft, wie es sein sollte. Wenn du ins Vertrauen gehen kannst, dann wird ein

Wissen kommen. Und durch dieses Wissen kannst du dich orientieren und im Vertrauen deinen Weg gehen.

Alles andere, was sich nicht fügt und demnach schwierig erscheint oder auch Reibung erzeugt, ist demnach eine Prüfung für unsere Entwicklung. Der Flow ist die Fügung von allem, die Ausrichtung (the alignment) deines Selbst mit deinem göttlichen höheren Selbst. Das Göttliche steckt im Flow – folge ihm und verliere nicht den Weg!!! Man kann sich hier natürlich fragen, was die persönliche Fügung und was daher der individuelle und persönliche Weg ist? Folge deinem Herzen.

Im Flow zu sein: Auf der Suche nach sich selbst kommen unweigerlich Versuchungen auf uns zu, die unseren Weg testen. Dies ist ganz natürlich und sogar wichtig, denn unser Unterbewusstsein möchte ganz genau wissen, ob der eingeschlagene Weg tatsächlich unser Weg ist, und setzt uns somit immer wieder Prüfungen aus, damit wir beweisen können, dass unser Herz rein ist, dass wir diesen unseren Weg tatsächlich wollen und für uns ausgewählt haben. Umso mehr wird dieser in Erfüllung gehen und uns zu unserer ersehnten Erlösung oder unserem persönlichen Lebenserfolg bringen. Ähnlich ist das biblische Beispiel, in dem Jesus 40 Tage in der Wüste verbringt, weil dies sein seelischer/göttlicher Auftrag war und er dort seinen Versuchungen widerstand. Es war eine Prüfung seines Glaubens an sich selbst, an seine Mission, an seinen Weg. Und so können auch wir uns immer wieder fragen: Wie und wann entscheide ich mich für meinen Weg? Wann höre ich auf mein Herz, auf mich selbst? Wann kann ich der Prüfung bzw. der Versuchung widerstehen und meinen Weg gehen? Wann komme ich in den Flow bzw. wie kann ich den Flow zulassen?

Hast du den Mut, dem zu folgen, was du hörst?

In diesem Sinne, auch anhand unserer Versuchungen, können wir erkennen, wie wir selbst unser Außen definieren. Denn wie wir denken und was wir tun, entscheidet darüber, was sich im Außen für uns manifestiert. Wir kreieren somit unser Leben, und so geht das Gesetz der Entsprechung einher mit dem Prinzip der Harmonie. Denn so, wie die Welt im Inneren erscheint, so manifestiert sie sich im Außen, um eine Harmonie im Universum herzustellen. Wie im Großen, so im Kleinen oder wie oben, so unten, diese hermetischen Axiome aus dem Kybalion stellen eine harmonische göttliche Ordnung dar. Wenn wir das Universum betrachten, dann erscheint alles in perfekter Harmonie. Das beginnt schon, wenn wir Mutter Natur betrachten und die Phänomene des natürlichen Lebens beobachten. Es ist perfekt und gleicht oft einem Wunder. Es ist in Harmonie, weil auch alles im Universum aus einer Quelle kommt. Wenn wir aber Mutter Natur betrachten, so erkennen wir auch, dass es hier keine Kontrolle gibt, sondern einfach den Lauf der Dinge. Alles fügt sich. Alles ist, verändert sich wieder und entsteht neu im ewigen harmonischen Gleichgewicht. Wie im Großen – so im Kleinen. Wenn wir das Gesetz der Harmonie heranziehen, dann folgt daraus, dass wir grundsätzlich in Harmonie mit allem sein müssten, mit uns selbst und mit der Außenwelt. Harmonie ist das, was wir im Inneren erleben und was sich auch im Außen manifestiert. Auch unsere Gesundheit ist die natürliche Harmonie des Inneren. Jede Krankheit stellt eine innere Disharmonie dar. Eine Disharmonie zwischen unserem Selbst und unserem höheren Selbst. Sprich, wir gehen nicht unseren für uns geplanten Weg. Wir sind nicht nach unserem wahren Kern und Lebensziel ausgerichtet. Die Außenwelt erscheint als Spiegel der eigenen Innenwelt. Wenn du dich sehr über die Politik, die Arbeit, Familie oder anderes aufregst, dann wirst du auch im Außen ständig neue Impulse bekommen, worüber du dich wieder aufregen kannst. Denn das ist dann dein innerer Fokus. Wenn du mit Freude in die Arbeit gehst, wird dir Freude zurückgespiegelt. Sicherlich, wenn es nicht der richtige Job ist, dann ist es möglicherweise Zeit, zu lernen, dass du einen Job findest, der dich erfüllt bzw. glücklich macht. Aber auch dieser Impuls ist im Inneren bereits vorhanden und drückt sich im Außen aus. Es kommt daher auf deinen Fokus im Inneren an. Das Gleiche gilt für unsere innere Stimmung, welche sich auch im Außen widerspiegelt. Sind wir mit uns im Reinen, in Frieden bzw. in Harmonie, dann wird auch vieles bzw. alles im Außen wahrlich zufrieden und harmonisch wirken. Denn die Außenwelt ist zugleich in Harmonie mit unserem Inneren bzw. unserer Erscheinung im Außen. Wir nehmen auch die Disharmonien der Außenwelt anders auf, weil wir im Inneren im Reinen sind. Sind wir z. B. verliebt, erblüht unser Leben und alles um uns herum erscheint durch dieselbe rosarote Brille einfach göttlich genial. Auch der oben erwähnte Flow ist ein Zustand der kosmischen Harmonie. Es ist der harmonische Ausgleich im allumfassenden höchsten Bewusstsein, der einen Quelle von allem.

Das Prinzip der Harmonie fügt sich dem, was du bewusst oder unbewusst aussendest, und gibt dir harmonisch Resonanz darauf. Kommen wir aber z. B. mit unserem Alltag nicht klar und sind konstant gestresst und überfordert, dann liefert auch alles im Außen ständig Impulse für weitere Strapazen. In meinem Bekanntenkreis hat z. B. ein Mann am Vorabend noch gemeint, dass eventuell sein Keller vom Gewitter am nächsten Tag überflutet werden könne und er sich darauf vorbereiten müsse. Er lebt in Angst vor dem Unwetter. Er lebt auch in einer achttausend Einwohner großen Stadt – und wie hoch stehen die Chancen, dass ein Blitz in dieser besagten Gewitternacht tatsächlich bei ihm einschlägt? Wohl hatte er keine Überschwemmung, aber der Ofen seiner Heizung war schwer getroffen und so auch ein paar andere Geräte wie Drucker und Bildschirm im Haus. Der angstvolle Mensch zog sein Schicksal an und es manifestierte sich durch das Gesetz der Analogie und das Prinzip der Harmonie und, ja, auch das Prinzip der Resonanz spielt natürlich hier mit. Das Universum will eine Harmonie im Gesetz der Analogie herstellen – wie innen, so außen – und stellt die geforderte Resonanz zur Verfügung. Der Mensch kommt also der Dynamik nicht aus, außer, er verändert seine innere Welt. Hätte sich mein Bekannter gedacht, dass ihm das Gewitter sicher nichts anhabe, denn es ist ja schließlich nur ein Gewitter in einer mit vielen Häusern gefüllten kleinen Stadt, dann wäre die Resonanz eine andere gewesen. Wir werden es nie sicher wissen, doch die Energien hinter diesen Gedanken sind unterschiedlich, und dass es keine Zufälle gibt, wurde ja zuvor bereits klar erörtert. Hier gilt ebenso die hermetische Herangehensweise, dass das Stärkere bzw. Höhere, wie z. B. unser Geist, das Schwächere bzw. Niedere, wie z. B. unseren Körper oder die manifestierte Außenwelt, bestimmen kann und sich somit das Niedere dem Höheren angleicht. Ein Weg, um die Harmonie im Außen zu fördern, liegt darin, zu erkennen, wie alles mit allem zusammenhängt. Ein friedliches Miteinander und eine nettere Umwelt zu schaffen, ist mit dem geringen Aufwand von Geben und Nehmen verbunden. Etwas von Herzen zu geben, löst Glücksgefühle und inneren Frieden aus. Wichtig dabei ist, dass man bedingungslos gibt. Man gibt, um zu geben, zu helfen, aus Liebe zueinander. Etwas annehmen zu können, tut ebenfalls gut, bringt Freude, Glück und steigert Selbstvertrauen. Man nimmt aus ehrlicher Dankbarkeit und nicht aus Geiz, weil der andere eh schon so viel hat oder Ähnliches. Manche müssen vielleicht auch lernen, Dinge annehmen zu können. Die Haltung fördert also deine innere Harmonie und du kannst unglaublich schnell erkennen, wie sich deine Welt im Außen ebenso verändert. Wohlstand ist z. B. ein Zeichen der universellen Harmonie, und je mehr du bedingungslos gibst, desto mehr wirst du auch wieder ernten. Doch die Energien im Universum sind nicht linear, also wirst du wahrscheinlich deine Früchte woanders ernten, als du gedacht hast. Dafür müssen wir ins Vertrauen gehen und offen bleiben, denn du wirst ganz sicher ernten oder auch dein Karma reduzieren, ganz dem Prinzip der Harmonie entsprechend. Auch die Liebe ist ein Zeichen der Harmonie, wobei die Liebe als Einzige direkt aus dem Göttlichen kommt und über allen Gesetzen steht.

Stehen wir aber dem harmonischen Fluss des Gebens und Nehmens im Wege oder versuchen diesen sogar zu unterdrücken, z. B., indem wir Geld und Materielles einfach horten und nicht veräußern bzw. damit arbeiten, dann stoppen wir hiermit auch den natürlichen Lebensfluss und die universelle Harmonie. Global gesehen wird die Kluft zwischen Arm und Reich und dem damit einhergehenden Leid und Glück immer größer, weil das bedingungslose Geben und das freie Annehmen gehindert werden. Der universelle Überfluss, der immerwährend vorhanden ist, wird somit verhindert und kann sich nicht entfalten. Doch der Reiche wird vom Schicksal wohl zur Rechenschaft gezogen, denn das Prinzip der Harmonie sucht ständig nach dem harmonischen Ausgleich, um den Lebensfluss wiederherzustellen. Es wirkt auf sehr subtile Weise. Wenn der Reiche aber bedingungslos gibt und damit Harmonie, Glück, Freude und Liebe fördert, wird er noch reicher werden. Das steht auch in der Bibel und ist als „Matthäus-Effekt" bekannt. „Denn wer hat, dem wird gegeben", was bedeutet, dass denjenigen Menschen, die höheres Bewusstsein haben, noch mehr davon bekommen werden; sie werden Eingebungen und Erkenntnisse wie schnelle Gedanken übertragen bekommen. Der Effekt beschreibt somit auch, dass die Menschen, die die höheren Gesetze verstehen und z. B. offen und mit Liebe im Herzen ihren Reichtum teilen, noch mehr Reichtum ernten. Dahinter steht das Wachstumsprinzip des Universums, das an der Liebe gemessen werden kann.

Sprich, alles, was wir im Inneren erleben und erleben wollen, sehen wir auch im Außen wieder. Geiz wird zu Knappheit. Großzügigkeit wird zu Fülle. So bekommen wir Harmonie, wenn wir in Harmonie sind. Wir bekommen Disharmonie, wenn wir disharmonisch sind und z. B. anderen geben, aber nur, um als Wohltäter dazustehen, also das eigene Ego zu bedienen. Das löst Disharmonie aus, weil die Handlungen mit den Gedanken nicht in Kongruenz stehen. Das Prinzip der Harmonie werden wir allerdings nochmals aufgreifen, denn es paart sich auch mit dem Gesetz der Schwingung, dem Gesetz der Resonanz und dem Gesetz des Geschlechts, welche wir in nachstehenden Kapiteln beleuchten.

Das hermetische Axiom „wie innen, so außen – wie außen, so innen" betrifft in seiner Entsprechung nicht nur den Geist und unsere Einstellung und innere Haltung, sondern es manifestiert sich auch im Körperlichen. So, wie wir in den Himmel schauen und die Sterne und das Universum mit Bewunderung betrachten, so sollten wir im Kleinen auch unseren manifestierten Körper und natürlich alles Materielle, wie z. B. unsere Erde, bewundern, Beachtung und Aufmerksamkeit schenken. Denn schließlich ist unser Körper das göttliche

Vehikel, um all unsere schöpferische Kraft ausdrücken zu können. Dies funktioniert nämlich nur mit einem gesunden Körper, denn der kranke Körper benötigt all die vorhandene Energie, um zu überleben und gesund zu werden. Solange das nicht der Fall ist, kann der Mensch sein Leben nicht leben und seinen Sinn im Leben nicht verwirklichen. Daher ist ein gesunder Körper sogar ein Zeichen einer entwickelten menschlichen Evolution. Hier darf uns eines bewusst werden, wie im Großen – so im Kleinen. Das Universum ist gesund, es ist nicht krank, es hat sozusagen keine körperlichen Schwachstellen. Und so sind auch wir von Grund auf gesund. Es ist der natürliche Lauf der Dinge und somit ein Geburtsrecht alles Manifestierten, gesund geboren zu werden. Krank geborene Menschen könnten daher aus hermetischer und anthroposophischer Sicht eher vom Schicksal im Sinne eines Karmas auferlegte Hürden bekommen haben. Ich gehe auf dieses Phänomen im Kapitel „Das Gesetz von Ursache und Wirkung" noch näher ein. Doch hier erwähne ich abschließend, dass der Geist verantwortlich für körperliche Krankheiten ist. Wer Illusionen für wahr erklärt und sich von der seelisch-göttlichen Energie entfernt, der taucht auch ins Feld möglicher Krankheiten ein, welche sich manifestieren, weil sich die Seele in Disharmonie befindet. Es ist also essenziell, ein Leben in Ausrichtung auf das höhere Selbst zu leben, denn das fördert die körperlichen Energien und lässt von Krankheit ab. Wir könnten so viel älter werden, würden wir über unser Herz auf unsere Seele schauen, Vertrauen haben, dadurch unseren Weg im Leben gehen und die für uns gedachte Entwicklung machen und daher gesund bleiben. Denn Disharmonie macht krank. Uns selbst nicht erkennen und nicht unseren Weg gehen, nicht auf unser Herz hören, sondern den Konventionen der Welt folgen, die durch Ängste die illusorische Welt erschaffen hat, in der wir leben, diese Disharmonie macht krank.

Hast du den Mut, dem zu folgen, was du hörst?

Dein Lebensweg ist begleitet von einer eigentlich sehr einfachen Gleichung, die zugleich auch deine Realität widerspiegelt:

Liebe (Vertrauen) = Gesundheit
versus
Angst (Kontrolle) = Krankheit

Denn die Angst zieht den Körper zusammen und verformt ihn sogar. Wir sind nicht frei, nicht in unserer Energie, und versuchen daher, alles zu kontrollieren, was wir nur können. Dieser Kontrollzwang vereitelt auch den Zugang zum höheren Bewusstsein und damit zum Vertrauen. Wer also nicht hat, dem kann nicht gegeben werden. Denn Vertrauen ist total offen, grundsätzlich verletzlich, aber integrativ, verbindend und erlösend, also heilsam. Hier kann der Körper gesund bleiben, denn er bleibt in seiner Ursprungsenergie.

Meditation 2: Fluss und Harmonie

Suche dir einen ruhigen Platz, an dem du ungestört bleiben und meditieren kannst. Setze oder lege dich bequem hin. Atme ein paarmal tief und laut durch. Bei jedem Einatmen atme gesunde positive Energie ein und bei jedem Ausatmen atme negative Energie und Belastendes aus. Spanne kurz deinen ganzen Körper an, von den Füßen zu den Waden, Ober- und Unterschenkel, Gesäß, Bauch, Brustkorb, Arme, bis zum Hals und den Kopf und entspanne danach den gesamten Körper wieder. Nimm bewusst wahr, wie die Spannung aus deinem Körper fließt und du deinen Körper spürst. Und nun fokussiere auf dein Herz und nimm es ganz bewusst wahr, wie es immerwährend für dich pumpt und dir täglich Leben schenkt. Dein Herz ist die Brücke zwischen deinem Körper und deinem Geist, deinem höheren Bewusstsein, deinem höheren Selbst. Dein höheres Selbst ist dein Heiliger Geist des Lebens. Versuche nun, dein Herz zu öffnen, und verbinde dich durch dein Kronenchakra mit deiner Lichtquelle, deinem höheren Selbst und weiter hinaus mit der göttlichen Quelle im Kosmos. Komme wieder mit deinem Bewusstsein in deinem Körper, in deinem Herzen an. Spüre, wie Licht in dein Herz einfließt und das Herz sich weitet und erhellt. Spüre die Energie des Lichtes und wie du dich öffnest. Das ist deine Lebensenergie. Stelle dir nun vor, dass du in einer grünen Lichtkugel sitzt. Nimm das Licht voll in dich auf und fühle die Vibration und Energie des Lichts.

Stelle dir nun vor, wie der Samen eines Rosenbusches in die Erde gepflanzt wird, wie er durch Regen und Sonnenlicht an Kraft gewinnt und zu keimen beginnt. Die Pflanze bricht durch den Erdboden hindurch und der Lebenssaft der Pflanze wird spürbar. Spüre hinein in den Wachstumsprozess der Pflanze und wie sich die Pflanze entwickelt und immer größer wird. Nimm den grünen Lebenssaft in der Pflanze wahr, der in den Rosenzweigen fließt und bald die ersten Knospen hervorbringt. Spüre die Wärme der Sonne auf der Pflanze und wie sie den Regen durch ihre Blätter und Wurzeln in sich aufnimmt. Alles ist in absoluter Harmonie. Nichts steht dem Wachstum und dem inneren Frieden im Weg. Es gilt, einfach nur zu leben und zu genießen. Keine Begierden oder Leidenschaften stehen dem Rosenbusch hinderlich im Weg, einzig der Trieb zu gedeihen und zu leben ist vorhanden. Die Pflanze ist im Reinen mit sich und der Welt um sie herum, und durch diese Reinheit entstehen schließlich die Rosenblüten. Die Knospen gehen auf und leuchtende rote Rosen kommen zum Vorschein. Sie sind ein Symbol für Reinheit und die Läuterung von Begierden und Leidenschaften.

Stelle dir nun vor, wie du neben der Pflanze stehst, und vergleiche dein Wachstum … im Bauch der Mutter, das Krabbeln lernen, das Greifen lernen, das Gehen lernen, die Welt entdecken und spüre den eigenen Lebenssaft in dir, das Blut, das in dir fließt. Spüre, wie diese Lebenskraft in dir wirkt und wie du durch die Sonne noch mehr an Kraft und Energie gewinnst, wie auch das Wasser in deinem Körper die Haut elastisch macht und den Körper in den Lebensfluss bringt. Wenn du, wie die Pflanze, einfach lebst, dann ist alles gut. Aber du bist so viel mehr als eine Pflanze, du kannst denken, reflektieren, hast ein Bewusstsein und Sinne, mit welchen du die Welt wahrnehmen und erkennen kannst. Nimm dir die Zeit, deine Fähigkeiten als Mensch wahrzunehmen. Gehe ins Detail und erkenne, was du schon alles geleistet hast und welch ein Wunder du bereits bist. Spüre deine Kräfte und deinen Lebenssaft, wie sie deinen Körper durchfließen. Und stelle dir nun vor, wie du gleich der Pflanze einfach lebst und ohne Begierden und Leidenschaften, ohne egogetriebenen Stress des Alltags, das Wunder Mensch, dass du dich selbst einfach lebst. Wie sorgenfrei die Pflanze ist, so sorgenfrei kannst auch du sein. Frei und strahlend wie eine Rose. Betrachte nun eine Weile das Bild.

Das schwarz-graue Kreuz steht für dein überwundenes Ego und deine Begierden. Die sieben rot erblühten Rosen sind ein Symbol für die sieben geläuterten Laster der Menschheit und stehen für deine geläuterte reine Seele. Die rote Rose steht symbolisch für dein höchstes Selbst – deine reine Seele. Fühle nun nach, wie sich das anfühlt und was das für dich und deinen Körper bedeutet. Vielleicht hörst, riechst oder schmeckst du auch noch etwas, während du dieses Symbol betrachtest und in dich hineinspürst. Bleibe so lange als möglich in dieser Empfindung, damit sich deine Seele ein Abbild machen und sich dieses Gefühl im Außen manifestieren kann.[19]

Meditiere mit dieser Meditation eine Woche lang und schreib dir Gefühle und innere Erlebnisse in ein Tagebuch. Danach versuche für eine Woche lang, dein erlebtes Wachstum vom Baby zum Kinde bis heute zum Erwachsenen in rückgehender Reihenfolge vom heutigen Erwachsenen zum Kind bis zum Baby zurückzugehen. Dadurch wird sich der Geist vom Körper trennen und dein Lebensgeist kann sichtbar werden.

3.3. Das Gesetz der Schwingung

Nichts ruht, alles bewegt sich, alles schwingt.
Das Kybalion

Das Universum ist in ständiger Bewegung. Alles bewegt sich im Kleinen wie im Großen, im Transzendenten genauso wie im Manifesten. Die Wissenschaft hat längst bewiesen, dass Materie ständig in Schwingung ist und es daher im Eigentlichen keine Materie gibt, sondern nur eine Anhäufung vieler Atome, die in sich in ständiger Bewegung sind. Nichts ist je im Stillstand. Auf keiner Ebene im Universum gibt es einen Stillstand. Doch ist die Schwingung von unterschiedlicher Geschwindigkeit und Intensität. Je dichter die Materie, z. B. ein Holzstück, desto geringer die Schwingung. Je geringer die Materie, z. B. alles Geistige, desto höher die Schwingung, so das hermetische Gesetz. Und wie das höchste Bewusstsein den Geist und die Materie beherrscht, so kann der höher schwingende Geist die nieder schwingende Materie beeinflussen und verändern. Die Shaolin-Mönche haben in diesem Zusammenhang meines Erachtens die Veränderung von Schwingungen über den Geist perfektioniert.

---

[19] Meditation frei nach Rudolf Steiner GA 13.

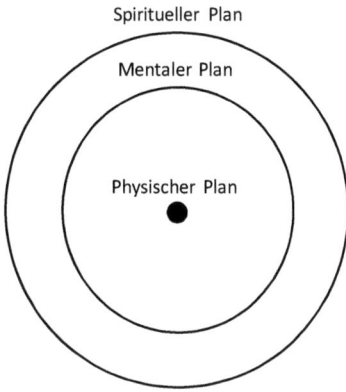

Abb. 10: Schwingungsdimensionen bzw. -pläne

Analog dazu kann man daher sagen, dass wir die Mühen des materialistisch und physisch geprägten Alltags, die sogenannten niederen Pläne der Mystik, wie z. B. den physischen Plan (siehe Abbildung 10), durch höhere Schwingungen zu überwinden versuchen können. Sprich, mit Liebe durchs Leben zu gehen und positiv zu denken kann etwaige körperliche Symptome beheben, denn der Geist beherrscht Materie. Niedere materielle Pläne sind manifester und in Schwingung niederer als geistige höhere Pläne und können durch den Geist beherrscht werden. Hermes Trismegistos zeigt das Gesetz der Schwingung und deren Hauptpläne mit ihren jeweiligen Unterplänen wie im Folgenden dargestellt auf. Es gibt grundsätzlich drei Pläne zu unterscheiden. In jedem Plan sind die Schwingungen energetisch anders. Im Physischen, auch dritte Dimension genannt, sind sie am niedrigsten, während sie im Spirituellen, der ersten Dimension, am höchsten sind.

Folgende einzelne Hauptpläne zeigen die jeweiligen Unterteilungen der Unterpläne. Auch hier hat jeder Unterplan wieder, ganz im Sinne der materiellen und geistigen Dichte, seinen eigenen Grad der Schwingung. Sprich, Mineralien haben eine niedrigere Schwingung als Pflanzen. Diese schwingen wiederum niedriger als Tiere und so geht es von den einzelnen Unterplänen über zu den nächsthöheren Hauptplänen.

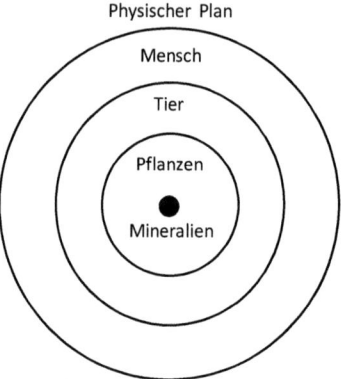

Abb. 11: Unterpläne des physischen Plans (3. Dimension)

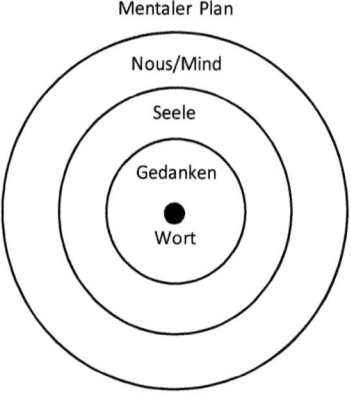

Abb. 12: Unterpläne des mentalen Plans (2. Dimension)

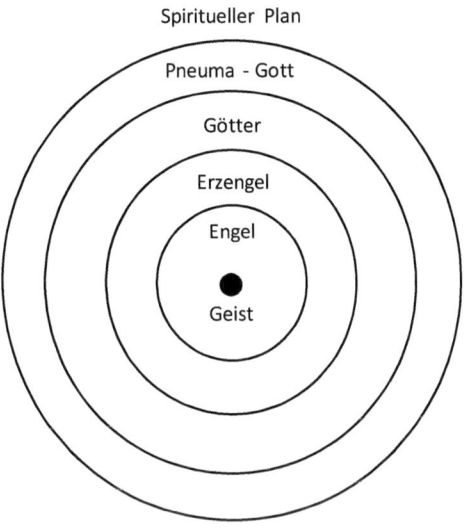

Abb. 13: Unterpläne des spirituellen Plans (1. Dimension)

Das Niedere wird immer vom Höheren beherrscht bzw. das Niedere wird vom Höheren auch angezogen (wie magnetisch) und entwickelt sich. Somit herrscht das Göttliche über den Geist, der Geist über Materie, wie der Mensch über die Tier- und Pflanzenwelt herrscht. Die allerhöchste Schwingung wird im spirituellen Plan von Gott oder dem Göttlichen ausgesandt. Es ist das absolut Unfassbare. Synonyme für das Göttliche sind auch die Quelle oder der Ursprung der universalen Energie des höchsten Bewusstseins. Den Schwingungen und Energien der darunterliegenden elementaren Kräfte der Erzengel und Engel wird in unserer Welt nur von manchen Esoterikern Glauben geschenkt, was die Schwingungen und Energien aber nicht mildert. Die Mystik und alle okkulten Gemeinschaften glauben, aufgrund von vielen spirituellen Erlebnissen und Jahrtausenden von Erfahrungsberichten, an die Wirkungen dieser Sphären. Und so wird behauptet, dass das Erkennen der höheren Kräfte und Engel von den Engeln selbst erwünscht sei, damit sie für uns wirken können, denn erst dann kann der Mensch reifen und sich entwickeln – durch die Unterstützung der höheren Mächte, Energien, auch Wesenheiten genannt. Jede dieser Energien hat ihre besondere Aufgabe im Universum und somit auch für uns Menschen. Wenn wir an sie glauben, dann können sie für uns und durch uns wirken. Wenn wir sie missachten, geringschätzen oder an diese Energien nicht glauben, dann können sie für uns auch nicht im großzügigen Stil wirken, denn wir haben einen freien Willen und der Geist herrscht über die Materie. Was wir nicht anerkennen bzw. was uns nicht bewusst ist und sozusagen im Verborgenen bleibt, kann durch uns nicht wirken. All jene Menschen, die glauben und beten, und das muss nicht im kirchlich-religiösen Sinne sein, wissen, wovon ich spreche, denn sie haben erfahren, wie andere Mächte helfen und unterstützend wirken. Hier sind sich alle mystischen Richtungen einig. Durch Glauben und Vertrauen erleben wir die Wunder der Welt.

In Abbildung 14 wird die anthroposophische Darstellung der hierarchischen Pläne bzw. Glieder, wie Rudolf Steiner sie benannte, aufgezeigt, um die höheren Schwingungen und Schwingungspotenziale des Menschen zu verdeutlichen. Wie das Göttliche durch den Menschen und sein seelisches ICH einfließt, wird hier bereits ersichtlich.

Der Mysterientradition nach ist der Mensch ein Geisteswesen. Als Geisteswesen möchte bzw. muss sich der Mensch in die Höhen des Bewusstseins entwickeln, um sich selbst zu entdecken (siehe Rudolf Steiner). Diese Entwicklung zieht sich durch aufbauende Bewusstseinsebenen, welche Abbildung 14 zu entnehmen sind. Demnach ist der physische Leib des Menschen direkt mit dem bereits spirituellen Ätherleib verbunden, der die Lebenskraft und den Lebenssaft des Körpers verwaltet. Darüber hinaus gibt es den Astralleib, welcher als Schwingung schon auf seelischer Ebene ist und für die Empfindungen, also die Wahrnehmung von Schmerz, Freude etc. verantwortlich ist. Dieser Astralleib ist in eine Empfindungsseele, eine Verstandesseele und einen Bewusstseinsseele zu untergliedern, welche immer höher werdenden Schwingungen unterliegen, wobei die Bewusstseinsseele bereits mit dem Geistselbst des Menschen in Verbindung steht. Ab dem Geistselbst wird der Mensch mit seinem Lebensgeist verbunden und kann die hohe göttliche Schwingung in sich wahrnehmen. Die Ebene des Geistmenschen führt im Weiteren zum kollektiven Unbewussten, zu übersinnlichen Weisheiten und göttlicher Kraft.

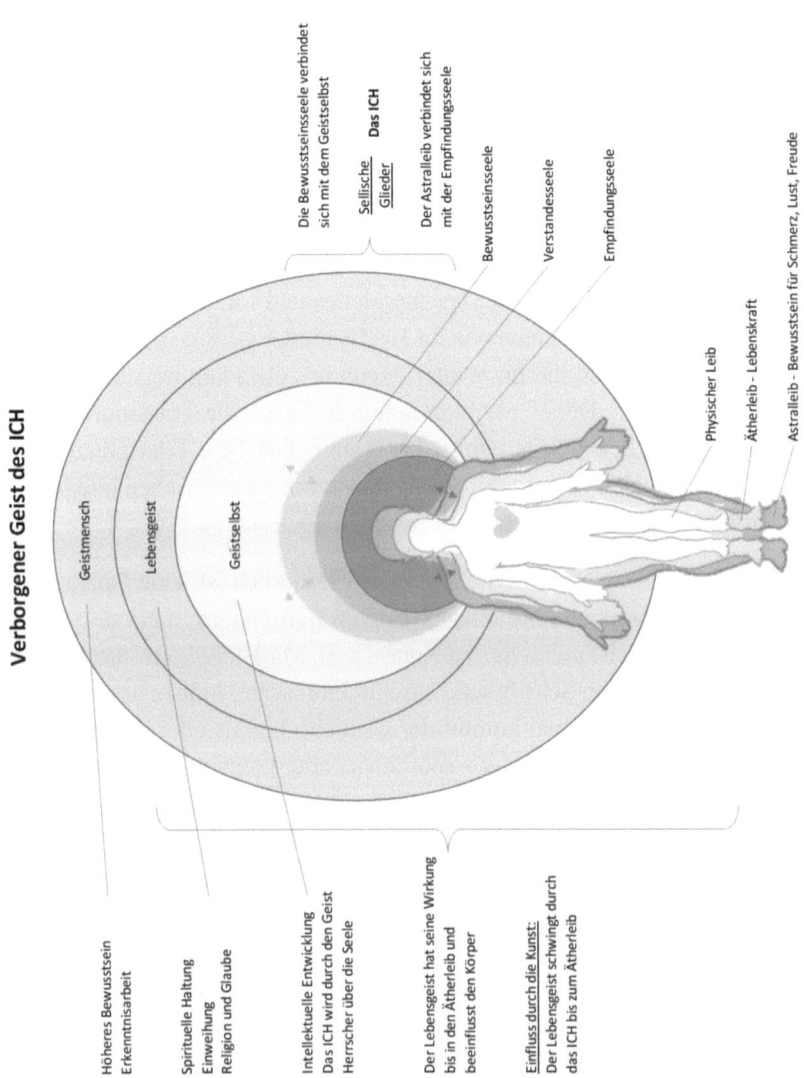

Abb. 14: Das verborgene „Ich" in den Ebenen des Menschen
(eigene grafische Darstellung der anthroposophischen Gliederung)

Als Wesen des Geistes sind wir also aufgefordert, diese Glieder oder Ebenen und damit unsere wahre Kraft in uns wieder zu erkennen und zu aktivieren, um wachsen zu können. Das Gesetz der

Schwingung gibt uns hier ebenso einen Anhaltspunkt für die persönliche Reflexion der spirituellen Glieder des Menschen.

Die Pläne der niedersten Schwingungen betreffen den physischen Plan und damit die materielle und manifeste Ebene – auch die Ebene des Menschen. Dort sind wir im Körperlichen manifestiert, während unser Geist bereits einer höheren Schwingung folgt. Der Geist beherrscht die Materie und so wissen wir, dass wir die Schwingungen der Materie an die des Geistes angleichen und somit Materie verändern können. So können wir im Hochsommer geistig unseren Körper abkühlen und ihn im Winter, wenn uns etwa kalt ist, durch den Geist wärmen. Der Hermetiker nennt dies auch die Transmutation, welche durch den Geist erfolgt. Im Weiteren ist diese Transmutation auch zugleich unsere Entwicklungsevolution zur seelischen Integration hinauf zum Göttlichen, zu unserem höchsten Selbst.

Aus der Praxis wissen wir, dass es oft förderlich ist, eine Pause zu machen. Wenn wir z. B. einen kreativen Beruf haben, dann sind wir ständig im Geist und schaffen Neues, z. B. Marketingkonzepte, Grafiken, Malereien, Schriftwerke, architektonische Modelle und vieles mehr. Und manchmal kommt der göttliche Impuls oder die einzigartige Idee nicht durch. Wir spüren sie, aber können sie nicht empfangen. Es bedarf einer Pause, um den Geist zu entleeren und im Geiste wieder empfangen zu können. Während ich dieses Buch schrieb, war plötzlich ein Gedankenloch. Ich konnte plötzlich nicht mehr das Ende sehen und war zu einem gefühlten Stillstand gekommen. Ich machte eine Pause von zehn Tagen. In den ersten Tagen erholte ich mich, dann entwickelte sich Potenzial in meinem Geiste, und kreative und inspirierende Impulse folgten in den Tagen darauf, immer wieder und immer mehr, bis ich es nach zehn Tagen nicht mehr aushielt vor Schwingung und Spannung, mich endlich wieder ans Schreiben zu setzen, denn es brodelte bereits in mir und wollte heraus. Tatsächlich gibt es dann auch Absätze, die ich im Nachhinein nochmals lese, da ich kaum glauben kann, dass ich sie geschrieben habe. Manches scheint vom Göttlichen zu kommen, es passiert einfach, was vor der Pause nicht mehr möglich war, weil der Geist in konzentrierten Gedanken festgehalten war und sich nicht mehr entfalten konnte. Ich konnte den Ruf nicht mehr hören.

Scheinbar ganz von selbst durchflutet uns der Geist in der Pause, inspiriert uns und setzt Energie frei. Oft ist nach einer ehrlich gesunden Pause die Energie um ein Vielfaches höher, da uns die Pause in höhere Schwingung versetzt, wenn die Energie vom Herzen kommt, wie z. B. beim Künstler oder bei jedem, der seinen Beruf von Herzen gern macht. Diese Energie muss sich schließlich manifestieren und der Künstler die Leinwand mit dem Gefühlten und Erdachten bemalen, der Schriftsteller die Gedanken zu Worte bringen, welche sich wie von selbst auf dem Blatt Papier manifestieren. Es ist die Pause, eigentlich die innere Stille, eine Stille des Empfangens, die die Kraft und Schwingung der Gedanken erhöht, welche schließlich wieder konzentriert werden müssen, um das kreativ Erschaffene hervorzubringen. Die Pause bzw. Stille ist gerade bei Herzensangelegenheiten vonnöten, denn diese bauen Spannung oder Schwingung auf und man empfängt die klare Richtung des Herzens, des höheren Selbst, wohingegen es bei Projekten ohne Herz kaum einen Unterschied macht, ob der Mensch eine Pause macht oder nicht.

Durch diese Erhöhung an Schwingung und das Empfangen über das offene Herz als körperliches Gefäß und das durch die Stille frei gewordene Gehirn als geistiges Gefäß der Empfängnis kann das göttliche Bewusstsein durch uns fließen und uns universelle Weisheiten, aber auch individuelle Lösungen zur Verfügung stellen. Das Göttliche kann durch unsere höhere Schwingung wirken, wenn wir empfänglich und frei sind. Es fördert die göttliche Empfängnis, sich im Geiste freizumachen, zu erkennen, dass man nichts weiß, um Sokrates zu zitieren, und das Göttliche oder das allumfassende Bewusstsein um Weisheit oder Antworten zu bitten. Je intensiver wir beten, desto höher wird die Schwingung, wie es auch die karmelitische Mystikerin Teresa von Ávila im Durchschreiten ihrer sieben Wohnungen der inneren Burg beschrieb.

Diese Schwingungen sind einerseits nach Arten bzw. Plänen zu messen, wie oben beschrieben, andererseits aber auch in Maßen bzw. Graden der Schnelligkeit bzw. Intensität. Zudem sind sie auch mit dem Gesetz der Polarität verstrickt. So sind alle Schwingungen immer zwischen zwei Polen, wie beim Atom zwischen Atomkern und Atomhülle. Innerhalb dieser Pole liegt die Schwingung, und je höher der Plan, desto höher die Schwingung. Nun kann man sich möglicherweise vorstellen, wie hoch und schnell die Schwingung sein muss, dass Materie, wie z. B. ein Holzstück, das für uns an sich stabil aussieht, nur durch die Intensität der Schwingung in sich existiert. Es ist, als würden wir einem Rad dabei zusehen, wie es sich dreht. Ab einer gewissen Geschwindigkeit glaubt man, das Rad stehe. Es ist stabil für unser Auge und doch dreht es sich rasant schnell. Das gleiche Phänomen, so offenbart uns Hermes, geschieht auf allen Ebenen und unterschiedlichen Plänen. Je höher der Plan, umso höher die Schwingung. Schließlich wirkt für uns auch das All, als würde es stehen, und doch dreht sich die Erde allein mit einer Geschwindigkeit von knapp 300.000 Stundenkilometern durch das Weltall. Diese Schwingungen sind Grade der Energie, auch Frequenzen genannt. Schwingungen zwischen den Polen der Götter und der Engel kann man sich an Geschwindigkeit nicht mehr vorstellen. Genau das erschwert auch das höhere Verständnis dieser Lebewesen (so die mystische Anschauung). Der Grund, warum wir diese Wesenheiten nicht erkennen, liegt allein darin, dass wir nicht so hoch schwingen wie sie und sie somit für unsere Wahrnehmung nicht fassbar sind (ähnlich wie die Farbe ultraviolett). Zumindest noch nicht, denn durch eine Bewusstseinserhöhung werden wir sensibel für höhere Schwingungen, und plötzlich kann es tatsächlich sein, dass man bei einem Waldspaziergang einen Wichtel hört oder gar sieht, trotz all ihrer Scheu.

Alles ist also in ständiger Bewegung, Atome, Moleküle, der menschliche Körper, die Erde, die Sonne, das Universum, es schwingt und bewegt sich ständig. Und diese Bewegungen und Schwingungen manifestieren alle Formen, die wir kennen. Durch die hohe Schwingung manifestieren sich Pole zu einem Gegenstand. Wenn wir uns die Elektrizität ansehen, können wir das gleiche Phänomen erkennen. Die hohe Schwingung erzeugt Energie, welche sich manifestiert und uns fassbare Energie abgibt. War Newton vielleicht ein Hermetiker bzw. ein Eingeweihter? Früher befassten sich sicher noch mehr Wissenschaftler mit der Mystik als heutzutage. Die Wissenschaft war insofern früher näher an der ganzheitlichen Lehre, als sie es heutzutage ist, wo auf die Quantenforschung so polarisiert wird, anstatt ihr Raum zu geben, damit wir Erkenntnisse generieren können. Mit dem Nobelpreis von Prof. Anton Zeilinger ist der Quantenphysik damit ein Meilenstein gelungen.

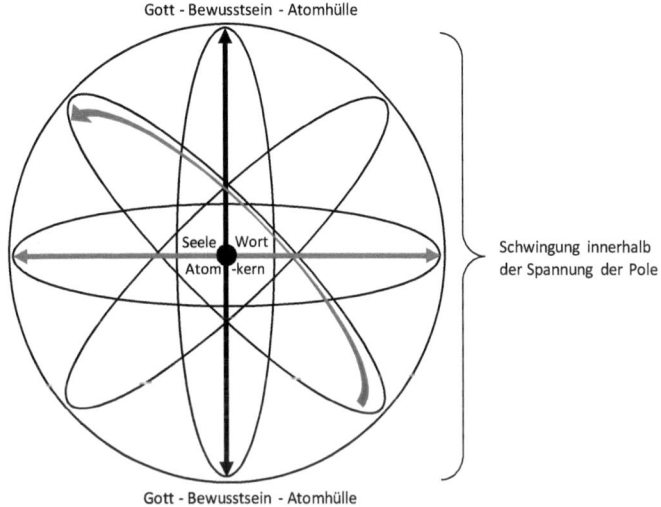

Gott - Bewusstsein - Atomhülle

Seele Wort
Atom-kern

Schwingung innerhalb
der Spannung der Pole

Gott - Bewusstsein - Atomhülle

Abb. 15: Polare Schwingungen

Wenn wir Schwingung als Energie erkennen, dann können wir diese auf drei hermetische Formen bzw. Prinzipien herunterbrechen, nämlich die Prinzipien der Kohäsion oder Molekular-Anziehung, der chemischen Affinität oder Atom-Anziehung und der Gravitation, welches als Prinzip der Anziehung (Resonanz) bekannt ist, *„durch welche jeder Teil und jede Masse von Materie an jeden anderen Teil und jede andere Masse gebunden ist"*, wie uns drei Eingeweihte im Buch *‚Das Kybalion'* lehren. Sprich, alles ist mit allem ständig energetisch verbunden. Elektronen schwingen und ziehen sich an. Die Schwingungen sind hier das energetische Übertragungsmedium. Wir kennen es eher unter dem Ausspruch: *„Die zwei haben eine gute Schwingung"* oder *„Die sind ja in harmonischer Schwingung miteinander"*. Und da sich im Gesetz der Schwingung alles in Richtung Harmonie bewegt, wirkt hier zum Prinzip der Resonanz auch das Prinzip der Harmonie. Diese energetischen Schwingungen, nach Rudolf Steiner auch ätherische Substanzen genannt, wirken sozusagen als Bindeglied zwischen der Materie und der Energie bzw.

Kraft, um sich je nach Schwingungsgrad zu manifestieren. Ich denke an etwas, erzeuge hohe Schwingungen – und tatsächlich wird dies in meinem Leben durch magnetisch aufgeladene Reibung der schwingenden Elektronen und das universelle Bedürfnis nach Harmonie und Resonanz angezogen. Diese Schwingungen können in entsprechender Geschwindigkeit auch gehört werden, als ein Surren und höher. Doch sobald der schrillste vernehmbare Laut ertönt, kann unser Ohr nichts mehr hören und es folgt Stille, obwohl die Geschwindigkeit der Schwingungen noch schneller und höher steigt. Wir hören die Energie zwar nicht mehr, aber wir spüren sie und es folgt zunehmende Wärme, bis ab einem gewissen Punkt Farben zu erkennen sind (so z. B. die Aura eines Menschen). In sehr hoher Schwingung zeigen sich die Farben Rot bis Hellrot, schließlich Orange, und mit zunehmender Geschwindigkeit kann man Grün, Blau, Indigo und schließlich Violett wahrnehmen. Diese Farben sind wichtig, denn sie suggerieren uns die Intensität der Energien. Über die Farben kann auch unser Geist in Schwingung versetzt werden (siehe Chakren-Lehre) – ein meditatives Phänomen, das wir in späteren Kapiteln zum Lebensbaum noch einmal aufnehmen werden. Nach dem Violett (das auch im Kronenchakra symbolisiert wird) kann das menschliche Auge keine Farben mehr wahrnehmen. Der Körper aber nimmt noch unsichtbare Lichtstrahlen wahr, welche sich wiederum zu Röntgenstrahlen steigern, bis schließlich durch den Grad der Schwingung Elektrizität und Magnetismus erreicht werden. Danach löst sich Materie in Einzelteilchen auf, Moleküle und sogar Atome zerfallen. Wenn schließlich auch die Elektronen verschwinden, dann bleibt die ätherische Substanz, die in ihrer Eigenschaft reiner lebendiger Geist des allumfassenden göttlichen Bewusstseins ist. Auf dem Schwingungsgrad des Bewusstseins können wir also Materie mit dem Geist vereinen. Insofern ist jede Materie reine Schwingung, und so können durch Schwingungen auch mentale Zustände und Gedanken vermittelt werden, was allgemein als Telepathie bekannt ist. Durch telepathische Induktion kann die Geübte bzw. Alchemistin über Schwingung auch den Geist anderer beeinflussen. Mentale Schwingungen können wir adaptieren und durch Polarisieren auf den Schwingungsgrad können wir den mentalen Zustand verändern. Es sind dann *„Schwingungen nach dem*

Willen", wie es im Kybalion geschrieben steht. Natürlich bleibt es bei dem hermetischen Axiom, dass die höhere Schwingung die niedere beherrscht. Aber wir sehen dadurch auch, dass der Geist durch Schwingung die Materie verändern kann, was ganz allgemein als Wunder bezeichnet werden kann, tatsächlich aber eine Frage der Schwingung ist. Durch die höhere innere Schwingung ist es schließlich auch möglich, sein Umfeld in eine höhere Schwingung zu versetzen, wie folgendes Beispiel veranschaulicht.

Wenn man sich meditativ vorstellt, dass jede Zelle im Körper ein Bewusstsein hat, und dieses Bewusstsein hell erleuchtet ist und Licht vom allumfassenden Universum aufnimmt, bis letztendlich der gesamte Körper leuchtet und die positive Energie und innere Heilung zu spüren sind, dann ist der gesamte Mensch in höherer Schwingung, als es zuvor mit dem sinnlichen Fühlen möglich war. Der Mensch schwingt höher durch geistige Licht- und Energiezufuhr. Wenn der Mensch dann die Augen öffnet und sich seinem irdischen sinnlichen Leben wieder stellt, dann kann er für kurze Zeit (außer, er ist erprobt oder Meister) dennoch höhere Schwingungen mitnehmen. Diese Schwingungen erhöhen den Menschen auch über sein Schicksal, sprich, er erkennt das zugetragene Leid bereits im Ansatz und kann es mental ausgleichen. Halleluja. Er reduziert automatisch die Schwingungen der negativen Energie und gleicht sie mitunter durch elementare Kräfte aus. Das Licht der einzelnen Zellen und die Bewusstseinserhöhung helfen dem Menschen kurzfristig, frei von Schatten und mit Liebe verbunden zu sein und Dinge als wahr und unwahr zu erleben. Wenn z. B. der höher schwingende Mensch auf jemand mit unterschwelligen Aggressionen stößt, dann erkennt er sofort die Unwahrheit des Angetragenen (im Sinne von: *„Oh, das hat ja gar nichts mit mir oder mit dem wahren Kern zu tun!"*) und kann mit innerer Ruhe, Verständnis, ausgleichend auf diese Energien wirken. Niedere Schwingungen passen sich dem höher Schwingenden an, somit wird die Aggression durch wahre Gelassenheit und auch Durchlässigkeit des höher Schwingenden besänftigt und mit einem guten Gespräch vielleicht sogar erlöst.

Liebe und Licht sind die höchsten Formen der Schwingung und des Lebens. Jesus Christus kann hier als Sinnbild für beides gesehen werden. Die Liebe überwindet alle Grenzen des Universums, gefolgt von Licht, das die Menschheit erhellt und mit Energie und Wärme füllt.

Meditation 3: Zurück zu dir

Suche dir einen ruhigen Platz, an dem du ungestört bleiben und meditieren kannst. Setze oder lege dich bequem hin. Atme ein paarmal tief und laut durch. Bei jedem Einatmen atme gesunde positive Energie ein und bei jedem Ausatmen atme negative Energie und Belastendes aus. Spanne kurz deinen ganzen Körper an, von den Füßen zu den Waden, Ober- und Unterschenkel, Gesäß, Bauch, Brustkorb, Arme, bis zum Hals und den Kopf und entspanne danach den gesamten Körper wieder. Nimm bewusst wahr, wie die Spannung aus deinem Körper fließt und du deinen Körper spürst. Und nun fokussiere auf dein Herz und nimm es ganz bewusst wahr, wie es immerwährend für dich pumpt und dir täglich Leben schenkt. Dein Herz ist die Brücke zwischen deinem Körper und deinem Geist, deinem höheren Bewusstsein, deinem höheren Selbst. Versuche nun, dein Herz zu öffnen, und verbinde dich durch dein Kronenchakra mit deiner Lichtquelle, deinem höheren Selbst. Lass das Licht in dein Herz fließen und weite es. Schick nun das Licht aus deinem Herzen über dein Becken hinunter in die Erde und verbinde dich mit ihr, mit der Erde, der Wiese, den Bäumen, und schicke ihnen dein Licht. Spüre die Erde und schicke nun dein Licht bis in den Erdmittelpunkt zum Herzen der Erde und verbinde dich mit ihr, deiner Mutter Natur. Fühle ihre bedingungslose Liebe, ihre Kraft und ihr eigenes Bewusstsein. Nun gehe bewusst wieder in dein Herz zurück und verbinde dich über dein Kronenchakra mit deiner Lichtquelle, deinem höheren Selbst und weiter hinaus mit deiner göttlichen Quelle im Kosmos. Komme wieder mit deinem Bewusstsein in deinem Körper, in deinem Herzen an und lass die Energien von der Erde und von deiner göttlichen Quelle in dir fließen. Fühle die Vibration in dir, die hohe Schwingung, die du durch deine Verbundenheit erzeugst. Spüre, wie diese Energie in dein Herz einfließt und das Herz sich weitet und erhellt. Spüre die Energie des Lichts und ihr

Bewusstsein und auch, wie du dich öffnest. Fühle, wie jede einzelne Zelle in deinem Körper das Licht empfängt, bis dein ganzer Körper mit Licht erfüllt ist. Nimm die Energie in dir und um dich herum wahr und bleibe so lange wie möglich in diesem Gefühl. Durch jede Zelle deines Körpers strahlt das Licht und du spürst die Wärme, die bedingungslose Liebe, das Leben und die Kraft, die in dir entstehen. Sende diese Energie und Schwingung an all deine Freunde, deine Umgebung, an die ganze Menschheit. Wir alle schwingen miteinander, wir alle sind eins.

Übe diese Meditation so oft, wie es dir möglich ist. Du wirst dich immer besser mit Mutter Erde und deiner göttlichen Quelle verbinden und dein Bewusstsein wird sich automatisch mit der Zeit erhöhen. Du wirst automatisch zu höheren Erkenntnissen kommen.

Das Prinzip der Anziehung/Resonanz

Unter dem Gesetz der Schwingung finden wir drei Prinzipien der Anziehung (Molekular-, Atomar- und Gravitationsanziehung) oder – allgemeiner – als Prinzip der Resonanz bekannt. So heißt das dahinterstehende hermetische Axiom: Gleiches zieht Gleiches an. Wer Gott gleicht, wird Gott erkennen. Ungleiches hingegen stößt sich wie ein Pluspol vom Minuspol ab.

Dieses Prinzip untermauert auch das Gesetz der Analogie/Entsprechung, das besagt: *„wie innen, so außen, wie außen, so innen".* Denn wenn man sich innerlich dumpf und entmutigt fühlt, dann wird man Gleiches im Außen wiederfinden. Lauter Menschen mit ebenso dumpfem und depressivem Gedankengut und Verhaltensmustern werden einem begegnen, weil andere, fröhliche Menschen gar nicht auf dem Radar der selektiven Wahrnehmung sind und folglich nicht erkannt werden. Und wenn wir sie erkennen, dann liegt der Fokus darauf, wie schlecht es uns doch im Vergleich geht und nicht darauf, wie positiv die Welt um einen herum ist. Der Fokus liegt auf der inneren Haltung und diese wird von DIR selbst bestimmt. Das Prinzip der Anziehung folgt diesem Gesetz der Entsprechung wie auch dem Gesetz der

Schwingung, da es auch um diese Plus-Minus-Polarität geht. Nur Gleiches zieht Gleiches an, und damit hast du all deine Lebensumstände selbst in der Hand. Unsicherheit und Angst ziehen noch mehr Gespräche und Situationen an, die zu Unsicherheit und Angst führen. Aggression zieht Aggression an, so, wie die Liebe und Fröhlichkeit wiederum Liebe und Frohsinn anzieht. Es passiert und verfolgt einen genau das, was man im Inneren fühlt und wo die Gedanken hingerichtet sind. Daher, wie oben im Kapitel *Das Gesetz des Geistes* schon erwähnt, achte auf deine Gedanken, denn sie manifestieren sich und gestalten deine Welt. Die bewussten Gedanken suggerieren zudem dem Unbewussten, in welche Richtung dein Leben geht – positiv oder negativ, Freud oder Leid, Liebe oder Angst. Das Unterbewusstsein orientiert sich an deiner Haltung, Einstellung und deinen Gedanken und bringt die Welt in Resonanz, ja, in Harmonie mit dem Ausgesendeten. Es schwingt sich also auf die Energien ein, die du aussendest.

Und natürlich können wir nun mit unserem Geist auch dieses Prinzip wieder für uns verwenden. Wir müssen dazu nur unsere Gedanken besser in die gewünschte Richtung kanalisieren können. Gedanken wie auch unsere Worte sind bewusste effektive Suggestionen an unser Unterbewusstsein. Doch sollte man aufpassen, dass nicht unbewusste unerwünschte Glaubenssätze, z. B. „das schaff ich nie" oder „das verdiene ich nicht", die positiven Gedanken vereiteln. Wir wollen Glück auf Erden, dann müssen wir es auch denken lernen. Und damit es richtig wirken kann und dein Unterbewusstsein auch weiß, dass das dein absoluter Wunsch ist, fühle die Wahrheit dieses Gedankens mit deinem Herzen. Du musst es spüren, es wissen lernen, dass es so sein wird, wie du es dir wünschst, dann wirkt das Prinzip der Resonanz am allerbesten. Beantworte einmal folgende Fragen: Was bedeutet Glück für dich? Was willst du wirklich im oder vom Leben? Was macht dich glücklich und bringt dir Freude? Die Antworten darauf könnten (oder sollten) deine Haltung, Einstellung und Gedanken für dein Leben prägen. Das Unterbewusste wird Resonanz dazu erzeugen, ganz automatisch, denn bei diesen Fragen sind automatisch auch Gefühle dazu vorhanden. Daher dürfen wir das Unterbewusste auch nicht unterschätzen, sondern müssen seine Wirkungsmacht verstehen lernen und es für uns als Medium arbeiten lassen. Unsere bewussten Handlungen und Gedanken steuern die unbewusste, doch gezielte Resonanz im Außen. Daher greift das Gesetz der Entsprechung an dieser Stelle: wie innen, so außen. Unser Bewusstsein manifestiert Gedanken und unsere Einstellung in Worte und Taten, welche vom Unterbewusstsein aufgenommen und durch die höhere (unbewusste) Schwingung ans Universum übertragen werden. Alles ist ja mit allem verbunden, und so wirkt natürlich diese Schwingung des Unterbewussten im allumfassenden höchsten Bewusstsein. Es kennt das gesamte Bild der Suggestion des Menschen. Zu sagen „ich liebe dich", aber innerlich Angst vor Beziehungen zu haben, zieht automatisch auch Angst an und nicht die überspielte Liebe. Obwohl wir natürlich die Liebe wollen und uns einlassen wollen, so gewinnt dennoch die Angst, die dem Unterbewussten suggeriert, was wahrlich im Inneren vorgeht. Wenn du dich fürchtest, dass dein Kind erkrankt, dann ziehst du diese Furcht und diese negative Energie an. Schenke stattdessen dem Kind Liebe, Zuversicht und Hoffnung, also den Schutz und die Sicherheit der Eltern, statt der Furcht, dass etwas Negatives passiert. Im Sinne des Magnetismus zieht es also genau Gleiches an. Wenn du dich göttlich fühlst und es spürst, dann wirst du Gott erkennen, denn Gleiches zieht Gleiches an.

Wie können wir also gezielt die Suggestion an das Unterbewusste steuern? Und hier kommt eine kleine Wende im Denken, welche selbst im Buch von Ronda ‚Das Geheimnis' nicht so auf den Punkt gebracht wurde. Denn wir müssen mit vollem Herzen glauben und handeln. Sprich, wir müssen es im Geiste bereits sehen und fühlen, sodass unser Herz es spüren kann und wir die Wahrheit, die darin steckt, glauben, ja, wissen können, wie Franz Klammer im Film ‚The Chase' zeigt. Erst dann kann das Prinzip der Resonanz durch unser Unterbewusstsein wirken und zielführend gesteuert werden. Das Prinzip der Anziehung basiert auf unseren Vorstellungen, Bildern, Emotionen, Gedanken und erzeugt eine Resonanz auf unsere innere Haltung und Einstellung. Sich in der Stadt einen Parkplatz zu wünschen und ihn zu bekommen, ist keinem Prinzip der Resonanz geschuldet. Treffen wir aber in der Stadt auf Personen, die uns im Leben weiterhelfen könnten, die uns wichtig erscheinen und möglicherweise Weichen für uns stellen, dann war das kein Zufall, sondern das Werk des Unterbewusstseins, welches das Prinzip der Anziehung bedient. Stell dir vor, wie du nachts nicht richtig schlafen kannst, weil du ein Thema hast, das du lösen möchtest. Es ist so vehement, dass du nicht schlafen kannst, und suggeriert daher deinem Unterbewussten, dass es hier eine Lösung suchen muss. Das Unterbewusste hat ohne deine bewusste Hilfe Zugang zum allumfassenden Bewusstsein und wird im Sinne des Anziehungsprinzips auch Resonanz und eine Lösung bekommen. Wenn dann sogar eine Lösung über Nacht auftaucht, scheint es wie ein Wunder. Ist es ja auch! Aber ganz ehrlich, der Weg der Götter ist unerklärlich. Daher kommt nicht jede Lösung immer gleich über Nacht auf den Schreibtisch. Nein, manchmal müssen wir zuerst anderes lernen, bevor es eine Lösung zum Erwünschten geben kann. Aber auch das weiß das Unterbewusste, das mit dem höchsten Bewusstsein ständig verbunden ist. In jedem Fall aber muss das Herz dafür brennen und der Geist muss es suggerieren, nur dann kann das Unterbewusste für uns arbeiten. Daher ist es auch wichtig, dass unser Herz rein ist, in dem Sinn, dass wir tiefe Schattenarbeit hinter uns und bereits genug reflektiert haben, um dem Unterbewusstsein nicht ungewollte, unterschwellige Gefühle und Suggestionen mitzugeben, die unser gewünschtes Ergebnis verhindern, wie z. B. mitgeteilte Liebe und versteckte Angst. Wenn wir also eine gewisse Resonanz im Leben suchen, dann müssen wir zuerst in uns diese Kraft aufbauen. Danach können wir loslassen und mit der Zeit Gleiches auf uns wirken lassen. Alles läuft dann von selbst und wir dürfen erleben, dass wir unsere Welt erschaffen.

Wenn wir ein Problem lösen wollen, dann ist es noch wichtig, zu verstehen, dass das Unterbewusste nur arbeiten kann, wenn wir von unserem Thema auch wieder loslassen können. Das fällt nun sicherlich einigen schwer zu verstehen, und ich versuche es konstruktiv zu erklären. Was auch immer das Thema deines Herzens ist – denn wenn es nicht vom Herzen kommt, dann wird es für das Unterbewusste zu wenig suggestiv sein –, meditiere am Thema, fokussiere und fühle das Ergebnis. Du musst es wahrlich im Geiste erleben und im Herzen fühlen, sehen und vielleicht sogar hören, dass du es geschafft hast oder der Wunsch in Erfüllung gegangen ist. Erst wenn du in diese Gefühle vollen Herzens eingetaucht bist, spürt dein Unterbewusstes diese Wahrheit und setzt alles daran, es wahr werden zu lassen. Ab diesem Zeitpunkt kannst du (und ich sage: du *musst*) vom Thema wieder loslassen. Alles nimmt nun seinen Lauf. Du brauchst hier nichts mehr zu kontrollieren, denn das Unterbewusste arbeitet für dich, in Wegen, die du sowieso nicht verstehen würdest. Und dazu ist es notwendig, loszulassen. Erst dann kann das Unterbewusste Weichen setzen. Wenn du nämlich weiterhin zu kontrollieren versuchst, dann suggerierst du deinem Unterbewussten damit nur, dass du doch diese Wahrheit nicht glaubst oder nicht sicher bist. Das Unterbewusste wird dann auf Standby gehen oder im Sinne von „Gleiches zieht Gleiches an" etwas finden, was deine Ängste bestätigen wird. Vielleicht wirst du sagen: *„Gut, dass ich es nicht dem Schicksal überlassen habe, denn das wäre so nie etwas geworden."* Und tatsächlich hast du so dein Schicksal selbst gemacht bzw. in der Hand. Das allumfassende höchste Bewusstsein kann dir keine Weisheiten schicken, wenn du nicht auch wieder loslässt und an die Lösung im Unterbewussten glaubst. Ich sage es so gerne, darum auch hier: *„Es ist eine Frage der Perspektive, aber vor allem des Glaubens."*

Und so wie negatives Denken im Außen Negatives anzieht, so zieht natürlich auch positives Denken wiederum Positives an. Aber halt: Einfach positiv zu denken und eventuell dabei echte Gefühle der Trauer, der Angst, des Schmerzes, der Unsicherheit zu verleugnen oder zu unterdrücken ist hier nicht gemeint. Nein, das Unterbewusste würde sofort merken, dass es hier Inkongruenzen gibt, sprich, keine Übereinstimmung mit dem wahren Selbst, frei nach dem Psychologen und Psychotherapeuten Carl R. Rogers. Positives

Denken ist im Sinne eines Reframings gedacht, in derselben ursprünglich problematischen Situation auch das Positive erkennen zu können. Je nachdem, auf was du dich fokussierst, wird dies auch im Außen angezogen. Wenn du denkst, dass du von Idioten umgeben bist, dann wird sich das wie eine selbsterfüllende Prophezeiung immer wieder bestätigen. Die Idioten werden dich nicht in Ruhe lassen, selbst, wenn du deine Umgebung änderst. Das ist derselbe Grund, warum sich Menschen, die nach einer Trennung wieder eine neue Beziehung begonnen haben, sich häufig in einer ähnlichen Situation wiederfinden. Das Prinzip der Resonanz wirkt hier vollends. Wie im Innen, so im Außen, denn Gleiches zieht Gleiches an. Das Außen schwingt in Resonanz mit deinem Inneren. Wenn du an Mangel oder Knappheit denkst, wird Mangel oder Knappheit erscheinen. Wenn du an die Fülle des Lebens denkst, wirst du die Fülle erkennen und darin eintauchen können. Aber du musst es auch tatsächlich fühlen und glauben. Wenn du dir Fülle suggerierst, aber deine Wahrnehmung auf die Knappheit fokussiert bleibt, wird sich dir die Fülle nicht zeigen. Nicht, weil sie nicht da ist, sondern weil dein Wahrnehmungsfilter nicht darauf geeicht ist. Du wirst also die Fülle nicht erkennen, selbst wenn sie da ist, was sie übrigens auch ist. Sprich, du musst deinen Filter wechseln und dann das, was du sehen willst, auch glauben. In diesem Sinne können wir unser Leben jederzeit ändern und damit auch unser Schicksal mildern. Reichtum ist z. B. ebenso eine innere Haltung wie Armut und alles, was dazwischen liegt. Unser Selbstwert steht uns hier oft im Weg und verhindert, dass unser Unterbewusstsein verstehen kann, dass wir wirklich reich sein wollen. Wir verdienen nicht mehr, weil die meisten von uns sich gar nicht trauen, mehr zu verdienen. Der Selbstwert hat im Zuge des Prinzips der Anziehung so einiges an Verursachungspotenzial. Das sollte man sich einmal klarmachen und hoffentlich gedankliche und gefühlte Weichen stellen, um sich im Leben besser aufzustellen, die eigene Power wieder einnehmen zu können und Raum für sich zu schaffen.

Noch ein Weg, um das Prinzip der Anziehung positiv für sich nutzen zu können, ist, den Menschen in der eigenen Umwelt freundlich, hilfsbereit und wertschätzend zu begegnen. Wenn du Gutes für andere tust, wird es dir auch gut ergehen. Das ist ebenso das Gesetz der Resonanz unter dem Gesetz der Schwingung. Du sendest positive Schwingungen aus und wirst unweigerlich Positives ernten. Das ist der Aspekt, den Jesus die Nächstenliebe nannte. Tu Gutes und dir wird Gutes getan. Das hängt aber auch mit dem Gesetz von Ursache und Wirkung zusammen, denn wie du in den Wald schreist, so wird es zurückhallen oder Auge um Auge, Zahn um Zahn, wie die biblische Aussage lautet. Das bedeutet nicht, dass man Rache üben soll, wie es fälschlicherweise verbreitet wurde und immer noch wird, sondern, dass jede Ursache eine Wirkung desselben Grades oder derselben Schwingung mit sich bringt. Doch davon später mehr.

Um wieder zurück zum Hauptthema dieses Kapitels zu kommen: Das Universum und all seine Teile sind also immer in Schwingung, alles verändert sich und ist im Wechsel. Umso wichtiger ist es daher auch, zu verstehen, dass absolut nichts je so relevant ist und je sein wird, um als wesentlich zu gelten, weil alles ständig im Wechsel bzw. im Wandel ist. Eine Wirklichkeit ist also immer nur ein minimaler Moment, der sich gesetzmäßig wieder verändern wird. Und wir haben Einfluss auf diese Veränderung, denn wir kreieren unsere sogenannte Wirklichkeit. Auf Dauer ist also nichts je wirklich oder wesentlich. Ja, sogar die langjährige Beziehung und Liebe meines Lebens ist nur wirklich und absolut wesentlich, weil meine Frau und ich auch ständig an ihr arbeiten. Denn die einzige Liebe, die absolut bedingungslos ist, ist die zu dir selbst, sprich zum Göttlichen, zum göttlichen Vater und zur göttlichen Mutter, in deren höchstem Bewusstsein du ein Teil bist und worin du dich wiedererkennst bzw. wiedererkennen wirst – im SOPHIA-Bewusstsein.

Wie bereits erwähnt, können wir die kosmischen Gesetze nicht vermeiden oder außer Kraft setzen, aber durch die Anwendung von höheren Gesetzen können wir Einfluss auf niedere Gesetze nehmen und diese für uns oder in unserem Sinne wirken lassen. Wer das Gesetz der Schwingung im Kern versteht und damit umgehen kann, der kann wahrlich schon magisch handeln und damit Macht über Materie ausüben.

Meditation 4: Der innere Fokus

Suche dir einen ruhigen Platz, an dem du ungestört bleiben und meditieren kannst. Setze oder lege dich bequem hin. Atme ein paarmal tief und laut durch. Bei jedem Einatmen atme gesunde positive Energie ein und bei jedem Ausatmen atme negative Energie und Belastendes aus. Spanne kurz deinen ganzen Körper an, von den Füßen zu den Waden, Ober- und Unterschenkel, Gesäß, Bauch, Brustkorb, Arme, bis zum Hals und den Kopf und entspanne danach den gesamten Körper wieder. Nimm bewusst wahr, wie die Spannung aus deinem Körper fließt und du deinen Körper spürst. Und nun fokussiere auf dein Herz und nimm es ganz bewusst wahr, wie es immerwährend für dich pumpt und dir täglich Leben schenkt. Dein Herz ist die Brücke zwischen deinem Körper und deinem Geist, deinem höheren Bewusstsein, deinem höheren Selbst. Versuche nun, dein Herz zu öffnen, und verbinde dich durch dein Kronenchakra mit deiner Lichtquelle, deinem höheren Selbst. Lass das Licht in dein Herz fließen und weite es, so weit es dir möglich ist, noch über deinen Körper hinaus. Spüre, wie dieses Licht in dich hinein und durch dich vibriert. Nimm das Licht und die Vibration ganz in dich auf und bleib mit der Aufmerksamkeit bei deinem Herzen. Spüre, wie es für dich pumpt. Ein Leben lang ist es für dich da und gibt dir Leben. Es ist dein Lebenszentrum, und es fasst all das Licht und das höhere Bewusstsein, welches mit der feinstofflichen Welt und der göttlichen Quelle verbunden ist. Weite dein Herz noch einmal und öffne dich für mehr Bewusstsein, Weisheit und für dein eigenes höheres Selbst, das du bist. Nun gehe geistig über dein Kronenchakra hinauf ins höhere Bewusstsein, an die Quelle, von der du kommst, an den Ursprung deines Selbst und der Göttlichkeit in dir. Und ganz egal, wo es dich hinzieht, lass es einfach zu. Es ist immer ein Teil von dir und deiner Göttlichkeit. Nimm die Energie in dir mit und fühle, wo es hingeht. Wo findest du deinen Ursprung und wie fühlt es sich dort an? Ist es dort ganz dunkel oder ist es voller hellem Licht oder Farben – und welchen Farben, wenn du welche siehst? Und was hörst du? Dunkle tiefe Töne oder helle Engelsstimmen oder absolute Stille? Und dann fühle die Göttlichkeit und die bedingungslose Liebe, dass alles da ist, was du brauchst, dass alles okay ist, dass du

BIST, dass du existierst als göttliches Wesen im Universum. Du bist Teil der Quelle … Und in deinem Tempo nimm das Gefühl, das Licht und das höhere Bewusstsein von dieser Quelle mit in dein Herz und komme wieder in deinem Köper an. Du vibrierst immer noch, und aus dem Göttlichen heraus fühle, wo dich dein Herz hinträgt. Öffne dich noch mehr und frage dich: Was ist mein nächster Schritt? Was lässt mein Herz erglühen? Was ist meine Aufgabe? Wofür bin ich hier? Wofür brenne ich wirklich?

Und wenn du für dich die Antworten bekommen hast, bleibe mit deinem Fokus auf deinem Herzen und versuche, das Brennen in dir auszuweiten, sodass die ganze Menschheit dein Brennen für deine Sache und dein Licht fühlen kann. Teile deinen inneren Fokus mit der Menschheit und schicke allen Menschen dein Licht und deine Liebe. Bleib so lange in dem Gefühl, wie es dir Freude macht, und komm in deinem Tempo wieder zurück in die Gegenwart, in dein Zimmer.

3.4. Das Gesetz der Polarität

Alles ist zweifach; alles hat Pole.
Das Kybalion

In unserem Alltag und durch unsere Sprache werden wir unmittelbar und unweigerlich mit der Dualität und damit der Polarität konfrontiert. Wir wissen sofort, was Gut und Böse ist, und bewerten in Millisekunden-Schnelle. Jede Münze hat zwei Seiten und wir wissen gesellschaftlich, dass alles immer eine Frage der Perspektive ist. Wir sind aber auch eine Gesellschaft, die vor allem anderen erst einmal wertet und damit auch richtet. Aufgrund der Wertung und der damit einhergehenden Beurteilung unterwerfen wir uns ständig dem Gesetz der Polarität und kommen ihm daher auch nicht aus. Aber, wie Gut und Böse zwei Pole des Gleichen sind, so sind alle Wertungen auf der gleichen Skala der jeweiligen Pole zu finden. Wenn wir uns z. B. die Pole Heiß und Kalt ansehen, dann erkennen wir sehr rasch, dass die Wertung über heiß und kalt sehr subjektiv ist. Manchmal können wir gar nicht genau sagen, ob es nun schon warm ist oder noch immer etwas kalt, da es zu unterschiedlichen Tageszeiten und in unterschiedlichen Situationen eben auch jeweils anders empfunden wird. Unsere Wertung ist also subjektiv und nur für den Moment aktuell unser Empfinden. Das allein sollte uns schon zu denken geben, wenn wir Dinge und vor allem andere Personen bewerten. Unsere Wertung liegt auf der absolut gleichen Linie oder Spannung zwischen zwei Polen, welche grundsätzlich identisch sind, nur im Grad der Betrachtung und Empfindung verschieden.

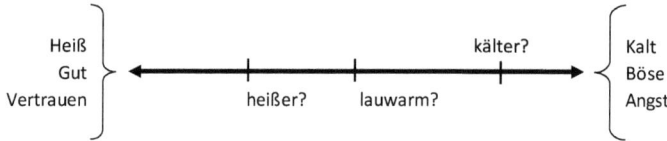

Abb. 16: Darstellungslinie der Polarisation

Ein gefühltes Heiß könnte also für andere nur lauwarm sein und für wieder andere vielleicht sogar als kalt empfunden werden. Wenn es draußen kalt ist, ist die auf 22 Grad geheizte Stube warm. Im städtischen Hochsommer ist eine 22-Grad-Wohnung allerdings die Abkühlung schlechthin. Ein sibirischer Winter mit -40 Grad ist für viele zum Erfrieren kalt, wohingegen der durchschnittliche Winter in europäischen Ländern mit -10 Grad für einen Weißrussen warm erscheinen muss. Die jeweiligen Pole zeigen also die Extreme an, wobei alles dazwischen Liegende nur Unterschiede in den Schwingungsgraden ausmacht und so auch unterschiedliche Ausdrücke hat. Tatsächlich sind sie aber vom Gleichen, sie sind dasselbe und können demnach auch in Übereinstimmung gebracht werden, wie es im Kybalion geschrieben steht. So verhält es sich auch mit der Beurteilung von Gut und Böse. Nehmen wir jemanden, der am Verhungern ist und sich vom offenen Gemüsestand einen Apfel klaut: Ist er nun böse? Ja, er ist ein Krimineller. Nach unseren Gesetzen darf er das nicht tun, aber ist er auch böse? Und wenn ja, wie böse ist er wirklich im Vergleich zu einem Mörder oder Vergewaltiger oder einem Teenager, die der besten Freundin aus purem Jux etwas zuleide tut? Als Gesellschaft haben wir uns ein Wertesystem und ein Gerichtssystem etabliert, das uns hilft, unsere subjektiven Wertungen auf allgemein gültige Werte umzulegen. Sprich, der Rechtsstaat hilft uns, mit unseren subjektiven Wertungen klarzukommen. Wenn es also wirklich wichtig ist, dann haben wir dafür Gesetze, die uns helfen, damit umzugehen. Doch so unendlich viele Wertungen und Polarisierungen nehmen wir täglich vor, ohne je einen allgemeinen Standard dafür zu hinterfragen. Wir werten subjektiv nach Lust und Laune und erkennen gar nicht unsere Konsequenzen und damit unser Schicksal. Denn die Konsequenzen werden zu unserem Schicksal. Denn eines sei vorweg gesagt: *„Richtet nicht, damit ihr nicht gerichtet werdet! Denn mit welchem Gericht ihr richtet, werdet ihr gerichtet werden, und mit welchem Maß ihr messt, wird euch zugemessen werden."*[20] Diese biblische Aussage deutet auf unser selbst auferlegtes Schicksal hin. Unsere Wertungen sind Teil unseres Schicksals. Wenn du kein Mitgefühl von anderen bekommst, weil du die Menschen in deinem Umfeld selbst ständig wertest und damit ent-wertest, dann ist das dein empfundenes Schicksal. *„Das Leben ist so hart zu mir und keiner schenkt mir Mitgefühl"*, könnte ein Leidensausdruck des gefühlten Schicksals sein. Selbst, wenn wir die Wirkungen unserer Wertungen nicht mehr nachvollziehen können, so treffen sie uns doch, denn wir sind unsere eigene Ursache. Schon Jesus sagte: *„Werte nicht, denn dein eigenes Urteil wird dich richten/werten."* (Mt 7:1; Lk 6:37) Das Gesetz der Ursache und Wirkung, welches später noch erläutert wird, drückt sich hier im Gesetz der Polarität mit aus. Es führt uns die Wirkung unserer Polarisierungen vor Auge. Denn keine einzige Polarisierung ist wertfrei, sondern wertbedingt und damit unsere Ursache für unser Schicksal. Wer nicht an das Schicksal glaubt, muss es auch nicht, denn die Konsequenzen erlebt der Mensch ja sowieso. Es ist der Leidensweg, von dem die Buddhisten sprechen – außer, wir erkennen diese Dynamik, reflektieren unsere Wertungen und bringen Licht in unsere Schatten. Dann können wir auch unser Schicksal beeinflussen. Und siehe da, unser Schicksal ist dann kein Schicksal mehr, sondern eine Wirkung auf unsere Entscheidungen im Leben. Und diese haben wir üblicherweise im Griff, wenn wir ein Bewusstsein dafür schaffen.

---

[20] Mt 7. 1–5.

Also, grundsätzlich besitzt alles Pole und damit ein Paar von auf derselben Skala miteinander verbundenen Gegensätzen. Gleich und Ungleich sind dasselbe, so steht es im Kybalion geschrieben. Die Gegensätze sind also eins laut Hermes. Heiß und Kalt sind eins. Mut und Furcht sind eins. Das Allergöttlichste ist männlich und weiblich und doch eins. Vertrauen und Zweifel sind eins und nur jeweils auf der Skala im Grad verschieden. Es ist für das menschliche Gehirn wohl nicht so leicht zu verstehen, dass diese Gegensätze ein und dasselbe sind. Wenn wir aber erkennen, dass die Polarität unser Wertesystem in einer dualen Weltanschauung ist, dass diese Gegensätze vom Selben eigentlich nur auf die Existenz desselben hinweisen, dann können wir auch lernen, mit den Polaritäten in uns zu arbeiten. Zwischen Mut und Furcht gibt es irgendwo einen mittleren Punkt, wo Mut als auch Furcht verspürt wird, man beide aber gar nicht mehr recht unterscheiden kann, weil die jeweiligen Kräfte in ihrer Annäherung natürlich auch schwächer werden. Denn die Welt ist so, wie wir sie empfinden und bewerten. Wie die mystische Heilige Teresa von Ávila schon sagte, dass ihr warm sei, weil der Herr mit ihr ist, als sie unter strömendem Regen klatschnass in einer Kutsche durch Nordspanien reiste. Liebe Leser und Leserinnen, so einfach geht das. Der Hermetiker transmutiert seinen mentalen Zustand von Wut und Aggression in Mitgefühl und Liebe. Wenn du den Draht zum Göttlichen hast, zu deinem höchsten Selbst, dann geht es tatsächlich so einfach. Der Faulpelz kann sich durch die Polarisation in einen energetisch geladenen Menschen transmutieren. Der Übergewichtige kann sich anstatt ungesunder Ernährung durch die Polarisation zum Veganer hin verändern – und die Kilos werden purzeln. Du veränderst den Regler und verschiebst deine subjektive Empfindung des innerhalb der Gegensätze liegenden Grades von „das schmeckt mir, ich will nicht verzichten" auf „ich will, was gesund für meinen Körper ist". Wohl geht es gen Mitte, um unsere Empfindungen auszugleichen. Aber manchmal oder auch öfters ist es vonnöten und sogar gut, die Pole zu fühlen und sich mit den Empfindungen auseinanderzusetzen. Denn in den jeweiligen Extremen sind die Kräfte am stärksten. Und schließlich ist es ja dasselbe, alles ist eins. Wir dürfen uns frei entscheiden, wie wir empfinden wollen. Die Pole geben uns diese Möglichkeit. Wir haben die freie Wahl und die freie Entscheidung. Selbst das ist schon ein Zeichen, dass wir göttlich sind, denn wir entscheiden, jeden Tag. Diese freie Wahl haben wir aber wirklich nur dann, wenn wir uns unsere Schatten bewusst machen und unsere Verhaltensmuster und Glaubenssätze reflektieren. Ansonsten sind wir unseren Mustern ausgeliefert und haben keine wirkliche freie Wahl, wie wir in einem kritischen Moment entscheiden. Sprich, wir können aus der Polarität lernen und aus ihr wachsen, denn sie zeigt uns unsere Schatten und unseren Erlösungsweg auf. Wir wüssten nicht, was GUT ist, wenn es kein BÖSE gäbe. Wir hätten kein Hoch, wenn es nicht auch mal ein Tief gäbe. Die Frage ist nur, wie wir damit umgehen. Wie ist unsere Einstellung und wie erleben wir daher unser Tief? Und ja, unser Erlösungsweg geht natürlich letztendlich durch die Mitte, im Sinne der göttlichen Mitte und allumfassenden bedingungslosen Liebe. Die alten Griechen, etwa Aristoteles, stellten die Mitte als tugendhaft dar. Denn in der Mitte gibt es keine Wertung, sondern nur Liebe. Dort löst sich die Polarität gefühlsmäßig auf. Dort sind wir auch wieder frei, wertfrei, befreit.

Daher bewerte nicht, denn mit jeder Wertung polarisierst auch du. Von Herzen nicht zu werten bedeutet, der Mitte sehr nahe zu sein. Auch andere Personen haben recht, denn alle Meinungen haben ihre Berechtigung. Wie Vera Birkenbihl schrieb: Man kann sich ja *zweinigen* und auch die andere Meinung stehen lassen. Das löst Konflikte und erlaubt Meinungsfreiheit. Wenn unser Verstand etwas noch nicht fassen kann, dann sollten wir mit unserem Herzen hinhören und hineinspüren. Das Herz ist fähig, die Erkenntnisse zu erfassen und wertfrei zu fühlen, denn das Herz polarisiert nicht. Wenn wir echte Herzentscheidungen treffen, sind diese nie in Polarisation zu oder mit etwas. Der Erleuchtete tendiert zur Mitte, nicht aber, weil er gefühlsfrei wurde und allesamt einerlei ist, sondern weil er durch den höheren Bewusstseins- und Erkenntniszustand fähig wurde, die Pole zu erkennen und sich bewusst darauf einzustellen, wie er auf gewisse Situationen reagieren möchte. Der Erleuchtete kann ebenso wütend und ärgerlich agieren oder auch sanft und mitfühlend, denn er entscheidet sich für eine Gefühlslage oder -stimmung und ist fähig, auch im Negativen das unweigerlich (gesetzlich) begleitende Positive zu erkennen. Wenn Tiere von Menschen gequält werden, so würde sich vor allem auch der Erleuchtete erzürnen, weil die Ungerechtigkeit nicht hinzunehmen ist. Hier sollte sich Zivilcourage zeigen. Aber der Erleuchtete sieht auch den empfindsamen unbeachteten Kern des Menschen, der hier quält, um Aufmerksamkeit zu erregen, um sich besser zu fühlen, ja, vielleicht sogar, um ins Gefängnis zu kommen, damit das Leben endlich stabiler wird, als es für denjenigen ist. Dieser Mensch ist also selbst gequält, was wiederum Mitgefühl einfordert. Und den Unterschied wahrzunehmen, das ist ein Teil der Erleuchtung. Männliche und weibliche Teile wirken in jeder Polarisation und sind selbst zwei Pole desselben. Yin und Yang stehen hierfür als Sinnbild für die ewige Polarität von Dingen, alles hat seinen Gegensatz und insbesondere auch weibliche und männliche Aspekte.

Abb. 17: Das Yin-Yang – Sinnbild der Polarität

Um die Dynamik der Polarität besser verstehen und mit ihr arbeiten zu können, kann auch das Wertequadrat von Schulz von Thun herangezogen werden. Dadurch kann der Mensch seine Polaritäten besser erfassen und sich mit den wirkenden Kräften auseinandersetzen. Der Autor spricht bei jeder Polarisierung von vier Wertungen, nämlich zwei gegensätzlich positiv konnotierten Wertungen, wie z. B. *Sparsamkeit* versus *Großzügigkeit*. Beide sind in unserem Sprachgebrauch eher positiv geprägt, wohingegen *Geiz* und *Verschwendung* die beiden oben genannten Gegensätze auf negativ konnotierte Weise beschreiben. Die Frage ist, wie wir die Pole auslegen und empfinden. Laut Schulz von Thun müssen wir also immer auch vier Wertungen berücksichtigen, wenn es um eine Polarisation geht. Die aristotelische tugendhafte Mitte stellt sich durch die Verbindung der Pole dar, wie Abbildung 18 zeigt.

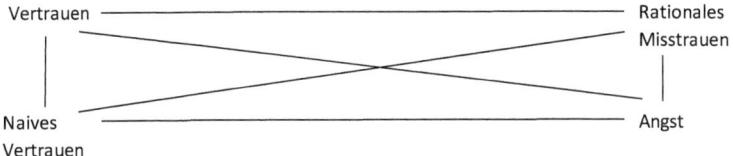

Abb. 18: Wertequadrat nach Schulz von Thun

Die Grafik zeigt die Dynamik von Polarisationen und die für unsere Reflexion notwendige Beachtung von Gegensätzen. Während die Mitte als Tugend erstrebenswert ist, sei doch darauf hingewiesen, dass es für die Mystikerin nicht unbedingt um die Mitte geht, sondern um den gewollten Gefühlszustand in gewissen Situationen. Sprich, wenn Ärger verspürt wird, soll dieser auch Ausdruck finden dürfen. Der Unterschied ist, dass dieser von den Mystikern bewusst und damit kontrolliert und konstruktiv ausgedrückt wird bzw. werden kann und nicht unbewusst und möglicherweise destruktiv. Das Bewusstsein über die immer gegebenen Pole ist hier entscheidend, um auch die eigenen Handlungen und damit das Leben bewusst gestalten zu können.

Unschwer zu erkennen sind die Pole für uns auch oft als negativ oder positiv bewertet. Sprich, Gut ist positiv und Böse ist negativ, wie auch Mut eher positiv konnotiert ist und Furcht eher negativ. Und obwohl die Pole auf derselben Skala liegen, tendiert die universelle Anziehung immer gegen das höher schwingende Positive. Die Hitze hat eine höhere Schwingung als die Kälte, Liebe und Vertrauen schwingen höher als Angst und Zweifel. Und eine Uranziehung geht der Hermetik nach immer in Richtung positive Schwingung. Die Fähigkeit, diese Schwingungen bei Bedarf zu erhöhen und zu erniedrigen, ist Teil der mystischen Magie, welche wir durch Bewusstseinserhöhung lernen können. So wird der Mensch zum Meister seiner mentalen Zustände und ist nicht länger seinen unbewussten Verhaltensmustern ausgeliefert.

Meditation 5: Nimm dich in allem an

Suche dir einen ruhigen Platz, an dem du ungestört bleiben und meditieren kannst. Setze oder lege dich bequem hin. Atme ein paarmal tief und laut durch. Bei jedem Einatmen atme gesunde positive Energie ein und bei jedem Ausatmen atme negative Energie und Belastendes aus. Spanne kurz deinen ganzen Körper an, von den Füßen zu den Waden, Ober- und Unterschenkel, Gesäß, Bauch, Brustkorb, Arme, bis zum Hals und den Kopf und entspanne danach den gesamten Körper wieder. Nimm bewusst wahr, wie die Spannung aus deinem Körper fließt und wie du deinen Körper spürst. Und nun lege deine Hände verschränkt über dein Herz und spüre in dich hinein. Spüre dein Herz, atme tief ein und wieder aus und sage zu dir:

Ich nehme den Zweifel wie auch das Vertrauen in mir an
Ich nehme die Unsicherheit wie auch die Hoffnung in mir an
Ich nehme das Weibliche wie auch das Männliche in mir an
Ich nehme das Aggressive wie auch das Milde in mir an
Ich nehme meine Wut wie auch meine Tränen an
Ich nehme meine melancholischen Tage wie auch meine Lebensenergie in mir an
Ich nehme meine Trauer wie auch meine Freude in mir an
Ich nehme das Hoch wie auch das Tief in mir an
Ich nehme meine Distanz wie auch meine Nähe nach außen an
Ich nehme mich als ganzer Mensch an
Ich nehme mich an, so wie ich bin
ICH BIN und ich nehme mich so an.

AMEN

Meditation 6: Weg ins Vertrauen

Suche dir einen ruhigen Platz, an dem du ungestört bleiben und meditieren kannst. Setze oder lege dich bequem hin. Atme ein paarmal tief und laut durch. Bei jedem Einatmen atme gesunde positive Energie ein und bei jedem Ausatmen atme negative Energie und Belastendes aus. Spanne kurz deinen ganzen Körper an, von den Füßen zu den Waden, Ober- und Unterschenkel, Gesäß, Bauch, Brustkorb, Arme, bis zum Hals und den Kopf und entspanne danach den gesamten Körper wieder. Nimm bewusst wahr, wie die Spannung aus deinem Körper fließt und wie du deinen Körper spürst. Und nun fokussiere auf dein Herz und nimm es ganz bewusst wahr, wie es immerwährend für dich pumpt und dir täglich Leben schenkt. Dein Herz ist die Brücke zwischen deinem Körper und deinem Geist, deinem höheren Bewusstsein, deinem höheren Selbst. Es verbindet dich mit deinen männlichen Attributen wie Feuer und Flamme für etwas sein, Lebenskraft ausleben und Schöpferkraft umsetzen sowie mit deinen weiblichen Attributen wie das Seelische/Göttliche empfangen können, geduldig und sanft sein, zuhören können, loslassen können. Dein Herz ist der Transmitter der göttlichen Einheit. Versuche nun, dein Herz zu öffnen, und verbinde dich durch dein Kronenchakra mit deiner Lichtquelle, deinem höheren Selbst. Lass das Licht in dein Herz fließen und weite es, so weit es dir möglich ist, noch über deinen Körper hinaus. Spüre, wie dieses Licht in dich hinein und durch dich vibriert. Nimm das Licht und die Vibration ganz in dich auf. Bleibe mit der Aufmerksamkeit bei deinem Herzen und spüre die männliche Lebenskraft. Es ist dein Lebenszentrum, und es fasst all das Licht und das höhere Bewusstsein, welches mit der feinstofflichen Welt und der göttlichen Quelle verbunden ist, deiner weiblichen Fähigkeit, das Göttliche zu empfangen. Weite dein Herz noch einmal und öffne dich für mehr Bewusstsein, Weisheit und für dein eigenes höheres Selbst, das du bist. Nun gehe geistig über dein Kronenchakra hinauf ins höhere Bewusstsein, an die Quelle, von der du kommst, an den Ursprung deines Selbst und der Göttlichkeit in dir. Stelle dir vor, dass du von blau-weißen Lichtstrahlen umgeben bist. Spüre, wie dieses Licht in dich hinein und durch dich vibriert. Nimm es in dich auf und fühle die Vibration und Energie. Nimm dir Zeit und spüre die absolute Einheit des gesamten Göttlichen, spüre das Weibliche – die SOPHIA – und das Männliche – den Christus – , die als Einheit in uns sind. Sie sind die Quelle deiner männlichen und weiblichen Seiten und du bist Teil ihrer göttlichen Einheit. Spüre, wie du zeugen kannst und voller Ideen bist; wie du zugleich auch innere Ruhe empfinden und die göttliche Aufgabe deines Lebens empfangen kannst, wie du Lust zum Anpacken und Umsetzen empfindest und zugleich auch Geduld zum Zuhören und Empfangen hast. All das steckt in dir, und du kannst diese Teile auch in deiner Inkarnation als Mensch auf Erden in Harmonie bringen. Fühle den inneren Ausgleich beider Qualitäten. Fühle die göttliche Stärke dieser Elemente, die in dir wirken: der gewaltige seelische Ozean, der jeden einzelnen Tropfen ehrt, und die Energie des Feuers, die in größter Freude und Liebe ins Leben eintaucht und die Welt erschafft. Fühle die Göttlichkeit beider Elemente, die bedingungslose Liebe des Wassers und die Tatenfreudigkeit des Feuers, fühle, dass alles da ist, was du brauchst, dass alles okay ist, dass du BIST, dass du existierst als göttliches Wesen in der Einheit mit allem im Universum. Du bist Teil der Quelle und du kannst vertrauen, dass du nie allein bist. Das Göttlich-Weibliche und das Göttlich-Männliche wirken in dir und begleiten dich auf ewig als Christus- und SOPHIA-Bewusstsein … Und in deinem Tempo nimm das Gefühl der Einheit und der Harmonie aus dieser Quelle mit in dein Herz und komme wieder in deinem Körper an. Spüre nach, wie sich diese Einheit auf deinen Körper überträgt, und bleibe in diesem Gefühl noch ein Weilchen, bis du schließlich wieder in dein Zimmer zurückkehrst. Atme tief aus und ein, und wenn es für dich stimmig ist, komme wieder ins bewusste Leben zurück, strecke deine Glieder, heiße dich in deinem Leben willkommen.

3.5. Das Gesetz des Rhythmus

Alles fließt; aus und ein; alles hat seine Gezeiten; alles hebt sich und fällt, der Schwung des Pendels äußert sich in allem; der Ausschlag des Pendels nach rechts ist das Maß für den Ausschlag nach links; Rhythmus gleicht aus.
Das Kybalion

Ein ewiges Senken und Heben, ...
ein stetiges Wogen und Wagen ...
Rainer Maria Rilke

Kennst du deinen Rhythmus?

Was ist der Rhythmus? Der Rhythmus im Leben, der Herzensrhythmus, rhythmisches Ein- und Ausatmen, im eigenen Rhythmus gehen oder wandern, der Zyklus der Frau, der als Mondrhythmus wahrnehmbar ist, der Rhythmus des Kosmos und weitere Rhythmen.

Das hermetische Axiom lautet, dass alles fließt, alles ist im Fluss, ständig und immerwährend. Alles bewegt sich in seinem Rhythmus. Wie der Mond um die Erde kreist und seinem Rhythmus folgt und die Erde um die Sonne kreist und Teil eines universalen Rhythmus ist, so hat alles, was um uns herum existiert – und so auch wir selbst – einen Rhythmus, eine eigene Schwingung und ein eigenes Tempo. Wie ein Pendel darf man sich den Rhythmus vorstellen, ein stetes Auf und Ab, wie man beim Gehen schön spüren kann. Wie die Gezeiten, die der Mond verursacht und die im Meeresrhythmus ersichtlich werden. Es sind Pendelschläge, die den Rhythmus vorgeben, und wie nach dem Einatmen ein Ausatmen folgt, so muss auf ein Hoch ein Tief folgen. Und je höher das Hoch, desto tiefer fällt das Tief aus, denn der Pendelschwung in eine Richtung entspricht dem Pendelschwung in die andere Richtung. Wie alle kosmischen Gesetze miteinander verbunden sind, so wirkt das Gesetz der Polarität auch auf das Gesetz des Rhythmus. Es müssen beide Pole abwechselnd, aber immerwährend betätigt, ausgelöst, hervorgehoben, gefühlt werden. Vertrauen kann nur dann empfunden werden, wenn es auch die Angst im Vergleich gibt. Das Gute ist nur so lange gut, wie auch das Böse im Vergleich spürbar vorhanden ist. Doch keine Angst: Mystiker betonen, *„dass nichts Böses je länger anhaltet oder gar überdauert“*.[21] Liebe gewinnt, auch wenn es oberflächlich nicht immer so aussieht. Denn die Schwingung Richtung Liebe, Licht und Leben ist die einzige Anziehung im Universum – das Höhere zieht das Niedere an.[22] Doch wir müssen eben Böses kennenlernen, um Gutes begreifen zu können, wie schon Paracelsus meinte. Wie wir das Hoch und Tief, das Gute und das Böse, das Vertrauen und die

---

[21] Edward Bulwer-Lytton (1842), Zanoni.
[22] Alles andere, nicht nach Liebe Strebende, sondern bewusst und freiwillig Abgekehrte verhärtet sich aus anthroposophischer Sicht und wird an seinem Leid bzw. Schicksal sterben – kann also seelisch nicht auferstehen und sich weiterentwickeln (Rudolf Steiner, GA 13).

Angst empfinden, hängt von unserem Bewusstsein und unserer Einstellung ab. Es ist z. B. nicht *zwingend* notwendig, das Tief als Tief wahrzunehmen. Wenn wir nach dem Gesetz der Polarität verstehen lernen, dass das Tief das Gleiche ist wie das Hoch, nur im Grad verschieden, dann können wir das gesetzmäßig kommende Tief ganz anders erleben. Es liegt an unserem Bewusstsein und unserer Einstellung. Allein das Gute, also die Liebe und ihre Gnade, steht über allem und kann die Pole auflösen. So wirkt das Gesetz des Rhythmus ausgleichend und in gewisser Weise harmonisierend. Es verbindet sich also auch mit dem Prinzip der Harmonie.

Der Rhythmus fordert aber damit auch unsere Flexibilität, denn wir müssen mit beiden Polen immerwährend zurechtkommen. Es sind allein unsere Fähigkeiten, die wir erlernen, und unser Verständnis für die universell gültigen Rhythmen, um mit den Kräften der Welt umgehen zu können. Wenn wir also nach dem Hoch in ein Tief fallen, so ist das ganz normal und ein natürlicher Zustand, aus welchem wir später wieder in ein Hoch kommen. Wie wir dieses Tief erleben, liegt an uns. Wie gehen wir damit um? Wie finden wir in diesem größeren Rhythmus unseren eigenen Rhythmus und welcher Fähigkeiten bedarf es, um bestmöglich in diesem Fluss des Lebens schwimmen zu können?

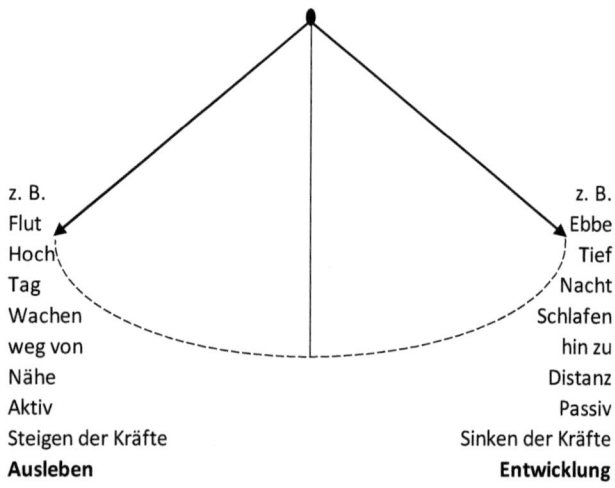

z. B.   z. B.
Flut   Ebbe
Hoch   Tief
Tag   Nacht
Wachen   Schlafen
weg von   hin zu
Nähe   Distanz
Aktiv   Passiv
Steigen der Kräfte   Sinken der Kräfte
Ausleben   **Entwicklung**

Abb. 19: Das Pendel des Rhythmus

Der Rhythmus ist zwischen den zuvor erwähnten Polen zu finden und schwingt wie ein ewiges Pendel von einer Seite zur anderen und wieder zurück. Doch hierzu eine wichtige Information: Die Hermetik sagt, dass ein Pendelschwung bis zum äußeren Extrem eines Poles nur selten vorkommt. Der Rhythmus ist also viel mehr mit dem Prinzip der Harmonie verbunden, um universelle Kräfte immerwährend auszugleichen. Jeder Fortschritt hat auch seinen Rückschritt, überspitzt ausgedrückt. Jede Welle geht auf und ab, so, wie die Erde um die Sonne kreist und sich Tag und Nacht dadurch zeigen, und so, wie nach jedem Schmerz wieder Freude spürbar wird. Aber auch im Rhythmus von Leben und Tod, Wachstum und Verfall, wie einst die großen Reiche der Antike es erlebten, sehen wir den Schwung des Pendels. Selbst philosophische Denkrichtungen kommen und gehen wie die Gezeiten im Meer. Und wie die Planeten im Weltall ihre Bahnen ziehen, so hat alles seinen Rhythmus, auch auf der Erde und für und mit uns … auf ewig.

Je flexibler wir auf Situationen reagieren, desto leichter wird es uns fallen, das Beste daraus zu machen. Je starrer wir verhaftet sind, je strukturgebundener, wie Eugene Gendlin, Schüler von Carl R. Rogers, sagen würde, wenn wir von bestimmten Glaubenssätzen und Mustern nicht loslassen können und darauf beharren, dass es doch anders sein müsste, als es eben ist, dann wird der individuelle Weg schwieriger. Ja, bei zu starker Starrheit muss das System sogar darunter zerbrechen. Denn an einem Wolkenkratzer, der auf der Aussichtsplattform das Schwanken des Gebäudes durch den Wind erspüren lässt, zeigt sich, wie dieser sogar als sicheres Gebäude (und gerade deswegen) eine gewisse Flexibilität beibehalten muss, um im Zusammenwirken mit den Kräften der Welt und deren Fluss stabil zu bleiben. Das gleiche Prinzip fällt auch bei Staudämmen an, wo die Mauern auf die Wasserspannung mit Flexibilität reagieren. Denn alles bewegt sich immerwährend. Wenn sich der Mensch einen Knochen bricht, darf er sich also schon fragen, an welchem Punkt er denn zu starr gewesen ist, sodass er nicht flexibel genug war, um in der natürlichen Bewegung mit den Kräften zu bleiben. Zumeist ist diese Art von Konsequenzen oder Schicksalsschlägen durch unsere Glaubenssätze und Verhaltensmuster verursacht. Mit Saturn verbundene Kräfte des Erdelements in uns sind dafür die Ursache, die wir in Kapitel 4 noch besprechen werden. Die Reflexion unserer Starrheit bzw. unserer Flexibilität sollte Erkenntnisse bringen, die uns wiederum die nötigen Fähigkeiten erkennen lassen, um sanfter oder bisweilen ausgeglichener im Rhythmus des Lebens fließen zu können. Wenn wir uns mental auf die Schwingungen des Pendels einlassen, können wir unsere Gefühle, Stimmungen, Empfindungs- und Verhaltensmuster besser dem aktuellen Rhythmus anpassen und unser Gemüt ausgleichen.

Der Rhythmus des Lebens gibt uns, gepaart mit dem Gesetz der Schwingung, die Erkenntnis, dass auch der Rhythmus einem niederen und höheren Plan folgt und wir uns somit auch im Rhythmus über die Gegebenheiten bewegen können, um das etwaige Leid zu vermeiden bzw. zu neutralisieren. So sind z. B. unsere egogetriebenen Handlungen in der Schwingung niedriger als unsere seelisch gesetzten Handlungen, welche durch unser Herz geleitet werden. Höheres Bewusstsein hat eine höhere Schwingung als unbewusste Aktivitäten. Durch die Schattenarbeit und die Reflexion unserer Glaubenssätze und Handlungen können wir unser Bewusstsein steigern und unsere Schwingungen erhöhen. Wir lernen, auf unser Herz zu hören und unseren Weg zu gehen. Dadurch können wir dem Rhythmus auf niederen Ebenen, ausgelöst durch egogetriebenes Verhalten, entkommen und uns auf einen sanfteren Rhythmus einpendeln. Ein Beispiel für ein höheres Einschwingen, das sicherlich alle kennen, ist, dass wir unsere Stimmungen durch anregende Musik erhöhen können. Magie und Liebe liegen in der Musik und schwingen deutlich höher als viele unserer Handlungen, Verhaltensmuster und assoziierten Gefühle. Wir merken schnell, dass sich unsere Stimmung mit der richtigen Musik hebt und wir dadurch plötzlich mehr Energie haben als zuvor. Wir ändern also unsere Schwingung und unser Rhythmus ändert sich dadurch ebenso, denn das Höhere zieht das Niedere an. Auch hier gilt wieder, dass die Liebe und mit Liebe gesetzte Handlungen jeden Rhythmus sowie Polaritäten neutralisieren, weil sie die höchste Schwingung ist und sich über die Gesetze stellt. Gemeint ist natürlich nicht die von uns gelebte egogetriebene Liebe, sondern die göttliche bedingungslose Liebe.

Ein anderes Beispiel für den persönlichen Rhythmus ist vielleicht offensichtlicher. Schlaf- und Wachzustand folgen ebenso einem natürlichen Rhythmus. Unser Bewusstsein, das sich die täglichen Erlebnisse bewusst macht und verarbeitet, kann diesen Zustand nur aufrechterhalten, wenn es auch wieder Ruhe und Zeit zum Verarbeiten bekommt. Ganz natürlich kommt, für jeden Menschen verschieden, die Zeit zum Ruhen. Die Augenlider werden schwer und drücken uns in den notwendigen Schlaf. Dieser Rhythmus bringt Heilsames mit sich. Wie der Mond rhythmisch auf uns und die Erde wirkt und so einen Ausgleich für die Natur schafft, so schafft der Schlaf für uns den Ausgleich und erlaubt es uns, Kräfte für den nächsten Tag zu tanken und Erlebtes im Traum aufzuarbeiten. Es ist quasi eine Zeitqualität, die wir durch den Schlaf bekommen, welche wir ohne ihn nie hätten. Wir würden ohne ihn erkranken bzw. sterben. Ein weiterer Grund für den Schlafzustand ist, dass der Geist durch unsere Seele nur im Schlafzustand die Zeit hat, den Körper auf unbewusster Ebene gesunden zu lassen. Sämtliche Tageserlebnisse und Eindrücke, welche sich eventuell negativ auf unseren Körper, auf Geist bzw. Seele auswirken, können in der Nacht seelisch ausgeglichen werden und der Körper kann eine psychosomatische Erkrankung vermeiden. Der Schlaf und unsere Regenerationsphasen sind heilsam. Allerdings treffe ich immer wieder auf Menschen, die den Schlaf als Zeitverschwendung erleben und gar nicht verstehen, wie wichtig diese Phase für unseren Geist und Körper ist. Rudolf Steiner (GA 13) schreibt dazu, dass wir nicht schläfrig werden, weil wir ermüden, also körperlich bedingt, sondern weil die Seele ihre Ruhe benötigt und der Körper als Konsequenz daraus ermüdet. Die Seele benötigt Ruhe, um sich zu fassen, Energie zu tanken und wieder kreativ zu werden. Dafür muss aber der Körper ruhen, damit der Geist in der seelischen Verarbeitung tätig werden kann. Durch diese geistige Verarbeitung kann der Mensch schließlich Lösungen für sich und sein Leben erfassen – der Mensch kann sogenannte Offenbarungen erfassen. Ich persönlich bezeichne meinen Schlaf als mein Hobby, denn ich schlafe wirklich gerne und lange.

Und so wie wir unseren Schlafrhythmus brauchen, ja, so brauchen wir auch, rhythmisch gesehen, unsere Distanz in Beziehungen, um sich freuen zu können, wenn Nähe wieder spürbar wird. So ist der etwaig geplante Alleinurlaub sicherlich förderlich für einen selbst und die Partnerschaft. Denn während sich der Mensch allein die Welt ansieht und vom Außen Impulse bekommt, wird er sich wieder neu finden und definieren, sein eigenes Ich erkennen und mit neu getankter Kraft, aber auch mit Sehnsucht, nach Hause kommen, wo er im sicheren Hafen der Familie die Nähe wieder spürt, die ebenso wichtig ist wie die Distanz. Distanz schafft Nähe, und Nähe schafft Distanz, wie auch Dean C. Delis und Cassandra Phillips in ihrem Buch ‚Ich lieb dich nicht, wenn du mich liebst: Nähe und Distanz in Liebesbeziehungen‘ überzeugend schreiben. Autonomie und Zugehörigkeit sind zwei ewige gesetzliche Rhythmen. Weg von dir, hin zu mir und wieder zurück. Es ist das Gesetz des Rhythmus, das sich hier anschaulich mit dem Prinzip der Resonanz paart. Denn die Partnerin wird Resonanz auf diesen Rhythmus zeigen, ob sie will oder nicht. Das kann auch Macht(spiel)situationen erzeugen, wenn z. B. die Partnerin absichtlich Distanz zeigt, um Erwünschtes zu erhalten, woraufhin sie wieder näherkommt und den Partner in Co-Abhängigkeit[23] somit bewusst oder unbewusst manipuliert. Daher stecken in allen Gesetzen, die wir verstehen und für uns nutzen lernen, auch Macht und Verantwortung, denn man kann damit Menschen beeinflussen und Macht über sie ausüben. Je mehr du über universelle Gesetze, Kräfte und das Leben verstehen lernst, desto mehr Verantwortung hast du auch, damit richtig umzugehen. Umso wichtiger ist die individuelle Schattenarbeit, damit wir lernen, unsere entwickelten Kräfte zu reflektieren und in Liebe anzuwenden statt in Selbstmitleid und egozentrischer Komplexhaftigkeit, die sich oft als Projektionen ausleben.

Bemerkst du die Verwobenheit der kosmischen Gesetze? Am Ende sind sie ein System, welches wie ein universales Gesetz (Schicksal) auf uns einwirkt. Diesem können wir nicht entkommen, sondern uns nur anpassen und in Richtung Harmonie entwickeln. Einzig die allumfassende bedingungslose göttliche Liebe setzt sich über alle

---

[23] Der Begriff ist auf co-abhängige Beziehungsmuster bezogen und nicht auf Süchtige: Wenn z. B. der Partner nicht mehr aus sich selbst heraus handelt, sondern verhalten, um die Beziehung zu schonen.

Gesetzmäßigkeiten, ist in ihrer Schwingung an Höhe nicht zu überbieten und wird am lebendig gewordenen Beispiel durch Jesus Christus ersichtlich. Das ist Magie. Das ist Liebe. Wir können uns also durch höhere Schwingung über das Gesetz des Rhythmus erheben. Das Gesetz der Polarität schwingt z. B. höher als das Gesetz des Rhythmus. So kann man einen Schwingungsgrad auf der Skala der Polaritäten so standhaft einnehmen, dass selbst das Pendel des Rhythmus, welches natürlich aktiv bleibt, durch die höhere Schwingung der Polarität kaum merklich wahrgenommen wird. Das sind schon Grade der sichtbaren Erleuchtung, wenn man die Polaritäten nicht mehr spürt bzw. in sich integriert hat. Man kann sich z. B. auf Vertrauen in das Göttliche einpolen und diesen Standpunkt so vehement einnehmen, dass das Pendel des Rhythmus, welches gen Zweifel ausholt, kaum spürbar wird. Viele Geistliche machen das so, obwohl ebenso viele Geistliche auch immer wieder starke Zweifel hegen. Diese höhere Schwingung bedingt also meist sehr viel geistige Arbeit. Auch besteht die Gefahr, daran zu scheitern, was uns die universellen Gesetze noch mehr als designiertes Schicksal spüren lässt. Im Fluss zu bleiben bedeutet, im Rhythmus zu bleiben, bedeutet, mit Polaritäten und Rhythmen zu arbeiten, flexibel zu bleiben, abwechselnd Schwingungen nach Gemüt zu verändern statt zu verhärten und eine Seite der Lebensfülle zu beziehen. Die Harmonie des Rhythmus wirkt schließlich ausgleichend. Man muss nur lernen, den Rhythmus zu erkennen und mit ihm zu leben bzw. den Ausschlag des Pendels zu besänftigen, denn das Prinzip der Kompensation aus dem Kybalion besagt, dass der Pendelschlag nach rechts zugleich das Maß für den Pendelschlag nach links ist. Je mehr wir dies verstehen und spüren, desto besser können wir auf unseren Rhythmus eingehen und den Pendelschlag dämpfen, was schließlich unsere Emotionen nicht so aufgewühlt ausfallen lässt. Wer im Kanu sitzt und in seinem Rhythmus in der Mitte des Flusses gleichmäßig paddelt, bedarf weniger Energie als derjenige, der im Zickzack den Fluss durchpaddelt, weil der Links-Rechts-Rhythmus und die jeweils eingesetzte Kraft nicht ausbalanciert sind. Das ist auch schon das Geheimnis.

Also auf, Pilger, finde deinen Rhythmus und stabilisiere dein Leben. Die Quintessenz aus dem romantischen Film „Rezept zum Verlieben" ist, dass die Rezepte, die du selbst kreierst, die besten sind. Das steht als Metapher dafür, dass nur du wissen kannst, wie du dein Leben glücklich leben kannst, und dass es ausnahmslos empfohlen ist, auf sich selbst zu hören und einfach mal neue Dinge zu versuchen, anstatt auf andere zu hören und nach den Regeln der anderen zu leben. Denn in den Dingen, die du verwirklichst, steckt deine Einzigartigkeit, die sonst niemand hat. Höre auf dein Herz, auf dein höheres Selbst. Genau an diesem Punkt kannst du dein volles Potenzial entdecken und ausleben. Dort findest du sicherlich deinen Rhythmus, denn du bist dir selbst überlassen. Du bist der Boss und deine eigene Chefin und wählst für dich selbst deinen eigenen Weg und Rhythmus, der dir guttut – und das gelingt dir auch, wenn du dich nicht für andere verbiegen lässt. In deinem eigenen Rhythmus zu leben, klingt sehr nach Selbstständigkeit, eine Situation, die nicht jeder hat, aber auch eine Verantwortung dir gegenüber. Das hat schließlich etwas mit deiner Selbstliebe zu dir zu tun. Hast du dich lieb genug, dass du Verantwortung für dich und dein Leben übernimmst?

Natürlich ist eine Art der Selbstständigkeit nicht für jedermann oder jederfrau gedacht bzw. möglich, was den Weg zu sich selbst sicherlich erschwert. Denn der Selbstständige hat viel mehr Möglichkeit, sich und seine Wünsche zu beachten. Aber Verantwortung kann jeder für sich übernehmen. Auf sein Herz zu hören und bewusster auf das zu achten, was einem guttut, was Freude bereitet, muss der Auftrag eines jeden Menschen sein. Wir sind auf Erden, um das Leben zu leben und zu genießen, bei aller Verantwortung, die wir hierfür mittragen. Wir sind nicht auf der Welt, um uns schikanieren und von außen sagen zu lassen, wie wir unser Leben zu leben haben. Daher mein Appell an dich, achte auf dich … und im Weiteren auf andere in deiner Umwelt. Achte und höre auf dein Herz und deinen Rhythmus.

Noch ein weiteres komplexes Beispiel möchte ich hier aufgrund der Wichtigkeit des Themas für unsere Gesellschaft erwähnen. Es ist dies der Zyklus (Regel, Periode, Tage, Rhythmus) der Frau, welcher ganz allgemein in unserer Gesellschaft kaum diskutiert und mitunter immer noch als unrein empfunden wird. Ja, die Frau selbst (im Allgemeinen) fühlt sich gesellschaftlich immer noch veranlasst, diesen Rhythmus zu verdrängen, zu überwinden und trotz des Blutverlustes noch 120 Prozent der Normalleistung zu geben, wie derzeit in manchen TV-Werbeschaltungen für Binden und Tampons suggeriert wird. Für wen und für was? Für Leistung und Kapitalismus. Ich spreche das hier so direkt an, weil es sonst nur wenige tun. Die weibliche Kraft wird wieder einmal bzw. noch immer heruntergespielt, verleugnet und die männliche „Du musst performen"-Kraft wird als allgemeingültiger Auftrag der Frau angesehen. Dieses Ungleichgewicht fällt gesellschaftlich auf uns zurück. So entwickelt sich z. B. der so notwendige Feminismus mit einer männlich aggressiven Mentalität und macht aus Frauen mitunter harte, kampfbereite, durchsetzungsfähige Top-Managerinnen, die nicht auf ihre Weiblichkeit achten, sondern den Mann und seine männlichen Attribute zum Vorbild haben. Wo bleibt im Feminismus die Qualität der Frau, die göttliche Weiblichkeit, frage ich mich? Wo bleibt die Berücksichtigung des weiblichen Zyklus in der Arbeitswelt? In Japan und Südkorea gibt es ja schon bezahlten Menstruationsurlaub – und seit 2023 auch in Spanien als erstem Land in Europa. Doch natürlich würden sich manche Frauen dafür schämen oder nicht wollen, dass ihre Kollegen davon wissen, weil es eben leider noch nicht normal in unserer Gesellschaft ist. Wann also darf die Frau auch wieder ohne Hemmungen und ohne Entwertung einfach Frau sein, weiblich sein? Wie lange brauchen wir als Gesellschaft noch, um die weiblichen Qualitäten, die wir so rücksichtslos verdrängen, wieder anzuerkennen und mit den damit verbundenen magischen Kräften wieder arbeiten zu können? Denn eines muss klar sein: Ohne Frauen, ohne das Weibliche gäbe es uns nicht, ja, man darf sogar sagen, es gäbe gar nichts in diesem Universum. Denn das, was der Geist erschafft, muss empfangen werden, damit es sich manifestieren und entfalten kann. Das Göttliche hat zwei Geschlechter, nämlich männlich und weiblich, und kann nur in seiner Gesamtheit göttlich wirken. Doch mehr darüber im Kapitel 3.7 zum Gesetz des Geschlechts. Hier möchte ich nur auf den Rhythmus der Frau eingehen, der doch auch stark von ihrem Zyklus abhängt. Jede Frau hat ihren eigenen Rhythmus und zudem noch ihre Tage im Zeichen des Mondrhythmus. Der Körper stellt sich auf die kommende mögliche Empfängnis ein und befreit sich, lässt Altes los. Es ist ein Sich-Freimachen von Empfangenem, damit Neues wieder empfangen werden kann. Dies ist die Grunddynamik des Universums. Weil wir uns von Altem lösen, uns freimachen und offen bleiben, kann Neues entstehen. Das ist die weibliche Kraft, die durch uns wirkt. Wenn wir diese abtrainieren, verliert der Mensch, und noch viel mehr die Frau, das Gespür für sich selbst. Geschichtlich gesehen kann man gut nachvollziehen, wie sehr das Weibliche von der Kirche und anderen Glaubenssystemen, von dominanten Männern und Machthabern abtrainiert wurde. Was als Schwäche galt und für viele Männer und auch nach wie vor für Frauen gilt, das muss endlich wieder als Stärke gesehen und anerkannt werden. Denn die stärkste Kraft ist die weibliche Kraft, was natürlich genau der Grund ist, warum sich Männer so gegen sie wehren. Männer haben Angst, dominiert zu werden, und können nicht erkennen, dass die Verbindung heilend, erlösend für sie ist. Die weibliche Kraft hilft uns Menschen beim Loslassen, sie lehrt uns, zu verzeihen, Nähe zum Nächsten aufzubauen, was als Nächstenliebe bekannt ist. Sie hilft uns, den Ärger in uns aufzuweichen bzw. auszuweinen, Verständnis für menschliches Fehlverhalten aufzubauen, einfach einmal zuzuhören sowie Neues, gute Ideen, Impulse, Kreativität zu empfangen. Manche Männer haben diese Kraft erkannt und Aussprüche wie „hinter jedem erfolgreichen Mann steht eine starke Frau" kommen von ihnen. Diese Männer erkannten, dass sie mit ihrer Frau über alles reden konnten, dass diese sie in ihrem Vorhaben entweder bestärkte oder ihre Zweifel kundtat, was zur Verbesserung des Vorhabens führte, woraufhin Erfolg überhaupt erst ermöglicht wurde. Es ist die Frau bzw. der weibliche Teil in uns, der diese Kräfte freisetzt. Es ist ein Trugschluss, zu glauben, dass der kreative Mann ohne den weiblichen Aspekt bzw. die Frau erfolgreich sein könnte. Ja, vielleicht im Finanziellen, das zeigt uns der Kapitalismus. Aber wer von diesen Männern ist schon wahrlich, ganzheitlich glücklich? Wer von ihnen kann ganzheitlichen Lebenserfolg verzeichnen und ein glückliches und gesundes Leben mit seiner Familie führen? Die wenigsten. Sicherlich einige, aber die

steigende Gewalt gegenüber Frauen, häusliche Gewalt und Schei-
dungsraten sprechen dafür, dass meine Annahme nicht so weit hergeholt ist. Das Weibliche gilt es vollkommen anzuerkennen und zu
integrieren, erst dann können wir glücklich auf Erden weilen. Und
ja, damit das Weibliche so stark sein und das Männliche empfangen
kann, muss es im eigenen Rhythmus immer wieder ausscheiden,
sich reinigen und freimachen. Diesen monatlichen Prozess der weiblichen Periode sollten wir wertschätzen, für uns als Kraft gebrau-
chen lernen und somit der Frau wieder ihren Raum und ihre Kraft
zurückgeben.

Wenn es der Frau an ihren Tagen nicht so gut geht, dann sollte sie
nicht 120 Prozent in der Arbeit geben müssen, sondern es muss erlaubt und toleriert sein, dass sie sich krankmeldet und zuhause neue
Energie tankt. Das hilft unweigerlich jedem Mann, jedem Unternehmen und erlöst die Frau von diesem unrealistischen, wirtschaftlich
ausgerichteten Druck. Dieses gesellschaftlich relevante Beispiel
zeigt, dass der Rhythmus der Frau und ihrer Weiblichkeit wieder
ausgleichend wirken muss, damit es uns allen besser geht. Es ist genau dieses Problem entstanden, welches ich oben beschrieben habe.
Wenn man sich auf einem Schwingungsgrad auf der Skala der Polarität verhärtet, dann ist das Pendel des Rhythmus zwar weniger zu
spüren, aber die Dysbalance wirkt nach und wird ihre Konsequenzen
fordern. Das durch die Unterdrückung der Frauen ausgelöste Karma
wird noch hart als Leiden der Männer und ihrer Maskulinität rück-
wirken. Der karmische Spiegel von Ursache und Wirkung ist hier
kurz aufgezeigt, wird aber im nächsten Kapitel genauer besprochen.

Eines muss aber, speziell in der heutigen Zeit, hier noch Platz finden. Wenn ich von weiblichen und männlichen Teilen spreche, so
könnte man meinen, dass ich auf Transgender bzw. auf die Gender-
debatte gar nicht eingehe. Dem ist aber nicht so, sondern ich sehe
die Diskussion hier ähnlich wie McGee and Warms (2011), dass die
sogenannten nicht-binären Genderidentitäten, welche sich also weder als Mann noch als Frau fühlen und welche es doch so zahlreich
auf dieser Welt gibt, ebenso männliche und weibliche Teile in sich
tragen, diese aber überlappend wahrnehmen, als wären sie weder

Mann noch Frau, sondern eben eine dritte, nicht-binäre Identität fühlen. Meines Erachtens ist dies aber ausschließlich ein Trendzeichen der westlichen Kultur, diesen Identitäten hier eine besondere Stellung, möglicherweise Anerkennung zu geben. Es ändert nichts an der Tatsache, dass diese Menschen die beiden Teile dennoch in sich haben, diese aber so transzendent spürbar zu sein scheinen, dass sie es nicht mehr unterscheiden können. Mein Zugang hierzu wäre, dass diese Personen möglicherweise sogar dem Göttlichen ähnlicher sind als wir Männer und Frauen, die wir uns so klar in einer dieser binären Rollen definieren und den anderen, ebenso wichtigen Teil oft verdrängen bzw. ihm weniger Beachtung schenken oder darauf polarisieren. Auch hier ist wahrscheinlich ein individueller Rhythmus zwischen weiblich und männlich ausgelebten Teilen ein vielversprechender Ansatz. Denn manchmal sollten wir Männer viel einfühlsamer sein und mit der Frau emotional mitgehen können, wohingegen es Momente oder Phasen gibt, in welchen die Maskulinität, Penetration und Stärke des Mannes für Schutz und Führung erwünscht ist und sogar gefordert wird. Für die Frau gilt hier der gleiche individuelle Rollenrhythmus, wenn sie sich in Zeiten fürsorglich um ihre Familie und ihren Mann kümmert und Liebe, Mitgefühl und tiefes Verständnis zeigt und in anderen Momenten selbst an Durchsetzungskraft und Mannesenergie ihre Welt beschützt und Weichen für die Zukunft stellt.

Wie sieht dein Rhythmus aus? Wieviel Energie brauchst du, um zwischen den Polen zu paddeln? Welche Teile des männlich-weiblichen Rhythmus lebst du und welche sind noch im Hintergrund? Schreibe all deine Rhythmen in ein Tagebuch und reflektiere deine Gedanken und Handlungen.

Meditation 7: Getragensein

Suche dir einen ruhigen Platz, an dem du ungestört bleiben und meditieren kannst. Für diese Meditation empfehle ich, sich hinzulegen. Atme ein paarmal tief und laut durch. Bei jedem Einatmen atme gesunde frische Lebensenergie ein und bei jedem Ausatmen atme

Stress, negative Energie und Gefühle aus. Spanne nun kurz deinen ganzen Körper an und entspanne den gesamten Körper danach wieder. Spüre bewusst, wie die Spannung aus deinem Körper fließt.

Stelle dir vor, dass du in einer indigoblauen Lichtkugel liegst. Spüre, wie dieses Licht in dich hinein und durch dich vibriert. Stelle dir nun vor, wie ein pränatales Baby im Bauch der Mutter mit den Bewegungen der Mutter mitschaukelt. Ein stetes Wogen und Wiegen, wie der Rhythmus von Ebbe und Flut. Dann bewegt es sich einmal, sodass die Mutter es spürt, und dann bewegt sich die Mutter wieder, sodass das Baby erlebt, wie das Schaukeln im Fruchtwasser Wärme und Sicherheit bietet. Spüre doch einmal dieses Vom-Leben-Getragensein. Bleibe ein Weilchen bei diesem Gefühl und spüre hinein, welche seelischen Impulse und Gefühle dies bei dir auslöst. Lass dir Zeit. Und in deinem Tempo nimm dieses Gefühl oder diese Gefühle mit in die Gegenwart und stelle dir vor, wie du beim Spazierengehen in denselben Rhythmus kommst, ins Getragensein, in dasselbe rhythmische Auf und Ab, wie ein Schaukeln und Wanken, das Babys im Bauch ihrer Mutter fühlen. Die Erde, unsere Mutter Natur, trägt dich, jeden Tag, ganz ohne Bedingung. Folge diesem deinem Rhythmus und erlebe das Gefühl von Getragensein – indem du deinem Rhythmus folgst. Bleibe bei diesem inneren Erlebnis, solange du kannst und willst, und spüre die Ruhe, die in dir steckt. Wenn du das nun so innerlich erlebst, nimm die Empfindungen deiner Seele wahr. Komme in deinem Tempo wieder zurück und notiere deine meditativen Erlebnisse und Gefühle in deinem Tagebuch. Gute Gefühle kannst du gerne verankern, damit sie dir jederzeit als Ressource zur Verfügung stehen.

Eventuell möchtest du beim nächsten realen Spaziergang in der Natur dieses Gefühl von Getragensein mitnehmen und es ausprobieren, mal mit geschlossenen Augen gehen und hineinfühlen und dann wieder mit offenen Augen und deinen Rhythmus ganz bewusst wahrnehmen.

3.6. Das Gesetz von Ursache und Wirkung

Jede Ursache hat ihre Wirkung; jede Wirkung hat ihre Ursache; alles geschieht gesetzmäßig; Zufall ist nur ein Name für ein unerkanntes Gesetz, es gibt viele Pläne von Ursachen, aber nichts entgeht dem Gesetz.
Das Kybalion

Jeder Zufall hat seine Ursache und ist daher kein Zufall.
Dein Schicksal ist deine Ursache.
Johannes Slacik

Die Grundbedeutung dieses Gesetzes ist, dass jede Ursache eine Wirkung und jede Wirkung immer eine Ursache hat. Jede einzelne Handlung, die wir setzen oder die von jemanden gesetzt wird, hat eine Wirkung. Aus diesem einzigen Grund kann es keinen Zufall geben, denn selbst wenn uns die Ursache nicht bekannt ist und wir diese nicht durchschauen können, so gibt es dennoch immer eine Ursache für jede Wirkung, so das hermetische Gesetz. Vor allem gilt es aber zu wissen, dass unsere Handlungen immer auch in der gleichen Intensität für uns eine Wirkung erzeugen. Es werden durch unsere Aktionen kosmische Energien freigesetzt, Schwingungen, welche wie das Schicksal mit selber Wucht und Kraft auf uns zurückwirken. Sprich, alles, was wir denken und über andere denken und fühlen und die Handlungen, die wir setzen, werden in selber Intensität auf uns zurückfallen. Schlägst du jemanden, wirst auch du bald einmal geschlagen werden (vielleicht auch in anderer Weise als erwartet, z. B., indem dir jemand anderer den Job wegnimmt). Gibst du jemandem Liebe, wird auch dir Liebe entgegenkommen. Der Hermetiker Elias Rubenstein schreibt, dass deine liebevoll aufgelegte, heilende Hand genau an derselben Stelle in dir ebenfalls heilend wirkt. Man kann sagen, unsere Aktionen werden zu unserem Karma. Insofern hat der reflektierte Mensch sein Schicksal in der Hand, denn er versteht die Wirkung dieses Gesetzes und damit sein Karma, das er heraufbeschwört. Wenn er gutmütig und liebevoll zu Mitmenschen ist, wird er ein anderes Schicksal hervorrufen, als wenn er seinen Mitmenschen z. B. Niedertracht, Konkurrenz und Böswilligkeit entgegensetzt. Unterschiedliche Ursachen zeigen natürlich verschiedene Wirkungen.

Vor allem hat dieses Gesetz gerade für unsere Generation der Menschheit große Bedeutung, denn viele wollen gar nicht wahrhaben, dass wir vom Schicksal regiert werden. Das spricht ganz auf die offensichtlich bereits fortgeschrittene evolutionäre Entwicklung des Menschen hin, denn wir haben es tatsächlich selbst in der Hand. Also ein Teil in uns spürt schon, dass wir frei sein könnten. Leider haben wir gesellschaftlich noch nicht gelernt, dass wir den kosmischen Gesetzen nicht entkommen können und auch unserem Schicksal grundsätzlich unterworfen sind. Denn jede Ursache hat ihre Wirkung, und die Kraft der Gestirne prägt unser ganz individuelles Schicksal in unserem Leben, wie die Astrologie seit Jahrtausenden beweist. Was bedeutet es also, vom Schicksal befreit zu sein?

Der Mensch und sein Körper sind auf den niederen Plänen zu finden und daher manifest, grobstofflich und von den Kräften und Gesetzen der Umwelt und des Universums bestimmt. Denn in der Dichte spüren wir die Enge der Gesetze. Das ist des Menschen Schicksal und wird auch so empfunden. Wer z. B. mit Saturn verbundenen Kräften des Erdelements ausgeliefert ist, der könnte unter Leistungsdruck, hohem Anspruch, Verantwortung, Strenge und Enge und an den harten Lebensbedingungen leiden (mehr dazu in Kapitel 4 über die innere Kraft der Elemente). Das Bewusstsein des Menschen, also sein Geist, kann sich aber über diese Kräfte und zum Teil auch über die Gesetze erheben und so sein Schicksal, sein menschliches Leben, verändern bzw. beeinflussen. Und noch einmal: Je mehr der einzelne Mensch Liebe, bedingungslose Liebe, Wertschätzung, Verständnis, Anerkennung und damit Nächstenliebe aufbauen kann, desto mehr steht er über allen Gesetzen, weil diese Kraft stärker ist als alle anderen Kräfte des Universums. Die seelische Rückintegration sowie der Glaube an das Göttliche bewegen sich in Richtung unfassbarer, wunderbarer Liebe.

Abbildung 20 zeigt, wie wir mit unserem Schicksal von Geburt an verbunden sind. Unter dem Einfluss der Gestirne haben wir unterschiedliche Veranlagungen, unser Leben zu führen und uns im Leben auszudrücken. Wenn unser Ego unsere Hauptfokussierung bekommt, werden wir uns allerdings anders im Leben ausdrücken bzw. verhalten, als wenn wir uns durch unsere Seele, unser wahres Selbst, ausdrücken würden. Dementsprechend entscheiden wir uns in freier Wahl für unseren eigenen Schicksalsweg. Während das Ego dem Schicksal nicht entkommen kann, denn es wird von Ängsten und Unsicherheiten geleitet, welche allesamt der Kontrolle in niederster Schwingung als Hauptreaktion unterliegen, so liegt der Weg der Seele im Zeichen der Liebe, von Mitgefühl, Lebenslust und Kreativität über den Eigenschaften, die symbolisch den Planeten und Tierkreiszeichen zugeordnet sind. Wenn uns diese Dynamik erst einmal bewusst ist und wir das verstehen, können wir unser Schicksal überwinden, so, wie wir durch Liebe auch unser Karma ausgleichen können. Das war auch eine Kernbotschaft von Jesus.

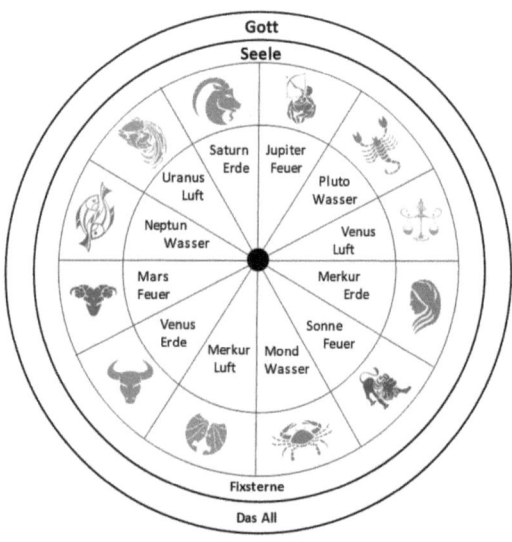

Abb. 20: Göttliche Schicksals-Hierarchien

Du hast dein Leben in der Hand. Du bist die Ursache für dein Leben und deine Entwicklung. Diese essenzielle Erkenntnis allein wirkt sich bereits heilend auf Körper, Geist und Seele aus. Allerdings bedingt es, dass du selbst Verantwortung für dich und all deine Handlungen übernimmst, was natürlich für viele heutzutage nicht mehr so leicht ist, denn Regierungen und andere Institutionen übernehmen sehr gerne die Verantwortung für uns – und wir lassen es meist zu. Wir scheinen fast dankbar zu sein, dass jemand anderer für uns Verantwortung übernimmt, ohne zu bemerken, wie viel Kraft und Raum wir dabei aufgeben. Andere tun mit uns, was sie wollen, denn wir haben unsere Stimmen im wahrsten Sinne *abgegeben*. Wenn du erkennst, dass die Ursache für sämtliche Schicksalsschläge und das Leiden in deinem Leben du selbst bist und Verantwortung dafür übernimmst, dann kannst du auch die Weichen in deinem Leben so stellen, dass sich dein Schicksal mildert. Denn das Schicksal ist die Wirkung energetischer Kräfte, die wir überwinden können, wenn wir lernen zu verstehen, was diese mit uns selbst zu tun haben. Und so, wie du Mathematik lernen kannst, kannst du auch lernen, diese Kräfte zu verstehen und damit auch dich selbst. Sich über das eigene Schicksal zu erhöhen ist wahre Selbsterkenntnis, Erleuchtung, nicht mehr und nicht weniger. Man darf aber an dieser Stelle schon sagen, dass nicht jedes erlebte Schicksal direkt die eigene Ursache ist. Wenn z. B. die Eltern früh in der Kindheit sterben, dann ist das furchtbar und hat oberflächlich gesehen absolut nichts mit Ursachen aufseiten des Kindes zu tun. Diese Arten von Schicksal fallen unter den Begriff Karma, welches sich aus mystischer Sicht über viele Inkarnationen ziehen kann, bis das Karma erlöst wird. Wie das Karma wirkt, wird später noch genauer aufgezeigt.

In Bezug auf dein Schicksal bleibst du selbst die Ursache für dein Schicksal. Jeder Ursache folgt eine konsequente Wirkung, welche in gleicher Höhe oder Intensität auftritt. Deine Ursachen werden somit zugleich dein Schicksal, welches du dennoch frei wählen kannst, denn du bist die Ursache dafür. Erfolg ist auch nur eine Wirkung auf eine oder viele Ursachen. Es *erfolgte* nach und nach. Auch das zeigt auf, dass du die Ursache bist für deinen Erfolg und für alles, was du erlebst. Jeglicher Zufall wird ausschließlich als solcher erkannt, weil man noch nicht die Zusammenhänge verstanden hat und die Ursachen nicht durchschauen kann.

Das persönliche Glück im Leben ist die Wirkung der vielen Handlungen und Aktionen, die man selbst verursacht. Daher ist es auch entscheidend, das eigene Denken, Fühlen und schließlich Handeln auf seine Wirkung zu reflektieren. Denn selbst die Haltung im

Denkprozess hat schon eine Ursache für die gesetzten Handlungen. Die Absicht ist sogar bedeutender als die Aktion selbst. In der Absicht liegt die Energie. Durch die Reflexion ist es nun möglich, die gesetzten Ursachen zu erkennen und diesen sogar entgegenzuwirken. Während die Wirkung der Ursachen zwar noch aufrecht bleibt, ändert sich aber das begleitende Karma durch die Haltungsänderung nach der Reflexion, vorausgesetzt, dass die Reflexion Mitgefühl und Liebe hervorbringt.

Allein die Liebe entschärft das Schicksal, das Karma und seine Wirkungen. Je mehr du der bedingungslosen Liebe geöffnet bist und durch sie handelst, desto leichter wird dir alles Gute zufallen, denn deine Handlungen sind schließlich deine Ursache und erzielen ihre Wirkung. So paart sich auch hier das Gesetz der Entsprechung, denn wie innen, so außen – das ist bereits deine Wirkung, für welche du allein die Ursache setzt. Dein Leben im Außen und alles, was du erlebst, hat seine Ursache in deinem Inneren. Dass die Ursache im Außen liege, ist daher eine fatale Illusion. Diese Denkweise führt uns in die Irre. Du siehst die Welt durch die Brille, die du dir selbst aufsetzt. Du spürst und nimmst die Welt so wahr, wie du denkst, fühlst und handelst. So haben auch sämtliche Wirkungen, die du als Schicksal spürst, Ursachen in dir selbst. Das Schicksal ist dein Schicksal und niemand anderer teilt es mit dir, weil es aus dir kommt und durch dich wirkt. Es sind quasi deine Energien, die du zur Verfügung hast, um dich in deinem Leben zu entfalten. Diese Energien, die wir oft als Schicksal wahrnehmen, sind daher tatsächlich Qualitäten, die uns helfen, unser Bewusstsein zu erhöhen, wenn wir es erkennen und zulassen können. Das erhöht auch deinen Wert bzw. Selbstwert im Leben, denn du kannst jederzeit Verantwortung für dich übernehmen und dir Würde und Achtung sichern, gerade weil du nicht im Außen das Problem suchst, sondern erkennst, dass du und niemand sonst dein Leben in der Hand hast. Doch diese Weisheiten zu erkennen ist ein Problem, das ich sehr gut kenne, denn es brauchte insgesamt mehr als zehn Jahre, bis ich endlich den Spiegel im Außen wahrnehmen konnte und verstehen lernte, dass alle Wirkungen im Leben tatsächlich von mir ausgingen und das Außen wahrlich nur die Resonanz zu meinem Inneren ist. Nun bin ich im

Flow, ich liebe mein Leben, habe noch nie eine so schöne Zeit im Leben verbracht und fühle mich im Gleichgewicht. Natürlich nicht immer, aber dann erkenne ich schnell die Ursachen und kann mich einstellen bzw. Weichen stellen, um meine Situation zu verbessern. Es funktioniert, kann ich nur sagen. Im Sinne des Gesetzes des Geistes hat jeder Mensch die Fähigkeit, seine Gedanken und sein Fühlen in der Welt zu manifestieren. Je liebevoller die Verhaltensmuster geistig im Inneren erdacht werden, desto liebevoller werden sich diese Muster auch im Außen manifestieren. Und so kannst du auch dein persönliches Karma prägen, Liebe in der Welt vermehren und dein Glück auf Erden finden.

Durch die Kenntnis des Gesetzes von Ursache und Wirkung kann der Mensch nicht nur sein Leben verbessern, sondern auch selbstständig seine Ziele verwirklichen. Wenn du gezielte, überlegte Ursachen setzt, um deine Ziele zu erreichen, dann kannst du auch Erfolg ernten, denn die Ursachen werden ihre Wirkung haben. Wie Tiger Woods, der Promi-Golfspieler, vor Jahren in einem Interview auf die Frage, ob bei seinem Spiel auch viel Glück dabei sei, sagte: *„Ja, je mehr ich übe, desto mehr Glück habe ich!"*

Üben, trainieren, sich auf etwas konzentrieren ist eine sehr starke geistig-suggestive Ursache für das Unterbewusstsein und die universellen Energien, die uns ständig begleiten. Ihre Wirkungen werden sich manifestieren. Und noch einmal: Daher ist es so wichtig, bewusst zu steuern, was wir denken, denn selbst dieser für uns oft nebensächliche und geringgeschätzte Prozess hat bereits seine Wirkung in unserem Leben. Reflektiere also auch die Folgen der Ursachen deiner Gedanken, der Gefühle und deiner Handlungen, denn du wirst auf genau diese eine Resonanz vom Unterbewussten und vom Universum bekommen. Wenn sich jeder Gedanke, dem Gesetz des Geistes nach, im Leben und in gewisser Zeit manifestiert, dann müssen wir sehr wohl darauf achten, was wir denken, denn es wird zur Ursache und trägt zu unserem Schicksal bei. Jede liebevolle, reflektierte und bewusst gesetzte Handlung wird daher zu einer Ursache für karmisches Glück. Handlungen aus unbewussten Verhaltensmustern, durch unbewusste Glaubenssätze angetrieben, können leicht auch karmisches Unglück hervorrufen, das wir oft als Schicksal bezeichnen. Nicht das Schicksal ist aber das Unglück, sondern die Kräfte/Energien, die durch uns wirken und die uns zu bestimmen scheinen. Das Unglück ist, dass wir diese Kräfte nicht reflektieren und für unser Wachstum verwenden, sondern uns unbewusst unterordnen, uns dem Schicksal ausliefern und es daher als Unglück wahrnehmen. *„Die anderen sind schuld", „wie habe ich das verdient"* oder gar *„Gott straft mich"* sind verzweifelte Ausrufe jener, die ihre eigene Kraft nicht mehr erkennen, sich dem Schicksal ausgeliefert fühlen und im Außen die Schuld suchen. Das Fatale daran ist, dass der Einzelne dadurch dann auch selten Handlungs- bzw. Änderungsbedarf spürt, sondern nur still leidet, wie meine Lektorin Barbara Piper bemerkt.

Die Energien deines Lebens sind dir aber gegeben, damit du dich mit ihrer Hilfe entwickeln kannst. Du brauchst sie nicht als Schicksal wahrzunehmen, wenn du einsiehst, dass du selbst dein Schicksal in der Hand hast. Verwende die Energien, um deine Grenzen zu reflektieren, und bringe Liebe zurück in dein Leben, denn nur durch die Liebe kannst du dich selbst über diese schicksalshaften Energien stellen, die dich derzeit noch im Griff zu haben scheinen. Und genauso funktioniert es auch. Nimm eine deiner Handlungen zur Reflexion und evaluiere, wie viel Liebe die Handlung begleitet hat. Stelle dir vor, wie du dieselbe Handlung mit Liebe in deinem Herzen ausgeführt hättest. Stelle dir des Weiteren vor, wie sich die Auswirkungen der zwei unterschiedlichen Handlungen auf dich äußern. Erkennst du den Unterschied? Dahinter liegt eine Dynamik. Da sind Energien vorhanden, die du entweder verwendest, um dein Leben zu verbessern oder daran zu verhärten, indem du es als Schicksal erlebst. Wenn du auch nur über jemanden schlecht denkst, löst das schon – wie ein Zauberspruch – karmische Energie aus, welche auch wieder im gleichen Ausmaß auf dich zurückfällt. Wenn du aber freundliche, liebevolle und soziale Gedanken und Handlungen setzt, ändert sich dein Schicksal deutlich. Deine verwendeten Energien sind ursächlich dem Licht zugewandt und wirken vermehrend.

Das Karma – seine Ursache und Wirkung

Es scheint mein Karma zu sein – das Schicksal trifft mich. Und obwohl wir für unser Schicksal selbst die Ursache sind bzw. die Ursache in uns ist, so begleitet uns dennoch auch ein Karma – ein Schicksal –, welchem wir nicht auskommen und welches unweigerlich auch mit uns zu tun hat. Das Karma ist nun, im Vergleich zum zuvor besprochenen Schicksal, eher übersinnlich zu deuten, denn es verbindet Ereignisse aus der Vergangenheit, Gegenwart und Zukunft. Sprich, erst im Übersinnlichen oder Mystischen macht die Erklärung des Karmas auf den einzelnen Menschen wie auch die Menschheit einen Sinn. Allerdings wird man leicht erkennen, dass die Handlung von gestern noch in der Zukunft ihre Wirkung haben wird. Das Karma zeigt dieselbe Dynamik nur über Inkarnationen hinweg. Das Wort *Karma* wurde ursprünglich im altindischen Sanskrit erwähnt und bedeutet seiner Übersetzung nach *ein Wirken auf eine Tat*. Es erfolgt also eine Handlung, und auf diese Tat hin kommt es zu einer Wirkung. Diese Tat und diese Wirkung, das Karma, geht mit dem Gesetz von Ursache und Wirkung einher. Das Karma stellt die universelle Kausalität dar, oder viele Ereignisse, die sich in Abfolge aufeinander beziehen und eine Wirkung erzeugen. Es geht hier nicht um Schuld oder Strafe und schon gar nicht um Zufall. Es ist einfach eine Wirkung auf eine Ursache. Wer sich ungesund ernährt und zudem, zum Beispiel, regelmäßig Alkohol trinkt, schädigt seinen Körper deutlich, sodass es keine Überraschung ist, wenn der Mensch im Alter kränklicher wird, um es milde auszudrücken. Wer sich im Leben nicht um Freunde kümmert, um ein weiteres Beispiel zu nennen, der wird im Alter keine Freunde haben. Jeder Auslöser hat seine Wirkung. Daher ist auch nichts im Universum ein Zufall, sondern eine Wirkung auf eine Ursache, eine Ursache, die wir vielleicht noch nicht verstehen und daher denken, es sei ein Zufall oder gar Glück in manchen Fällen. Wenn Fortuna dich mit Glück überschüttet, dann ist das dein Werk, sind es deine guten Taten, die im Göttlichen erhört wurden und karmisch auf dich zurückfallen.

Wir alle haben unser ganz persönliches Karma. Keiner teilt mein Los und ich allein muss mit meinen Themen und meinem Karma fertigwerden. Wie kommt es aber zu diesem Karma unter dem Gesetz von Ursache und Wirkung?

In dem Sinne, dass wir unser Schicksal selbst in der Hand haben, entscheiden wir uns im Leben tagtäglich, wie wir weitermachen. Wir entscheiden uns, in die Arbeit zu fahren, den Job doch zu behalten, die Regierung abzuwählen, dem Gastwirt heute mehr Trinkgeld zu geben, die Oma heute doch nicht zu besuchen und, und, und. Wir entscheiden uns für Tausende Sachen und setzen so die Ursachen für die weiteren Kausalitäten, die folgen. Diese weiteren Kausalitäten werden zu unserem persönlichen Karma. Denn wenn der Gastwirt froh ist über das tolle Trinkgeld, könnte es sein, dass er dir diese Geste irgendwann zurückzahlen möchte und dich eventuell auf ein Getränk einlädt, mit dir nett plaudert und dir seine Freundschaft anbietet. Mir passiert das immer wieder. Zuletzt hat uns unser Bäcker persönlich Gebäck zum Haus gebracht, ich habe ihm gerne Trinkgeld gegeben, weil er auch extra herfährt und das Aufrunden von 18 auf 20 Euro ja keinem wehtut. Daraufhin ließ er es sich nicht nehmen, mich zu beschenken. Er gab mir einen ganzen Laib Brot, zwei Weckerl und ein süßes Topfentascherl. Er hat sich so über meine Geste gefreut, dass er mein „nein, das ist nicht nötig" gar nicht annehmen wollte. Die hier entstandene Energie ging weit über meine gesetzte Handlung hinaus. So wie sich Liebe vermehrt, vermehrt sich auch Energie durch ihre Schwingungen. Und diese Verbindungen an Energien und die Auswirkungen stellen dein Karma dar. Wenn die Oma schon enttäuscht ist, weil keiner auf Besuch kommt, könnte es sein, dass sie anders reagiert als sonst und mehr Missmut als Gunst in ihrem Gemüt weilt, weshalb sie das Testament zugunsten anderer umschreiben lässt. Es sind vielleicht einfache Beispiele, aber man kann zumindest die Zusammenhänge des Karmas erkennen. Je mehr Liebe in unseren Handlungen steckt, desto leichter wird unser Schicksal, desto harmonischer unser Leben und desto sanfter bzw. ebenso liebevoll erleben wir unser Karma. Es wird zur Glückseligkeit.

Dieses Karma, das durch die eigenen Aktionen und Entscheidungen gesät wird, wirkt sich Inkarnations-übergreifend aus. Sprich, nicht alle Handlungen und Entscheidungen können in einem Leben aufgearbeitet werden, weshalb das Karma über mehrere Inkarnationen geht, bis der Einzelne gelernt hat, sein Schicksal zu beherrschen. Es bedarf natürlich eines universellen Ausgleiches – wie du in den Wald rufst, so kommt es zurück. Hier erkennt man auch die Verbindung mit dem Prinzip der Harmonie. Wenn wir etwa ein schlechtes Karma erleben und trotz tiefer Reflexion nicht erkennen können, was denn hierfür der Auslöser war, dann können wir, mystisch gesehen, davon ausgehen, dass wir in einer vorausgegangenen Inkarnation ein paar schlechte, unmenschliche oder böse Entscheidungen getroffen haben. Wer einen Menschen umbringt, darf leicht mit schweren Schicksalsschlägen in einem der darauffolgenden Leben rechnen. *„Ein Schicksalsschlag wird den selbstsüchtigen Menschen wieder auf die Menschlichkeit, Nächstenliebe und auf das Göttliche ausrichten"*, wobei sich dieser Prozess über mehrere Inkarnationen hinziehen kann, wie Elias Rubenstein schreibt. Das ist auch die universale Gerechtigkeit und somit der Ausgleich im schöpferischen Plan. Es ist nicht Gott, der uns straft, es ist das Gesetz von Ursache und Wirkung. Du hast es selbst in der Hand. Es geht ganz einher mit dem Prinzip der Harmonie. Vor allem aber bleibt das Karma aufrecht, um dem Menschen die Chance zur Entwicklung zu gewähren – und diese Entwicklung geht unweigerlich Richtung Erkenntnis, Licht und schließlich Liebe. Denn dies ist die einzige Richtung, die das Schicksal außer Kraft setzt, weil die Liebe Berge versetzen kann. Durch innere Reife, sprich, das Entwickeln eines höheren Bewusstseins können wir unser über Inkarnationen auferlegtes Karma jederzeit lösen, wenn wir in die Liebe gehen und ganz bewusst vom Leidensweg loslassen.

Und unsere Seele merkt sich das Gelernte aus jeder Inkarnation. Für die Seele ist das Karma der Weg des Wachstums, der Entwicklung und der Reife hin zur Vollkommenheit, sprich, zu einem glücklichen und gesunden Leben. Dafür müssen wir aber in unserem Leben die Zeichen erkennen, unser Schicksal als Lernaufgabe sehen und daran wachsen wollen. Die Schattenarbeit, wie ich sie im Buch *„SOPHIA*

– Der göttliche Mensch' anhand der griechischen Archetypen beschrieben habe, ist dabei ein essenzieller Teil der Entwicklung. Vor allem, weil die Astrologie und ihre Archetypen aufzeigen, welche Energien wirken und unser Schicksal dominieren und wie weit wir diese bereits integriert haben. Aus diesem Grund findet sich auch in diesem Buch ein besonders wichtiges Kapitel (4.1) über die Astrologie und ihre unmittelbaren Zusammenhänge mit den Kräften der vier Elemente, welche, wenn bewusst wahrgenommen, energetisch deutlich in uns wirken und als innere Kräfte bezeichnet werden können.

Vorerst gilt es aber, im Sinne des Gesetzes von Ursache und Wirkung die Zusammenhänge deiner gesetzten Handlungen und der resultierenden Auswirkungen in deinem Leben zu verstehen. Das bedarf viel Zeit zur Reflexion und Muße zur Entwicklung bzw. Überwindung deines Schicksals. Letztendlich aber kann man noch so viel darüber schreiben oder lesen: Wenn man nichts aktiv tut, wird sich auch nichts ändern. Daher an dieser Stelle ein Appell von mir: MACHE eine der Meditationen in diesem Buch oder andere deiner Wahl am besten täglich und reflektiere deinen Alltag. MACHE, wo nötig, Veränderungen für dein Leben. So kannst du über deine Muster hinauswachsen und dich entwickeln. So gestaltest du selbst wieder dein Leben anstatt deiner unbewussten Glaubenssätze, Verhaltensmuster bzw. kulturellen Einflüsse und Richtlinien. Das jetzige Leben gilt es zu gestalten und zu erleben, dafür gilt es, die Handlungen zu reflektieren und die richtigen *weisen* Ursachen zu setzen. Der Fokus sollte ruhig auf dem Tugendhaften liegen, anstatt Negatives, Herunterziehendes, Deprimierendes und letztendlich Lasterhaftes in Betracht zu ziehen. Während die Tugend nämlich Energie fördert, nimmt ein jedes Laster von deiner Energie. Und nur du entscheidest, wie du dein Leben siehst, durch welche Brille du dein Leben betrachtest. Erleuchtete Menschen machen es nicht anders. Und die perspektivische Richtung kannst du selbst jederzeit steuern. Nur als Beispiel: Ich kann in Zeiten wie denen von Covid-19 die politische Demokratie darin erkennen, dass jeder ein Mitspracherecht hat, dass man Einspruch erheben kann, und, Gott sei Dank, nicht eine autoritäre Regierung regiert. (Wie viele Menschen Einspruch erheben, wodurch sich etwas ändern könnte, ist ein anderes Thema.) Oder aber ich kann meinen Fokus darauf legen, dass die aktuelle Regierung ein narzisstisch geprägtes Machtregime führt, das unsere Freiheit raubt und uns bevormundet. Wie du die Welt siehst, liegt einzig und allein bei dir, ebenso, wie dein Glück bzw. dein Schicksal bei dir liegt. Dem Gesetz der Polarität nach ist es das Gleiche, nur eben im Grad unterschiedlich, und wir suchen uns selbst aus, worauf wir fokussieren. Daher ist es schon empfehlenswert, positiv zu denken, gut über deine Freunde, Verwandten und Arbeitskollegen zu sprechen und die Tugend als Denkmaßstab zu nehmen, anstatt die Laster, die sogenannten Todsünden. *„Sei du selbst die Veränderung, die du dir wünschst in dieser Welt"*, hatte Mahatma Gandhi als Appell der Menschheit hinterlassen sowie auch: *„Ein Gramm Handeln ist mehr wert als eine Tonne Predigt."*

Doch vermischt sich das persönliche Karma auch mit dem Familienkarma und im Weiteren dem kollektiven Karma. Ich kann mich z. B. erinnern, dass ich in der Hauptschule mit einem anderen Jungen um ein Mädchen gestritten habe. Schließlich hat er mir „wohl unabsichtlich", aber doch den Arm gebrochen, als er mich gegen einen Tisch schleuderte. Meine Eltern zeigten meinen Mitschüler ohne mein Wissen an. Seine Eltern mussten mir Schmerzensgeld zahlen. Ich hätte das nie gewollt und habe dafür heute noch ein schlechtes Gewissen, denn die Familie war grundsätzlich arm und ich brauchte das Geld nicht. Als ich davon hörte, dass ich für meine Schmerzen Geld bekomme, war ich erschrocken, peinlich berührt und habe mich vor dem Jungen in meiner Klasse geschämt. Wie lange die Wirkungen anhalten und auf welche Weise mich das noch heimsucht, kann ich nicht sagen. Ich weiß nur, dass ich diese Energie heute noch spüre. Auch für den Jungen und seine Familie hat sich dadurch eine Schicksalsprägung ergeben. Er wurde aufgrund dessen zuhause geschlagen und bedroht. Die Welle, die droht, an der Brandung zu zerschellen, ist doch ein Teil des großen Ozeans und vereint sich unmittelbar wieder mit ihm. Alles ist eins. Die einzelne Welle ist Teil der kollektiven Wassermasse, ist Teil der Familie des Ozeans. Es gibt Familiengeschichten, die weit über das Persönliche hinausgehen, aber ein Karma hinterlassen, welches ganze zukünftige Generationen von Familien noch betrifft. Zur Familie gehören die Vorfahren sowie Nachfahren, sie sind somit verbunden. Sie teilen ein ähnliches Schicksal, und astrologisch gesehen haben Familienmitglieder sogar oft eine ähnliche Konstellation. Wenn z. B. der Urgroßvater ein Nazi oder etwa ein pädophiler Geistlicher oder gar ein Massenmörder war, dann kann das in der Familie noch lange an Wirkungen nachhalten und die Familie und ihr Schicksal prägen. Diese Wirkungen gehen über das Schicksal des Einzelnen hinaus, müssen aber im Empfinden des Einzelnen mitberücksichtigt werden, da dieses Karma ja zum Leidensweg beiträgt. Doch auch hier ist Liebe der Schlüssel für die (trans)generationale Schicksalsaufarbeitung. Schicke deinen Familienmitgliedern dein Verzeihen und deinen Segen. Fühle den Schmerz des Karmas und vergebe dir selbst, dass du dir dieses auferlegt hast. Das hilft allen in der Ahnenreihe zu wachsen und reinigt dich vom Familienkarma. Du setzt damit auch Vergebung ins Feld der Familie. Natürlich kann das Familienschicksal auch speziell mit dem eigenen Schicksal verbunden sein, wenn Übergriffe wie Missbrauch oder etwaige leidvolle Handlungen in der Familie auf die eigene Person vorkommen, wie z. B. Psychoterror mit Aussagen wie *„du wirst das nie schaffen"* oder *„du bist der größte Trottel, mach ja das Maul nicht auf"* und Ähnlichem. Die Hermetik spricht hierbei von der situativen Notwendigkeit für das persönliche Wachstum. Situationen, und seien sie noch so leidvoll, werden karmisch erlebt, damit die Seele daran wachsen und reifen kann. Es sind also notwendige Prozesse hin zur Selbsterkenntnis. Nehmen wir als Beispiel KAIA RA, spirituelles Medium und Autorin, die in ihrer Kindheit aufs Grausamste missbraucht wurde und nicht wusste, wer oder was sie im Leben ist. Ihr fehlte jegliche Basis dafür, sich als Mensch wiederzufinden. Engel, so sagt sie, halfen ihr über Nahtoderfahrungen und das Leid hinweg. Bis sie realisierte, dass nur der spirituelle Weg der wahre Weg der Erlösung sein kann. Sie empfängt geistige, göttliche Botschaften und kommuniziert bzw. transmittiert diese für Menschen, die erwachen wollen. Sie ist höchst erfolgreich, weil sie so vielen Menschen hilft, ihre Mitte zu finden, ihre wahre göttliche Größe. Sie ist ebenso eine Botschafterin des SOPHIA-Bewusstseins. KAIA RA ist an ihrem Leiden (Schicksal) gewachsen, ja, über sich hinausgewachsen. Und wie die oben genannten Beispiele die Familienkarmen betreffen, so können wir im Großen und Ganzen auch ein kollektives Karma wahrnehmen. So hat z. B. die Generation unserer Großväter (geboren um 1900) einen oder mehrere Kriege durchlebt, was anderen Gesellschaften zu anderen Zeiten erspart geblieben ist. Dafür ist es das Schicksalslos unserer Generation (ab 1970), die strukturgebundenen Themen der Vorgenerationen zu befreien und Transparenz ins System zu bringen. Wir leben im Zeitalter der Information und Aufdeckung. Das ist aber zugleich auch Teil unseres kollektiven Schicksals und macht unser Leben nicht leichter. Es kommt immer darauf an, wie wir individuell und auch gesellschaftlich damit umgehen. Auch psychotherapeutische Richtungen haben bereits begonnen, transgenerationale Themen zu erfassen und diese mit Klienten aufzuarbeiten, um tiefe innere Heilung bewirken zu können. Das hilft dann dem gesamten Familiensystem. Beim kollektiven Karma kommt also zur persönlichen Verantwortung über das eigene Leben auch die kollektive Verantwortung hinzu, die Dinge auch gesellschaftlich gemeinsam zu regeln bzw. positiv zu gestalten. Wir sind alle miteinander verbunden und das kollektive Karma zeigt dies sehr gut auf, denn unsere gesellschaftlichen Themen können wir nur gemeinsam handhaben und aufarbeiten. Insofern ist jeder einzelne Mensch auch verantwortlich dafür, dass wir auch im Kollektiven wachsen und aufeinander schauen und uns unterstützen. Es ist nur eine weitere Illusion, zu glauben, wir seien mit den anderen nicht verbunden, wir müssten auf andere keine Rücksicht nehmen, wir seien nur für uns selbst verantwortlich. Natürlich müssen wir bei uns beginnen, damit wir zuallererst unsere Themen aufarbeiten, um die Kraft, Weisheit und Liebe in uns zu haben, um auch anderen zu helfen, aber es ist notwendig, dass wir aufeinander schauen und füreinander da sind, um dem Gesamten, dem Kollektiv im Außen und damit wieder uns selbst im Inneren zu helfen.

Wenn du wie ich in Europa bzw. in westlichen Ländern aufgewachsen bist und lebst, dann erfährst du ein ganz anderes kollektives Karma als Menschen in sogenannten Entwicklungsländern. Als Menschen, die im Wohlstand geboren sind, haben wir aber auch, gesellschaftlich gesehen, die Verantwortung, den leidenden und bedürftigen Menschen dieser Welt Unterstützung zu geben, sodass auch sie zu besseren Lebenssituationen und Wohlstand kommen können. Das bedeutet nicht, dass wir unsere Gelder verwenden sollen, um dort Infrastruktur zu bauen. Die Gesellschaften in den unterentwickelten Ländern müssen selbstständig werden können und nicht von uns abhängig werden. Es bedarf einer Unterstützung aus Nächstenliebe, einer Zuwendung, die Entwicklung fördern kann, und keiner finanziellen Pumpe, die wieder nur materielle Abhängigkeiten und dadurch Neid und Unzufriedenheit auslöst. Wenn wir uns als eins, als verbunden erkennen, dann bleibt die Verantwortung auch für das Kollektive aufrecht. Sprich, was wir z. B. durch die Kolonialisierung etwa den Menschen in den jetzigen Entwicklungsländern genommen und zerstört haben, müssen wir als Gesellschaft wieder gutmachen. Dieses Karma bleibt als kollektives Karma des Westens aufrecht. Die Vertreibung der Indianer auf so schreckliche Weise wird sich im Karma des Westens wieder zeigen. Hier haben wir kollektive Verantwortungen, die wir noch zu klären und aufzuarbeiten haben. Diese Verantwortungen bringen uns zunächst scheinbar nicht wirklich etwas in unserem Leben, aber das ist nur der Schein, der trügt. Gesamtheitlich gesehen entwickelt sich durch das Aufarbeiten unseres Karmas und unsere Mithilfe bei der Entwicklung dieser Länder die gesamte Menschheit. Daran können auch wir wieder wachsen und das Leben wird besser und vom Karma erleichtert. Liebe floriert, statt Krieg und Konkurrenzverhalten, und wird der Menschheit Weisheit bringen.

Die aufmerksame Leserin wird merken, wie im kollektiven Karma zugleich bereits ein ethnisches und nationales Karma mitschwingt bzw. sichtbar wird. Denn wenn es den durchschnittlichen Europäern besser ergeht als z. B. den durchschnittlichen Afrikanern, dann können wir die Ausprägung des ethnischen Karmas schnell begreifen. Keine Menschengruppe ist besser als die andere, aber ihr Schicksal ist wohl unterschiedlich. Es ist ausgerichtet auf den jeweiligen seelischen Entwicklungsprozess der jeweiligen Gruppe. Schlecht über andere Gruppen zu reden, diese gar zu verurteilen oder sich patriarchalisch darüber zu stellen, schafft offensichtlich eigenes schlechtes Karma, das auch zu nationalem Karma werden kann. Sprich, an der

Schreckensherrschaft der deutsch-österreichischen Regierung unter Hitlers Führung werden wir wohl noch eine Zeitlang psychisch knabbern, bis wir diese furchterregenden Zeiten seelisch als Gesellschaft verarbeitet haben. Selbst andere Nationen zeigen uns diesen Spiegel immer wieder einmal. Das Stigma ist gesellschaftlich tief in uns drinnen und wirkt auf uns im Kulturellen, auf unsere Identitäten und auf unser Gewissen. Erlösung bleibt allein im vergeben Können und Liebe Aussenden. Jene Menschen, die während des Krieges bereits mit Liebe und Freundlichkeit anderen Menschen begegnet sind, haben in diesen Zeiten ihre Schicksalsaufgabe verstanden und, mystisch gesehen, in diesem Bereich Erlösung gefunden. Diese Seelen finden Ruhe und werden wohl an friedlichen Orten wieder inkarnieren. Sie waren sich selbst treu trotz aller Umstände und ihrer Ängste. Eine seelische Evolution konnte stattfinden. Wohingegen andere hassgenährte Seelen das Objekt des Hasses anziehen und eher in der gehassten Gruppe inkarnieren werden, um ihre Lebensaufgaben zu lernen.[24] Sprich, es wäre leicht möglich, dass Hitler selbst in etwa hundert Jahren als Jude wieder inkarniert und somit deren Schicksal zu spüren bekommt – eben, damit sich seine Seele entwickeln kann. Wir sind alle eins, alle miteinander verbunden. Dann wäre es doch irgendwie logisch, dass Hitler das noch lernen muss, egal, wie lange es dauert.

Ein nationales Karma spricht aber natürlich im Besonderen das Volk der Juden an. Sie selbst bezeichnen sich als das auserwählte Volk. Der karmische Zusammenhang zwischen den vielzähligen und langjährigen geschichtlichen Verfolgungen der Juden und der Nationen, die sie verfolgten, ist zu komplex, um ihn hier darzustellen. Selbst Rabbis mit profundestem Wissen suchen hierauf teils vergebens nach einer Antwort. Aber es bleibt ein Thema des ethnischen und nationalen Karmas der Juden. Es gibt unzählige weitere Beispiele für nationales Karma, wie die Selbstsucht und den globalen Machtanspruch der USA, Kuba als Fußabtreter der USA, Tibet in kultureller Gefangenschaft, China als Kontrollstaat, die nationalen

---

[24] Diese Denkrichtung ist den Weisheiten von Elias Rubenstein, Leiter der Hermetik Akademie, zuzuschreiben.

menschenunwürdigen Schwierigkeiten des Nahen Ostens und viele mehr. Sie alle haben ihr eigenes nationales und teils ethnisch bedingtes Karma. Der aus dem Schicksal resultierende Lernprozess der Nationen oder ethnischen Gruppen bleibt deren Entwicklungsaufgabe, die niemand erlösen kann außer sie selbst. Die einst größten und reichsten Nationen, wie etwa die antiken ägyptischen Dynastien, das Römische Reich, das Byzantinische Reich, die Maia, die Inka wurden wieder zu kleineren und ärmeren Nationen. Manche entwickelten sich, um schließlich wieder reicher zu werden, manche arbeiten noch daran.

Jedoch können wir als einzelne Personen immer und überall unseren karmischen Beitrag leisten, daran seelisch wachsen und so auch das uns auferlegte Schicksal dämpfen bzw. umgehen. Handle doch in allem, was du tust, ethisch korrekt und mit Liebe im Herzen. Gestalte dein Leben für dich und andere gewissenhaft, mit Freude und Zuversicht. Das wird wiederum deine seelische Evolution beschleunigen, denn es ist ein Zeichen, dass du die größeren Zusammenhänge, und dass wir alle eins sind, verstanden hast. Dein gesamtes Umfeld wird merken, mit welcher Gesinnung du ihm entgegentrittst, und wird auch dir mit Liebe und Freundschaft begegnen. Ja, sicher, Jesus Christus ist daran frühzeitig gestorben. Aber das war auch seine Botschaft für uns – dass wir weiterleben und auferstehen können, dass wir geistige Wesen sind, dass alles Materielle (so auch der Körper) nur Arbeitsmaterialien und Vehikel sind, mit deren Hilfe der Geist erschaffen und kreieren kann. Ohne Jesus Christus wüssten wir nicht, welche Kräfte in uns Menschen stecken, wie göttlich wir wahrlich sind, denn er war der größte Prophet oder Magier, den die Welt bis heute gesehen hat. Ein Hermes Trismegistos ist hier nur der kleine Bruder. Doch zu den Christus-Mysterien könnte man ein eigenes Buch schreiben, was sicherlich noch ansteht.

Zusammenfassend kann das menschliche Karma folgendermaßen auf den Punkt gebracht werden:

- Du ziehst die Erfahrung an, die du brauchst, um seelisch wachsen zu können.

- Deine innere Haltung und deine Glaubenssätze manifestieren sich durch deine Verhaltensmuster im Außen als dein Schicksal – die Wirkungen auf deine Ursachen.

- Aus mystischer Sicht bedarf es für manche Lektionen mehr als ein Leben, um die seelische Evolution hin zu einem höheren Bewusstsein voranzutreiben und das universelle Gleichgewicht wiederherzustellen.

- Die Absicht deiner Handlungen ist noch ausschlaggebender als dein Verhalten, denn sie hat eine höhere Schwingung und füllt die gesetzten Handlungen mit Energie. Wenn du jemandem ein Bein stellst, derjenige fällt und findet 100 Euro auf dem Boden und freut sich, dann zählt immer noch deine schlechte Absicht und du ziehst karmisch negative Energien an dich.

Das Echo deiner Handlungen ist als Schicksal gesetzlich vorbestimmt. Mystische Meister schwingen sich ganz bewusst auf einen gewünschten mentalen Pol ein und beeinflussen somit auch ihr Schicksal. Statt Angst und Sorgen zu haben (was durch den Materialismus gefördert wird), schwingen sie sich z. B. auf Liebe und Hoffnung ein (hier zählen andere Werte als Materielles). Damit ändert sich ihr Schicksal, denn sie säen eine ganz andere Ursache allein durch ihre Haltung. Sie werden daher nicht von unbewussten, automatisch ablaufenden Verhaltensmustern, hochkommenden Gefühlen oder etwaigen Suggestionen von außen verleitet zu handeln, sondern sie wollen ganz bewusst eine gewisse Handlung setzen und gewisse Gefühle erlauben. Sie fokussieren auf Ursachen, statt nur auf Wirkungen zu reagieren. Sie schwingen in höheren Plänen und beherrschen somit zugleich den materiellen Plan. Und das Höhere zieht immerwährend das Niedere an, weshalb individuelles und geistiges Wachstum ermöglicht wird. Das Gesetz von Ursache und Wirkung bleibt aufrecht, es bleibt letztendlich immer an dir, wie du in den Wald schreist, denn genauso wird es zurückhallen. Was du ausstrahlst, wird unweigerlich zu dir zurückkehren. Daher übe dich doch an positiven Gedanken gegenüber deinen Mitmenschen. Anstatt sie zu verurteilen oder zu bewerten, wünsche ihnen etwas Gutes, dass sie Erkenntnisse erlangen mögen. Schicke ihnen dein Licht.

Und dieses Gesetz ist für sich allein schon so wichtig und intensiv, dass Erkenntnisse aus der Anwendung dieses Gesetzes bereits helfen können, auch die anderen Gesetze zu überwältigen – so steht es im Kybalion geschrieben.

Meditation 8: Rad des Schicksals

In dieser Meditation versuche zuerst einmal, dir die Ursachen deiner Lebenssituationen bewusst zu machen, denn erst dadurch kannst du auch etwas in deinem Leben verändern bzw. korrigieren. Suche dir einen ruhigen Platz, an dem du ungestört bleiben und meditieren kannst. Atme ein paarmal tief und laut durch. Bei jedem Einatmen atmest du gesunde frische Energie ein und bei jedem Ausatmen negative Gefühle und Stress aus. Spanne kurz deinen ganzen Körper an und entspanne danach den gesamten Körper wieder. Spüre bewusst, wie die Spannung aus deinem Körper fließt. Sobald du total entspannt bist und innere Ruhe findest, kannst du mit der Meditation beginnen:

Beobachte deine derzeitige Situation im Leben. Was irritiert dich, was nervt oder ist anstrengend und welche Gründe könnte es geben, die dafür ausschlaggebend sind? Gehe Tage, Wochen oder Monate zurück und versuche, die Zusammenhänge zwischen deinem jetzigen Gefühl (der Wirkung) und deinen einstigen Handlungen zu erkennen. Wie hängt eine Situation mit der anderen zusammen? Welche Ursachen kannst du erkennen? Je länger der Zeitabschnitt in deiner meditativen Vorstellung ist, desto eher erkennst du auch die Zusammenhänge. Also geh ruhig zurück und reflektiere dein Getanes. Und ich weiß, es ist vielleicht mühsam, den Wirkungen von heute nachzugehen. Doch ganz nach Byron Katies zusammenhängenden Szenarien, wie z. B. „Sie betrügt mich. Wann habe ich sie betrogen?" kannst auch du deine Ursachen durch Reflexion erkennen.

Stelle dir nun vor, dass du in einer weiß-violetten Lichtkugel sitzt, die sich im Uhrzeigersinn dreht. Alles um dich dreht sich in diesem Licht. Wie eine hypnotische Spirale lässt du das Licht auf dich wirken und nimmst die Vibration in dir auf, bis du eins mit dem Licht und der Schwingung bist ... Dann erkennst du plötzlich den ewigen Kreislauf von Ursache und Wirkung. Das Rad des Schicksals ist in diesem Kreislauf zuhause und die Kräfte der vier Elemente Erde, Luft, Feuer und Wasser und der Tierkreiszeichen unterliegen und unterstützen diese ewige Gesetzmäßigkeit von Aktion und Reaktion. Fühle diese Naturkräfte, wie sie den Kreislauf bestimmen, und fühle, wie die Liebe weit darüber hinaus fähig ist, diese Kräfte und unser Schicksal zu entschärfen. Spüre richtig hinein, spüre die sehnsüchtige Liebe in dir, wie friedlich sie ist, wie sanft, wie geduldig, wie gut sie deiner Seele tut und wie der Druck des Alltags und des Schicksals schön langsam verschwinden. Atme tief und ruhig und lasse Liebe in alle Zellen deines Körpers einfließen, bis du sie überall spüren kannst und jede einzelne Zelle wie durch Licht erleuchtet strahlt.

Mit diesem Gefühl der Liebe und der inneren Ruhe versuche dir deine Alltagssituationen (Tage, Wochen, Monate) noch einmal vorzustellen und werde dir deiner Handlungen bewusst. Wie möchtest du nun reagieren? Was wäre eine liebevolle Handlung mit positiven Auswirkungen für dich? Wie kannst du dein Leben und dein Schicksal wieder selbst gestalten und mit den Wirkungen zufrieden sein?

Meditiere mit diesen Gedanken und, ganz im Sinne der Mystik, schicke die positiven Erkenntnisse gemeinsam mit der Liebe und dem Licht in dir an dein ganzes Umfeld und weiter an die gesamte Menschheit. Mache diese Meditation zu allen Themen, die hochkommen, wenn dich etwas triggert, ärgert oder irritiert. Versuche, eine Woche lang an einem Thema zu meditieren, um in diesem Thema noch tiefer zu kommen.

Meditation 9: Vergebung empfinden

Suche dir einen ruhigen Platz, an dem du ungestört bleiben und meditieren kannst. Setze oder lege dich bequem hin. Atme ein paarmal tief und laut durch. Bei jedem Einatmen atme gesunde positive

Energie ein und bei jedem Ausatmen atme negative Energie und Belastendes aus. Spanne kurz deinen ganzen Körper an und entspanne danach den gesamten Körper wieder. Spüre bewusst, wie die Spannung aus deinem Körper fließt. Und nun fokussiere auf dein Herz und nimm es ganz bewusst wahr, wie es immerwährend für dich pumpt und dir täglich Leben schenkt. Dein Herz ist die Brücke zwischen deinem Körper und deinem Geist, deinem höheren Bewusstsein, deinem höheren Selbst. Dein Herz ist der Transmitter der göttlichen Einheit. Es lügt dich nicht an, es liebt dich so, wie du bist. Doch in deinem Herzen gibt es auch Schmerzen, Schmerzen aus diesem Leben, Schmerzen aus anderen Inkarnationen und auch Familienschmerzen, die dir weitergegeben worden sind. Du selbst bist die Lösung dafür, dass dein Herz den Schmerz loslassen kann und du frei wirst von sämtlichen vergangenen Ursachen und damit verbundenen Schmerzen. Versuche nun, dein Herz zu öffnen, und verbinde dich durch dein Kronenchakra mit deiner Lichtquelle, deinem höheren Selbst. Lass das Licht in dein Herz fließen und weite es, so weit es dir möglich ist, noch über deinen Körper hinaus. Spüre, wie dieses Licht in dich hinein und durch dich vibriert. Nimm das Licht und die Vibration ganz in dich auf. Bleibe mit der Aufmerksamkeit bei deinem Herzen und spüre deine Lebenskraft.

Stelle dir nun vor, dass du in einer gelb-orangen Lichtkugel sitzt. Fühle dieses Licht, nimm es in dich auf und spüre seine Energie und Vibration. Spüre die Einheit und das sonnige Gefühl von Licht und Liebe um dich herum. Du bist hier in einem sicheren und geschützten Raum. Nun gehe innerlich zurück zu Situationen, an die du dich noch erinnern kannst und die du als leid- oder schmerzvoll empfunden hast. Vielleicht Ereignisse, die erst vor Kurzem stattfanden, oder schon früher, vielleicht auch aus der Kindheit. Versuche eine der Situationen auszuwählen und dich darauf zu konzentrieren. Nimm deine Umgebung wahr in dieser Situation, wo warst du da, was siehst du, was hörst du, was riechst du, was schmeckst du, und dann spüre deine Gefühle. Was war passiert und was könnte die Ursache dafür gewesen sein? Meditiere eine Weile, um die Situation klarer zu sehen und zu spüren und bitte innerlich darum, dass du verstehen lernst, wie diese Situation mit dir zusammenhängt und welche

Erkenntnisse du daraus ziehen kannst. Lass dich ein und lass alles kommen, was kommen will. Mach dir dabei keinen Druck, sondern lasse es zu. Versuche, allen Eindrücken und Gefühlen gegenüber offen und wertfrei zu bleiben. Eventuell möchtest du gleich, als Teil dieser Meditation, einige Dinge in deinem Tagebuch festhalten.

Und während du diese Bilder und Gefühle wieder erlebst und Zusammenhänge und auch den Schmerz, der daraus entstanden ist, erkennst, genau dann kannst du beginnen, dir innerlich zu vergeben, und du sagst laut: *„Ich vergebe mir."* Du kannst dir erlauben, zu weinen und deine Gefühle loszulassen. Sage noch einmal: *„Ich vergebe mir, denn ich wusste es damals nicht besser und ich tat das Beste in dieser Situation. Ich vergebe mir, denn ich bin unschuldig. Ich entschuldige mich bei mir für meine Handlungen, denn nun, da ich diesen Schmerz fühle, darf ich diesen Schmerz loslassen."* Weinen ist ein sehr heilsamer Prozess und hilft dir, zu vergeben und die Vergebung anzunehmen. Sage ruhig zwei- oder dreimal oder immer wieder: *„Ich vergebe mir ... Ich nehme mich an, so wie ich bin ... Meine alten Wunden dürfen heilen."* Und auch all jenen Personen, die mit der Situation verstrickt waren oder sind, soll vergeben werden, damit du befreit wirst von dieser Erfahrung und dieser Last, die dich noch drückt und dir Energie raubt. Vergib innerlich allen Menschen, die dich verletzt oder gekränkt haben, und segne sie als Zeichen deiner von Herzen kommenden Vergebung. *„Ich vergebe dir/euch, denn ihr wusstet es nicht besser und das Karma lehrte mich dadurch. Ich vergebe euch, damit ihr frei werdet von mir und ich frei werde von euch. Ich vergebe euch, damit ich wachsen kann und meine Energien wieder zur Verfügung habe, um Gutes und Liebevolles zu tun. Ich reinige hiermit mein Karma, indem ich dir/euch vergebe. Ich fülle mein Herz mit göttlicher Liebe und schicke es im Zeichen der Vergebung an euch alle. Möget ihr Ruhe finden, wie ich nun Ruhe finden kann. Amen."*

Meditiere noch ein Weilchen nach und in deinem Rhythmus, wenn es für dich stimmig ist, komme wieder ins bewusste Leben zurück, strecke deine Glieder, heiße dich in deinem Leben willkommen und spüre die erlösende Liebe und die Freiheit, die du mitgebracht hast.

Ein Ritual für tiefe Vergebung ist auch das **hawaiianische Ho'oponopono**, das im Groben vier Schritte bzw. Mantras vorgibt. Frage dich zuallererst, je nach deinem gewählten bzw. hochkommenden Thema, was denn geheilt werden möchte und noch nicht geheilt ist. Lass dir Zeit, um Antworten zu empfangen, die eventuell noch tief in deinem System liegen. Danach folge diesen vier Schritten:

1) **Entschuldige:** *Ich nehme das Problem an und übernehme Verantwortung dafür. Ich erkenne und akzeptiere, dass ich meine Welt kreiere und Verantwortung habe für meine Handlungen. Für etwaige Konflikte und Missverhalten möchte ich mich entschuldigen.*

2) **Bitte verzeih mir:** *Verzeih, dass ich mich oder andere bewusst oder unbewusst verletzt habe. Ich wusste es nicht besser und konnte damals nicht anders handeln. Ich bin unschuldig, obwohl ich ‚bis jetzt' Täter und somit Opfer war. Ich verzeihe mir und habe Mitgefühl mit mir.*

3) **Ich liebe dich:** *Ich liebe mich bedingungslos für alles, was ich bin. Ich erkenne das Göttliche in mir, das Unschuldige, das Kind in mir, das Liebevolle in mir.*

4) **Danke:** *Danke, dass ich das Problem erkennen und nun auch heilen darf. Danke, dass ich mir selbst vergeben kann. Wenn ich mir vergebe, kann ich auch allen anderen vergeben, die auch nur versuchen, ihr Leben zu regeln. Wir alle wissen nicht, was wir tun, aber wir lernen. Ich lerne. Lernen ist unschuldig und ich kann und darf dem nun vergeben. Danke.*

Mache diese Meditationen regelmäßig. Vor allem, damit auch dein Unterbewusstsein merkt, dass du dir selbst vergibst, dass du alten Schmerz nicht mehr mitschleppst und gewillt bist, ein Leben in Fülle und Ganzheit zu leben. Je öfter du dir vergibst, desto mehr wirst du merken, dass es tatsächlich so ist. Du bist unschuldig. Je mehr du dies selbst spürst, desto mehr wirst du automatisch, intrinsisch anderen vergeben können, denn du weißt, dass auch sie unschuldig sind. Das verringert Leid, Krieg und Schmerz im Leben der gesamten Menschheit. Das ist letztendlich sehr viel wert, und jeder von uns kann seinen und ihren Teil dafür tun.

3.7. Das Gesetz des Geschlechts

Geschlecht ist in allem; alles hat sein männliches und weibliches Prinzip; Geschlecht manifestiert sich auf allen Plänen.
Das Kybalion

Männliches und Weibliches ist in allem, auf allen Ebenen und Plänen des Universums, in jedem Ding, das existiert. Das Gesetz des Geschlechts betrifft die vereinte göttliche Sexualität zweier Pole – des männlichen und des weiblichen Pols. Laut hermetischer Kernaussage ist absolut nichts entweder nur männlich oder weiblich. Denn das Männliche bedarf des Weiblichen und umgekehrt. So ist im höchsten Göttlichen bereits das Christus-Bewusstsein aus dem SOPHIA-Bewusstsein geboren und es ward damit das männliche Pendant zur weiblich-göttlichen Quelle, wie es schon in der Bibel (im *„Buch der Sprüche'*) geschrieben steht. Damit etwas existieren kann, egal was, braucht es eine weibliche Kraft der Empfängnis des Männlichen und eine männliche Schöpferkraft. Das Universum ist so aufgebaut und mit ihm selbst jedes Atom, bestehend aus einer Kombination oder Paarung von positiven (männlichen) und negativen (weiblichen) Elektronen. Der Pol der Aktivität, also der Geburt der Manifestierung, ist auch in der Wissenschaft der weibliche bzw. negativ geladene Pol. So verhält es sich, dass das weibliche Teilchen um die anziehende männliche Energie kreist – es nimmt also den Geist des männlichen Teilchens auf – und durch die erzeugte Schwingung schließlich selbst neue Atome gebärt. Dieser Vorgang nennt sich Ionisation und erklärt, laut Kybalion, die Manifestierungen *„[...] verschiedenster Phänomene von Licht, Wärme, Elektrizität, Magnetismus, Anziehung, Abstoßung, chemischer Affinität und deren Gegenteil und ähnliche Phänomene. Und all dies geht aus der Wirksamkeit des Prinzips vom Geschlecht hervor.“* Die männliche Kraft wirkt also energetisch auf das weibliche Teilchen und löst einen Schöpfungsvorgang aus, während die weibliche Kraft für das

Austragen bzw. Vollbringen sorgt. Und so findet sich in allem, was ist, das Gesetz des Geschlechts und damit die göttliche Sexualität bzw. die Geschlechtsaktivität wieder. Gemeinsam in männlich-weiblicher Einheit kann etwas geschaffen werden, so, wie der Samen des Mannes in der Frau empfangen und neues Leben als Frucht dieser Einheit geboren wird. Der Keim des Männlichen und Weiblichen ist im Kinde enthalten und bringt wiederum beide Teile zum Vorschein. Erst durch die Verbindung von Weiblichem und Männlichem kann sich etwas manifestieren, z. B. der lebendig gewordene Sohn oder die lebendig gewordene Tochter durch menschliche schöpferische Kreativität und sein Ausdrücken.

So gibt es auch in dir einen männlichen und weiblichen Teil zugleich, beides Teile, die du leben und ausdrücken solltest, um in Einheit und Harmonie zu leben. Das Leben drückt sich durch die Einheit beider Teile aus. Daher ist der Wunsch nach Kindern oder nach dem menschlichen Wachstum so groß, denn es ist die reinste Form des Schaffens und Empfangens des Göttlichen in uns. Wir Menschen erschaffen und empfangen. Hier spiegelt sich die göttliche Sexualität im Menschen wider und das Wunder Mensch kann voll und ganz im Kleinkind erlebt werden. Jesus sagte laut Thomas-Evangelium: *„Wenn ihr zwei zu einem macht und wenn ihr das Innere wie das Äußere macht und das Äußere wie das Innere und das Obere wie das Untere – und zwar, damit ihr das Männliche und das Weibliche zu einem einzigen macht, auf dass das Männliche nicht männlich und das Weibliche nicht weiblich sein wird –, wenn ihr Augen macht anstelle eines Auges und eine Hand anstelle einer Hand und einen Fuß anstelle eines Fußes, eine Gestalt anstelle einer Gestalt, dann werdet ihr eingehen in das Königreich.“*[25] Dann wirst du zum Kind der Menschheit, sprich, voll Mensch und voll göttlich (siehe auch Jean Yves Leloup). Um dies zu schaffen, müssen sich unsere weiblichen und männlichen Teile, unsere Pole, unser inneres Yin und Yang vereinen. Wir müssen lernen, es als *eins* zu betrachten, damit es *eins* werden kann und wir mit dieser Kraft Berge versetzen können. *„Und wenn du sagst, ,Berg bewege dich von hier‘, dann*

---

[25] Th 22; EvMar 7:1–4.

wird er sich bewegen.[26] Der hermetischen Ansicht nach reichen die weiblichen und männlichen Kräfte, also das Wasser- und Feuerelement,[27] aus, um Berge zu versetzen. Menschen, die durch ihren Geist auf ihr Herz hören, versetzen auch Berge, dafür gibt es genügend Beispiele auf dieser Welt, wie z. B. Gandhi, Mutter Theresa oder auch scheinbar unbedeutende Menschen wie du und ich, welche ihr Umfeld beeinflussen und das Leben täglich verbessern, wie tolle und soziale Führungskräfte oder der Friseur in seinem Laden oder die Caritas-Mitarbeiterin im Seniorenheim und viele mehr, wenn sie mit reinem Herzen in Liebe zum Menschen arbeiten. Wir spüren, dass das Herz dabei ist, weil uns diese Menschen berühren. Männliche und weibliche Aspekte sind hier gepaart – empfangen/verinnerlichen und schaffen/manifestieren.

Dem Gesetz des Geschlechtes nach gibt es immer einen männlichen Geist, der aktive, zeugende Kraft hat und schöpferisch tätig ist. Dieser Geist stellt den Urvater von allem dar – das göttliche Bewusstsein ist sein kreativer Schaffensplatz und Werkzeug. Alle Ideen, Impulse, Vorstellungen, Visionen und Triebe kommen von dieser schöpferischen männlichen Geisteskraft. Diese schöpferische geistige Kraft hat aber nur eine Möglichkeit, sich zu manifestieren und zu entfalten, nämlich dann, wenn die weibliche Kraft offen ist für die Empfängnis dieser schöpferischen, kreativen Ideen und Impulse des männlichen Geistes. Sprich, was der Geist zeugt, muss das weibliche göttliche Bewusstsein bzw. das Herz empfangen[28], erfühlen und mit Emotionen und Wünschen für die irdische Geburt vorbereiten. Erst durch die Empfängnis allein kann sich das göttlich Erdachte manifestieren, in der Welt seinen Platz finden und umgesetzt

---

[26] Mt 18:20.

[27] Da die Elemente eine wichtige Rolle spielen, auch in der Erkenntnis, welche männlichen und weiblichen Teile wirken und wie sie anzuwenden sind, gibt es hierzu in diesem Buch ein eigenes Kapitel 4.

[28] Das reine Herz wird das Göttliche empfangen. Das schattenbehaftete Herz wird den göttlichen Geist im Selbst nicht empfangen können, sondern durch sein Ego die Welt gestalten. Hier wird das weibliche Prinzip verletzt, wie es seit Tausenden von Jahren auf der Erde der Fall ist. Dies gilt es wieder ins Gleichgewicht zu bringen, und die Zeit dafür ist gekommen.

werden. Diese Empfängnis stellt die Urmutter von allem Existierenden dar – Mutter Natur ist hier das Paradebeispiel. Sie bringt uns die göttliche Sexualität im organischen Leben. Sie empfängt und lässt die Welt erblühen und gedeihen. Sie trägt alles in ihr Steckende und Wirkende aus und beginnt das Leben, sie manifestiert den lebendigen Geist in allem, was auf Erden ist. Sie ist das Herz der Welt. Wie Jesus sagte: *„Spaltet ein Holz, ich bin da. Hebt den Stein auf, und ihr werdet mich dort finden.“*[29] Ihr werdet den lebendig gewordenen Geist in allem Manifestierten finden, weil die Erde (der weibliche Teil) Christus als den geistigen männlichen Teil empfangen hat. Und so ist das Christus-Bewusstsein auch in uns allen bereits verankert, denn unsere Körper entstehen aus der materialisierten Natur, die den Christus empfangen hat. Und so stimmt es schon: Wer zu Christus betet und an ihn glaubt, wird durch ihn erlöst werden, denn wir sind bereits tief mit diesem Bewusstsein verbunden. Erlösung bedeutet einerseits das Enden des Leidensweges durch ein Erwachen bzw. eine Erleuchtung und andererseits, durch Christus die Fähigkeit zu erwerben, den materialisierten Körper in den Tod mitzunehmen – also nicht zu sterben, sondern den Daseinszustand jederzeit ändern zu können.[30]

Das Göttlich-Weibliche ist ebenso wie das Göttlich-Männliche auf allen Plänen des Universums vorhanden und wirkt als Empfängerin nicht nur im Organischen, sondern auch im Geistigen. Es bedarf beider Energien – des männlichen Geistes und seiner schöpferischen Ideen und der weiblichen Empfängnis und ihrer Fähigkeit, Dinge auszutragen (reifen zu lassen) und in die Welt zu setzen. So ist z. B. das Austragen von Geschäftsideen der weibliche Teil in uns. Manche Ideen müssen auch reifen, um erfolgreich implementiert bzw. manifestiert werden zu können. *„Es ist unser Baby“*, heißt es sogar in der Sprache der Geschäftsleute.[31]

---

[29] Th 77b.

[30] Das bedeutet im Engeren, zu erscheinen, wo man will oder eben nicht – sich also zu manifestieren oder feinstofflich zu bleiben.

[31] Für die Astrologen unter den Leserinnen muss ich aber hier noch etwas anfügen. Denn das Umsetzen, neu Beginnende ist als männlicher

Der kreative Impuls und die ihn begleitenden Vorstellungen müssen Raum und Zeit haben, um empfangen zu werden. Sprich, und das ist ein Schlüssel des Gesetzes, du musst dich selbst auch immer wieder einmal entleeren, damit du Neues empfangen kannst. Denn wenn das Fass voll ist, dann passt auch nichts mehr hinein. Wenn dein Hirn voll ist, hast du keinen Platz mehr für neue Gedanken und neue Schöpfung. Neue Ideen können nicht verwirklicht werden, wenn kein Raum mehr dafür vorhanden ist. Und das Entleeren bedeutet oftmals, wahrlich eine Pause zu machen. Nein, eine längere Pause, wie z. B. drei Wochen in Urlaub fahren oder zwei Monate Auszeit nehmen oder kündigen und mal einfach nichts tun, währenddessen in sich gehen, sich frei von allem machen, wieder neugierig werden und auf neue Impulse warten. Und diese kommen wie von selbst auf ganz natürliche Weise. Und wenn dein Geist frei oder leer und die weibliche Kraft in dir bereit und offen ist, zu empfangen, kann Neues bei dir andocken. Die Stärken, die im Nichtstun liegen, wie geduldig sein, sich Zeit nehmen, einen Schritt zurücktreten, Ruhe finden, um aus der Ruhe, dem Nichtstun, Kraft, Energie, Reife und Überlegenheit zu tanken, werden in den taoistischen Weisheiten des Tao Te King ganz gezielt aufgegriffen. Benjamin Hoff erklärt dies auf wundervolle Weise in seinem einmaligen Buch ‚Tao Te Puh'. Das sind leider weibliche Qualitäten, die wir gesellschaftlich komplett verlernt haben, ignorieren und vernachlässigen, alles im Sinne der maskulinen (einseitigen) Leistungsorientierung. Mit tollen Ideen und Technologien zerstören wir den Planeten Erde, weil der göttlich-weibliche Teil nicht integriert ist. Lösungen sind nicht ganzheitlich durchdacht. Ihnen fehlt die weibliche Qualität.

Mars-Teil bekannt. Das Leben beginnt mit der marsischen Kraft. Das aber ist genau wieder ein Spiegelbild der göttlichen Sexualität bzw. der vereinten Pole, denn es bedarf zuallererst der weiblichen Empfängnis, die Ideen zu erfassen, zu spüren und diese in sich reifen zu lassen und freilich auch Energie für das Gebären aufzubauen. Die Geburt und der Durchbruch ins Leben, die Durchsetzung bis zum Entstehenden ist wiederrum voll der Mars-Energie zu verdanken. Das Leben besteht also aus einer konstanten Abwechslung bzw. Vereinigung von männlichen und weiblichen Teilen.

Jeder Gedanke, jede Idee, wird empfangen, wenn der Mensch offen und bereit dafür ist. Alle anderen Gedanken, Ideen und Impulse werden verworfen, weil der Geist sie zwar wahrnimmt, sie aber nicht empfangen werden, weil das Fass voll, der Körper ausgelaugt ist und der Mensch an seine Grenzen kommt. Das gilt im Körperlichen wie auch im Geistigen. Bei freiem Geist können wir Impulse empfangen und generieren unglaublich viele kreative Ideen, welche unser Hirn und mehr noch unser Herz empfangen, verarbeiten und ausreifen kann, um schließlich, gleich einer Geburt, diese Ideen in der Welt zu manifestieren. Ein göttlicher Prozess, den wir jeden Tag erleben, ohne dass es uns bewusst ist, welche Kräfte in uns und durch uns wirken. Leben passiert. Projekte, Visionen, Kreationen empfangen wir und sie können sich durch uns manifestieren. Ihre Wirkung und Bedeutung in der Welt werden mit göttlicher Energie geleitet, wenn männliche und weibliche Energien in Harmonie schwingen.

Sich und seinen Geist zu entleeren und Platz für die Schöpfung zu machen, hat allerdings noch eine zusätzliche Bedeutung. Denn Entleeren bedeutet auch Loslassen, und das ist ebenso ein universeller Schlüssel für das Wirken der geschlechtlichen Energien in unserem Leben. Denn längst manifestierte Gedanken, Vorstellungen und Visionen sollten wir, nachdem die Gedanken ins Rollen gebracht, ausgereift und auch geboren wurden, wieder loslassen. Wenn wir z. B. ein Geschäftskonzept schreiben, es durch viel Reflexion mit anderen kompetenten Personen ausreifen und schließlich ins Leben bringen, wenn das Baby also geboren wurde und es nun nurmehr eine Frage der Kundenresonanz ist, ob die Geschäftsidee ein Erfolg wird oder nicht, genau dann sollte man den Dingen ihren Lauf lassen, also loslassen und die göttlichen Energien durch unser Unbewusstes walten lassen. Das spricht vor allem gegen die andauernde Kontrolle, die wir auf alles, was wir tun, ausüben. Unser Geist hat längst gesät, das Hirn und unser Herz haben längst empfangen und der Verwirklichung steht nichts mehr im Wege. Männliche und weibliche Energien sind vereint und wirken im Prozess der Manifestierung. Man muss es nur mehr laufen lassen. Und man muss loslassen, damit es laufen kann. Hier das Göttliche nicht walten zu lassen, weil wir Menschen glauben, wir müssten es kontrollieren, weil wir Angst haben, dass etwas schiefgehen könne, hindert das simultane Wirken der göttlichen Kräfte. Im Gegenteil, durch unsere Kontrollhandlungen suggerieren wir unserem Unbewussten und Göttlichen, dass wir alles selbst machen, dass wir keiner Hilfe von oben bedürfen, dass wir dem Göttlichen nicht vertrauen. Wir verzichten somit auf die Magie des Lebens und auf die Wunder, die es enthält, tja, und so verzichten wir auch auf unser höheres Selbst, das uns von der göttlich-geistigen Welt aus leitet. Wir wenden uns, ohne es zu wissen, vom Licht und der universellen Energie ab. Wir stehen uns sozusagen selbst im Weg. Dementsprechend sind unsere Aktivitäten fehlbar und nicht vom Göttlichen begleitet. Unser Ego regiert unsere Handlungen und nicht unser seelischer göttlicher Impuls. Das macht auch in der energetischen Dynamik einen großen Unterschied: Werden wir vom göttlichen Geist und Licht geleitet oder überlassen wir unsere Erfolge dem ängstlichen, schattenbesetzten Ego, das uns auch fehlleiten kann? Es ist immer unsere Entscheidung, denn wir haben einen freien Willen. Das ist genau der Grund, aus dem uns die höhere geistige göttliche Welt nicht einfach helfen darf, denn wir haben einen freien Willen. Erst wenn du dich öffnest und sagst: „Ja, ich will das Göttliche empfangen und durch es das Leben auf Erden gestalten", wird es dir auch die Weisheiten schicken, die für deinen nächsten Entwicklungsschritt notwendig sind.

Und ja, du hast vollkommen recht, wenn du dir denkst: „Was ist, wenn die Rechnung nicht aufgeht?" Was ist, wenn das eingesetzte Geld verloren ist und du dir denkst, dass du das viel besser hättest machen müssen, wie etwa mehr Marketing, mehr Kundenpräsenz, mehr Anpassung an den Markt, mehr, mehr, mehr von etwas, das nicht in deinem ursprünglichen Plan war – denn sonst hättest du es ja als Teil deines Konzeptes so gemacht. Du hättest dich und deine Geschäftsidee verbiegen und anpassen können, um dem Markt und seinen verhaltensgesteuerten Kunden gerecht zu werden. Vielleicht hättest du viel Geld und finanziellen Erfolg geerntet; vielleicht hätte es dich krank gemacht vor lauter Verbiegung; vielleicht hättest du dich und deinen Rhythmus verloren, um das Geschäft am Laufen zu halten, usw. Mystisch gesehen wirken die göttlichen Energien auf unbewusster Ebene und leiten dich zu deinen Lebensaufgaben und zu deinem Lebenserfolg. Das Leben gibt dir bzw. du gibst dir (dein höheres Selbst gibt dir) unbewusst die Aufgaben, um an ihnen wachsen zu können. Wenn der Wachstumsprozess vorbei ist, kommt Erfolg automatisch. Nur wissen wir in unserem jeweiligen Lebensabschnitt nicht, wo und wie wir noch wachsen müssen, um uns zu entwickeln. Wir sind von unserer Seele und vom kollektiven Unbewussten so getrennt, dass wir es nicht erkennen. Diese Trennung aufzulösen ist Erleuchtung – es ist die Verbindung vom Weiblichen und Männlichen zurück zum Gefühl und Verständnis von Einheit, dem Göttlichen. Würden wir es bereits wissen, wären wir erleuchtet und seelisch rückintegriert, wir würden ganz genau wissen, welchen Weg wir einschlagen müssen und wir wären erfolgreich und auch glücklich und zufrieden mit dem, was für uns auf Erden gedacht ist, den das ist unser Weg. Mystisch gesehen ist aber der finanzielle Erfolg nicht relevant und zuweilen sogar hinderlich für das persönliche Wachstum.[32] Nun kann es also sein, dass die göttlichen Energien so wirken, dass du auch finanziellen Erfolg verzeichnen kannst, es kann aber genauso sein, dass die Geschäftsidee und deren Umsetzung ein Entwicklungsschritt für dich waren und das höhere Ziel nicht der unmittelbare finanzielle Erfolg, sondern der Erfolg [33]

---

[32] Das bedeutet nicht, dass Armut dem Reichtum vorzuziehen ist. Im Gegenteil. Wohlstand bzw. Fülle ist unser Erbrecht, wie der Hermetiker Elias Rubenstein, aber auch viele Autoren schreiben. Durch finanzielle Sicherheit und Erfolg sind manche Menschen verleitet, nicht mehr an sich zu arbeiten und damit zu wachsen. Sie sind durch Sicherheit und Reichtum geblendet. Sie verhindern unbewusst, sich auf ihre Lebensaufgaben einzulassen, und gehen ihren Lebensweg nicht. Sie verdrängen leichtfertig ihre Herausforderungen, z. B. in Beziehungen, weil die finanzielle Sicherheit sie dem Gefühl nach (also scheinbar) schützt.

[33] Hier ist es nun angebracht, *Erfolg* zu definieren. Während Erfolg in unserer westlichen Gesellschaft oft nur als Zeichen finanzieller, Ertrag bringender Wertschöpfung gesehen wird (eine Sichtweise, die auf unser Ego zurückzuführen ist), so liegt der in diesem Buch verwendeten Definition von Erfolg der ganzheitliche Erfolg eines menschlichen Lebens zugrunde. Dieser Erfolg beinhaltet also sämtliche Erfolge auf sämtlichen Ebenen, wie Erfolg durch harmonisch glückliche Beziehungen mit Mitmenschen, innere und äußere Zufriedenheit, Schönheit und Glückseligkeit, natürlich auch beruflicher Erfolg, Anerkennung, Achtung und Respekt, Freude am Beruf, Selbstverwirklichung. Das kann auch mit

deiner persönlichen inneren Reife war. Dieses Manöver kann nur durch das Unbewusste und Göttliche (also durch dein höheres Selbst) geleitet werden. Es wird darauf achten, dass du auf deinem Weg bleibst und die notwendigen Erfahrungen in deinem Leben machst, um reifen und wachsen zu können, denn die Entwicklung des Menschen in Richtung des höheren Bewusstseins ist nach allen mystischen Richtungen der höhere Sinn des Lebens. Auf unserer Entwicklungsstufe des Menschseins ist Selbsterkenntnis (und damit seelische Rückintegration) der Sinn des Lebens. Im Sinne der göttlichen Sexualität ist also das Loslassen von bereits geborenen und umgesetzten Kreationen aller Art, wie z. B. Geschäftsideen, ein entscheidender Schlüssel zu Selbsterkenntnis und -entwicklung. Ja, selbst unsere Kinder sollten wir so schnell als möglich nach der Geburt wieder loslassen, denn sie sind eigene Persönlichkeiten mit eigenen Lebensaufgaben und einem eigenen Rhythmus. Je mehr wir sie prägen und ihnen unseren Rhythmus und unsere Vorstellungen aufzwingen, desto länger brauchen sie, um sich, meist erst ab einem gewissen höheren Alter, wiederzufinden, damit sie ihren Weg gehen können. Das bedeutet nicht, dass wir unserer Aufgabe als Eltern und unserer Verantwortung nicht nachzukommen brauchen. Nein, es bedeutet, dass wir unsere Kinder schützen, ihnen helfen zu gedeihen und sie ab und zu anleiten, wo sie Unterstützung wünschen. Wir sollen für sie da sein und ihnen Liebe wie auch Sicherheit geben. Das genügt. Den Rest macht der Mensch selbst. Er erlebt sich und die Welt und macht sich ein Bild. Es ist das Göttliche, dieses Bild nicht vorzufertigen, damit es unserem Klischee von einer geordneten Welt entspricht. Wie fatal, wenn das Göttliche so gestoppt wird, was ja leider seit Jahrtausenden passiert.

Ein anderes Beispiel zeigt den Künstler, der seine Leinwand nicht freigibt, weil sein Bild immer noch nicht seinen Ansprüchen entspricht. Es bleibt unvollendet und die einst göttliche Energie verlässt, durch des Künstlers Kontrolle, den Raum. Die Schwingung

---

finanziellem Reichtum einhergehen, aber auch körperliche und geistige Gesundheit und die Fähigkeit, sich selbst zu erkennen und sein Leben zu leben. Sich frei zu fühlen und Freiheit auszuleben ist Erfolg, vor allem in einer Welt, die derzeit alles andere als Freiheit erlaubt.

fällt herab und übrig bleibt im schlimmsten Fall ein Gemälde ohne Energie, ohne wahre innere Kraft. Kontrolle tötet hier die göttliche Energie ab. Man muss lernen, dem Impuls zu folgen und dann aufzuhören, wenn die Schwingung weniger wird, wenn sich die aufzuwendende Energie zu verkrampfen scheint, wenn es also kein Flow-Gefühl mehr ist. Sprich, es gilt, harmonisch das Männliche und Weibliche in Balance zu halten, ganz nach dem Gesetz des Rhythmus. Ist das Bild nicht perfekt, so hat es doch einen Sinn. Im Außen stehende Menschen werden die darin liegende Erfahrung und die Energie spüren. Manche werden es abwerten oder entwerten, und manche werden es kaufen, vielleicht sogar, weil ihre eigene Imperfektion gespiegelt und ihr persönliches Wachstum im Bild spürbar wird. Genau das ist die Kraft der Kunst, nämlich Wahrheiten für die Menschen zugänglich zu machen. Und am besten geschieht dies ohne Kontrolle, sondern durch eine impulsiv geführte Kraft aus dem Inneren …, die weiblich empfängt und männlich kreiert.

Um also wahrlich ganzheitlich erfolgreich zu sein, müssen wir lernen, loszulassen, nachdem Visionen, Impulse, Gedanken empfangen und verarbeitet wurden, damit unser Unterbewusstes seine Arbeit tun und die Weichen im Alltag stellen kann. Dies ist wirklich nur dann möglich, wenn wir vom Gedankenkonstrukt und unseren Vorstellungen wieder loslassen, sie quasi freigeben. Dadurch kann die Energie fließen und unser Kopf wird auch wieder frei für Neues, weil wir unsere Ressourcen nicht mehr brauchen, um zu kontrollieren, dass sich unsere Welt so gestaltet, wie wir sie erschaffen wollen. Das Göttliche in uns leitet nun auf unbewusster Ebene die Kräfte. Die universelle kosmische Dreifaltigkeit (Vater, Mutter und der lebendige Geist) kann wieder in uns wirken. Ja, sicher, Beten hilft dem Ego, Sicherheit zu empfinden, dass alles gut wird, dass es keine Angst zu haben braucht. Und ja, Beten ist so gesehen deutlich besser als Kontrollieren. Beten ist die spirituelle, seelische Verbindung mit dem Göttlichen, während die Kontrolle Zeichen der Schattenwelt bzw. des Shâtanischen[34] in uns ist. Die ewige Spannung zwischen

---

[34] Shâtanisch kommt vom Hebräischen *shâtan* und bedeutet Satan/Ankläger/Beschuldiger oder auch Gegenspieler (Widersacher). Gemeint

Seele und Ego zeigt sich auch hier in der göttlichen Sexualität. Es geht allerdings um die Harmonie dieser Pole. Es geht um die seelische Rückintegration, damit wir unsere wahren männlichen und weiblichen Kräfte ausdrücken können.

Yin und Yang
(siehe Abbildung 17, S.110)

Das Gesetz des Geschlechts ist verwoben mit dem Prinzip der Harmonie wie auch dem Gesetz der Polarität. Und so zieht die göttliche Sexualität hin zur Einheit ihrer Pole. Nehmen wir zum Beispiel das Yin-und-Yang-Symbol aus dem Taoismus, so können wir die Einheit der Polaritäten des Göttlichen schnell erfassen und auch die Harmonie in sich erkennen. Je abstrakter wir die Welt begreifen, desto mehr scheint alles synchron zu laufen und ineinander zu passen. Desto mehr erkennen wir das Göttliche und seine Zusammenhänge. Umso verrückter ist es, dass wir über Glaubenssysteme ganze Kriege führen und einander bekämpfen, anstatt uns durch Liebe und Mitgefühl zu heilen. Es herrscht weder das Männliche noch das Weibliche, denn es sind immer beide Teile beteiligt und betroffen.

Im Taoismus geht es um die Zusammenführung des Männlichen (Bewusstsein) und des Weiblichen (kollektives Unbewusstes, Träume, Fantasien sowie unsere Schattenexistenz und die Transzendenz im Allgemeinen), der Gegensätze bzw. des Yin und Yang. Ziel der Taoisten ist es, Balance und Harmonie im Menschen wie auch im kollektiven, unbewussten Endlosen zu schaffen, was durch die Erhellung des Unbewussten erreicht wird. Es gilt, durch Meditation Licht in den Schatten zu bringen. *„Um dies zu tun, müssen wir*

---

ist das Ego, das anklagt, beschuldigt und sich wehrt, weil es Angst hat, das zu verlieren, was es hat. Das Ego versteht die höhere Ordnung noch nicht. Daher ist shâtan, der gefallene Engel, auch auf Erden, weil er das Ego repräsentiert, welches von der Seele, dem Himmlischen, getrennt ist. Und es bedarf daher auch der Tugenden, um das Ego wieder mit der Seele zu vereinen.

unsere Aufmerksamkeit auf unser Inneres richten, auf jene goldene Blüte, die sowohl unser Ursprung als auch unser Ziel ist."[35] Vor allem lehnt sich der Taoismus an das Tao Te King an, einen buddhistisch-taoistischen chinesischen Text von Laotse (ca. 600 v. Chr.), aus dem heraus sich das Geheimnis der Goldenen Blüte entwickelt hat, das gerne als chinesische Alchemie (der spirituelle goldene Weg)[36] gesehen wird. Er birgt eine Anleitung zur nach innen gerichteten Selbstheilung. Es wird schließlich behauptet, dass Laotse Unsterblichkeit erreicht habe, indem er die beschriebenen Methoden durch Meditation anwandte. Das Geheimnis der Goldenen Blüte übermittelt solche mystischen Weisheiten und beschreibt z. B., wie die Grenzen der Dualität, also jeglicher Polaritäten, durch unser Verständnis und unsere Bewusstseinserhöhung überwunden werden können und wie sich Dunkelheit und Licht im Yin und Yang treffen, paaren und verschmelzen. Erleuchtung bedeutet, diese Einheit zu erkennen. Höchste Grade der Erleuchtung entwickeln dich zur Unsterblichkeit, wie Christus es uns zeigte.

Der chinesischen Philosophie nach kommen Herz und Geist aus dem gleichen Kern, besitzen demnach die gleichen Kräfte und sind eine Einheit. Das chinesische Symbol *Xin* 心 steht für beides, Herz und Geist. Herzensvisionen, welche oft Nachrichten von Geistigem sind und dadurch die Lebensrichtung bzw. den Lebensweg anzeigen, können bewusster wahrgenommen werden, wenn unser Bewusstsein dafür vorhanden ist. *„Diese erkenntnisreiche Tatsache wirft ein wunderbares Licht auf [...]. Es ist das Herz und nicht das Gehirn, das für die Glaubenssysteme verantwortlich ist. Das Herz ist das Zentrum der Emotionen und Wünsche, oder der Ruhe und Stille, aber auch von Verstand und Verstehen.*"[37] Genau dieses Verstehen, die Reflexion, das Wissen und die ersehnte Erleuchtung kommen laut taoistischer Weisheit aus dem Herzen sowie aus dem Geist – hier kannst du die Einheit spüren. Was der Geist zeugt, soll das Herz empfangen, damit es für die geistig-männliche Vorstellung zu

---

[35] Pantović-Nuit, Nataša (2017).
[36] Siehe Thomas Cleary (2011).
[37] Pantović-Nuit, Nataša (2017).

brennen beginnt und mit Emotion und weiblicher Kraft die Geburt des Objektes vorbereitet. Und wenn das geistig Empfangene deinen Weg widerspiegelt, wirst du brennen und göttliche Wunder vollbringen.

Um den Weg zu dieser Einheit von Weiblichkeit und Männlichkeit, von Yin und Yang zu finden, geben die Lehren von Laotse viel über die Meditation frei. Dies beginnt mit der Bedeutung von Atemübungen und damit der geistigen Reduzierung und Konzentration auf den Körper und die Stille. In der Ruhe liegt die weibliche Kraft, zu empfangen. Die ruhige stille Atmung ist gleich dem kosmischen Rhythmus, führt zum Licht und ist für die Meditation und die Bewusstseinserhöhung entscheidend. Ist der Atem zu hören, ist dies ein Zeichen innerer Unruhe und Schatten, welche zur Verwirrung beiträgt und eher zum Schlaf führt als zur Meditation. Mit reiner Atmung und innerer Ruhe kann sich die Goldene Blüte, der Zugang zur Seele und das Tor zum kollektiven Unbewussten, öffnen. Weisheiten können bei entleertem Geist und offenem Herzen empfangen werden. Selbst für C. G. Jung gaben die Weisheiten aus dem Tao Te King und dem Geheimnis der Goldenen Blüte Erklärungen für seine tiefen seelischen Fragen. Das gab ihm Grund, sich von der Freudschen Psychologie abzuwenden und die spirituellen Phänomene des Menschen (und so seine eigenen – siehe ‚Das Rote Buch') zu berücksichtigen.

SOPHIA – Bewusstsein des Göttlich-Weiblichen

Das hermetische Gesetz des Geschlechtes zu beleuchten, muss Raum geben, um der wahren Bedeutung von SOPHIA und ihrem allergöttlichsten Bewusstsein Kunde zu tun. SOPHIA gilt als der göttliche Ursprung, der allerdunkelste Raum, aus welchem heraus das Licht (Christus) geboren wurde. So verhält sich das weibliche (SOPHIA) zum männlichen Prinzip (Christus). Selbst in der 5000 Jahre alten Tradition der Kabbala wird die absolute Quelle Gottes „Ayn Soph" genannt, die symbolisch das Urwasser bzw. die Urgebärmutter in ihrer Noch-Dunkelheit darstellt. Das Göttlich-Weibliche empfängt das Christus-Bewusstsein, das geboren werden will. Er wird durch SOPHIA geboren und bringt das Licht in das

Universum, in die Welt. Gott (SOPHIA) sprach: *„Es werde Licht und es ward Licht."*[38] Der Ursprung für Yin-Yang ist das SOPHIA-Christus-Bewusstsein bzw. SOPHIA-Buddha-Bewusstsein (da gibt es keinen Unterschied, denn es ist das göttlich-männliche Ur-Bewusstsein). Wie im Evangelium nach Johannes geschrieben steht, sagte Jesus: *„Wer an mich glaubt, glaubt nicht an mich, sondern an den, der mich gesandt hat, und wer mich sieht, sieht den, der mich gesandt hat. Ich bin das Licht, das in die Welt gekommen ist, damit jeder, der an mich glaubt, nicht in der Finsternis bleibt."*[39]

Doch das SOPHIA-Bewusstsein (wohl auch noch in der Bibel erwähnt) ist seit Jahrtausenden verdrängt, die weibliche Kraft unterdrückt, verurteilt und sogar verbrannt worden. Die Kraft des Weiblichen wurde durch die massive eindringliche Kraft des Männlichen aus seiner harmonischen Bahn geworfen. Krieg, Härte, Leistungsorientierung, Macht, Durchsetzung und einfaches lineares Denken herrschten und herrschen seit über Jahrtausenden auf dieser Welt. Um dieser machthaberischen maskulinen und Weibliches unterdrückenden Welt entgegenzuwirken, fährt sogar der moderne Feminismus mit demselben maskulinen Druck und einer Härte, die die Frauen zwar wieder zu längst notwendig gewordenen Führungskräften macht, aber erst wieder mit und durch maskuline Verhaltensstrukturen. Die Frau kann sich gar nicht mehr spüren, so, wie sie in unserer Gesellschaft von sich selbst abgenabelt wird. Und das System der Matrix hat alle Arbeit geleistet, denn es ist vielen Frauen noch nicht einmal bewusst. Frauen müssen wieder in ihre Kraft kommen und nicht in die männliche Kraft, damit die gesamte Welt heilen kann. Und dafür sorgt das SOPHIA-Bewusstsein nun in diesem angelaufenen Zeitalter des Wassermanns. Ob es durch Maria Magdalena eingegeben wird (wie bei mir) oder durch Mutter Maria, die Großmütter, Isis oder die vielen anderen aufgestiegenen mystischen Meisterinnen, oder durch eine plötzliche Erkenntnisserie, oder durch ein gutes tiefes Gespräch oder ein solches Buch wie das, was du in deinen Händen hältst: Das Erwachen des Göttlich-Weiblichen in uns

---

[38] Moses 1:3, Genesis.
[39] Jh 12:44-46.

ist eingeläutet. Und sei unbesorgt, es muss das Göttlich-Weibliche sein, denn das Göttlich-Männliche ist ja bereits voll präsent, aber auch außer Rand und Band, wie Psychotherapeutin und spirituelle Lehrerin Sharon McErlane in ihrem Buch ,Selbstermächtigung: Die Offenbarung des zutiefst Weiblichen' schreibt. Alte Strukturen werden gebrochen und neue wiedergeboren. So, wie in der griechischen Mythologie Chronos von seinem Sohn Uranus kastriert wurde, um dem Herrschen, der Struktur und den Regeln des alten Herrn ein Ende zu setzen und aus den Genitalien, die ins Meer fielen, die wunderschöne Aphrodite geboren wurde. Das SOPHIA- und Christus-Bewusstsein wird derzeit in vielen Menschen aktiviert. Viele erwachen, reflektieren ihr Leben, durchschauen die Illusionen der Welt und erkennen, dass der Weg zum Glücklichsein ein anderer sein muss. Das System steht am Kippen, um nach Jahrtausenden endlich wieder das Weibliche an der Türschwelle hereinzubitten und in uns zu aktivieren – in Männern wie auch in Frauen. Das wird das Ende der Kriege sein, das Ende des Leistungsdrucks und der Beginn der Wiederentdeckung unseres Körperbewusstseins, unserer seelischen Verbindung zum Göttlichen, unserer Verbindung zu Mutter Erde und zur göttlichen Liebe. Wenn wir das ins uns wieder erkennen, wird der Mensch, der göttliche Mensch, wie Christus ihn vorlebte, wiedergeboren werden. Das SOPHIA-Christus-Bewusstsein trägt die weiblich-männliche Harmonie nach außen und wir sind seine Schäfchen, die empfangen und ein neues Zeitalter einläuten: das Goldene Zeitalter, wo Wunder wieder geschehen werden.

Meditation 10: Universelle Einheit

Suche dir einen ruhigen Platz, an dem du ungestört bleiben und meditieren kannst. Setze oder lege dich bequem hin. Atme ein paarmal tief und laut durch. Bei jedem Einatmen atme gesunde positive Energie ein und bei jedem Ausatmen negative Energie und Belastendes aus. Spanne kurz deinen ganzen Körper an, von den Füßen zu den Waden, Ober- und Unterschenkel, Gesäß, Bauch, Brustkorb, Arme, bis zum Hals und den Kopf und entspanne danach den gesamten Körper wieder. Nimm bewusst wahr, wie die Spannung aus deinem Körper fließt und wie du deinen Körper spürst. Und nun fokussiere auf dein Herz und nimm es ganz bewusst wahr, wie es immerwährend für dich pumpt und dir täglich Leben schenkt. Dein Herz ist die Brücke zwischen deinem Körper und deinem Geist, deinem höheren Bewusstsein, deinem höheren Selbst. Versuche nun, dein Herz zu öffnen, und verbinde dich durch dein Kronenchakra mit deiner Lichtquelle, deinem höheren Selbst. Lass das Licht in dein Herz fließen und weite es. Schick nun das Licht aus deinem Herzen über dein Becken hinunter in die Erde und verbinde dich mit ihr, mit der Erde, der Wiese, den Bäumen und schicke ihnen dein Licht. Fühle, wie du aus derselben Substanz gemacht bist wie der Baum, der Stein, die Erde. Nimm die Natur so richtig wahr und verbinde dich mit ihr. Spüre in die Erde hinein und schicke nun dein Licht bis in den Erdmittelpunkt zum Herzen der Erde. Spüre die Lebenskraft und endlose Energie der Mutter Erde. Das ist sie und das bist auch du. Verbinde dich mit der Lava und dem elektromagnetischen Feld im Herzen der Erde. Spüre die Hitze, die Kraft, die ewige Wärme, die Mutter Natur uns gibt. Verbinde dich im Tiefen mit ihr und ihrem Herzen. Fühle ihre bedingungslose Liebe und ihr Bewusstsein. Nun gehe bewusst wieder in dein Herz zurück und nimm die Kraft der Erde, die bedingungslose Liebe, die Wärme mit in dein Herz. Verbinde dich nun wieder über dein Kronenchakra mit deiner Lichtquelle, deinem höheren Selbst und diesmal noch weiter hinaus mit deiner göttlichen Quelle im Kosmos. Verweile bei der göttlichen Quelle und spüre ganz tief hinein: Was fühlst du hier; was kommen hier für Bilder; was hörst du; welche Farben sieht du; wie sieht es hier aus; wo bist du in dieser tief göttlichen Quelle; wer bist du in dieser deiner Geburtsquelle? Spüre die göttliche Liebe, das höhere göttliche Bewusstsein, die göttliche Einheit, das Licht in dir und um dich herum. Spüre, wer du bist, und komme mit diesem Erlebnis und dem göttlichen Licht in deinem Tempo langsam wieder mit deinem Bewusstsein in deinem Körper, in deinem Herzen an. Und lass nun die Energien von der Erde und von deiner göttlichen Quelle in dir fließen. Öffne deinen Energiekanal und lass die Energien in beide Richtungen voll durch dich fließen. Du bist die Erde und das Göttliche und beides wirkt in dir, gibt dir Leben, Bewusstsein und Energie. Spüre die Vibration in dir, die hohe Schwingung, die du durch deine Verbundenheit erzeugst. Spüre die Einheit, die Einheit von Erde, Materie und Himmel, dem göttlichen Bewusstsein, das in allem steckt, und die Liebe, die alles verbindet. Spüre, wie diese Energien in dein Herz einfließen und Licht aus deinem Herzen überquillt. Spüre die Energie des Lichtes und ihr Bewusstsein und wie du dich öffnest. Fühle, wie jede einzelne Zelle in deinem Körper das Licht empfängt, bis dein ganzer Körper mit Licht erfüllt ist. Nimm die Energie in dir und um dich herum wahr und bleibe so lange wie möglich in diesem Gefühl. Durch jede Zelle deines Körpers strahlt das Licht und du spürst die Wärme, die bedingungslose Liebe, das Leben und die Kraft, die in dir entsteht. Weite dein Herz mit diesem Licht und erhelle dein Umfeld, erhelle die Welt mit deiner Liebe und deinem Licht. Sende diese Energie und Schwingung an all deine Freunde, deine Umgebung, an die ganze Menschheit. Wir alle schwingen miteinander, wir alle sind eins.

Übe diese Meditation so oft, wie es dir möglich ist. Du wirst dich immer besser mit Mutter Erde und deiner göttlichen Quelle verbinden und dein Bewusstsein wird sich automatisch mit der Zeit erhöhen. Du wirst mehr und mehr die Einheit in dir spüren und automatisch zu höheren Erkenntnissen kommen.

3.8. Die Integration der kosmischen Gesetze und der mystische Lösungsweg

Sobald man die geistige Ursache der materiellen Welt erkennt, lösen sich zahlreiche Irrtümer automatisch auf.
Elias Rubenstein

Der Wissenschaftler entdeckt das Atom und erklärt die Welt, der Künstler erschafft die Welt. Beide finden Wahrheiten, sind Teil der Magie und haben daher ihre Reize in unserem Leben. Aus diesem Grund sollten wir nicht nur die Wissenschaft[40] schätzen, sondern

---

[40] Hier möchte ich vorsichtig mit dem Begriff umgehen, denn Wissenschaft ist leider nicht gleich Wissenschaft. Wer denkt, dass von Pharmaunternehmen geförderte Studien, die keiner anderen Review

und vor allem auch die Künstler und ihre Kunstwerke, sie nicht entwerten oder gar vergessen, denn sie geben uns den ersehnten Zugang zum Übersinnlichen und sind ein Spiegelbild des Göttlichen.

Es ist schon spannend für mich, zu entdecken, dass ich mein Leben lang Künstler war und immer noch bin, in Öl und Acryl male, Ausstellungen gemacht und Gedichte geschrieben habe und schließlich im Jahre 2009 in die Wissenschaft eingetaucht bin, welche mir jetzt einen sicheren Arbeitsplatz gibt und eine neue Zukunft. Beide haben etwas Göttliches an sich und beide Zugänge sind wohl unterschiedlich, aber mit Energie gefüllt und helfen, die Welt zu entdecken, zu erklären und zu schaffen. Ich bin in dieser meiner Rolle demütig dankbar für diese mir geschenkten Zugänge zum Leben und zum Göttlichen und seinen Weisheiten. Durch höheres Verständnis bzw. Bewusstsein kann der Mensch Dinge ganzheitlich erfassen und mithelfen, die Welt ganzheitlich für die Menschheit zu verbessern. Unser Schicksal muss nicht so materiell fokussiert und kleinkariert bleiben, wenn wir erst einmal erkennen, was die wahren Kräfte und Werte im Leben sind, auf welche wir bauen sollten. Doch genau das ist die Schwierigkeit, zumindest für mich. Immer wieder habe ich Erkenntnisse, reife und erfreue mich über die positiven Früchte, die mir dadurch zufallen. Ich wachse und entfalte mich. Aber ich beschäftige mich nun auch schon zwölf Jahre lang mit meinen Lebensthemen und habe dennoch so unglaublich viel zu lernen. Immer wieder einmal, nun ja, eigentlich regelmäßig, überkommt mich tatsächlich das Gefühl, Rückschritte zu machen, doch nichts von alledem zu verstehen und sogar an Erkenntnissen zu scheitern. Ein Paradox.

---

unterliegen als der eigenen, als ethisch korrekt zu bezeichnen sind, liegt vollends in der Illusion. Wer noch glaubt, dass die Politik-unterstützenden wissenschaftlichen Berater tatsächlich transparent und objektiv Maßnahmen empfehlen, ohne eigene Themen hineinzuprojizieren, der hat sich ebenso verkalkuliert. Wissenschaft kann auch nur gute und ehrliche Ergebnisse liefern, wenn die Absicht im Hintergrund von Herzen gut ist, sprich, ohne kapitalistische Anreize und ohne eigene Ego-Themen. Der Wissenschaftler muss, wie einst im antiken Griechenland, reflektiert sein, und zwar nach innen (sich mit sich selbst beschäftigen, esoteros nach Pythagoras) und nach außen (die Welt beobachten, exoteros nach Pythagoras). Nur dann ist wahre Objektivität möglich.

Einerseits wachse ich und erkenne die unmittelbaren Früchte daraus, andererseits habe ich das Gefühl, dass nichts weitergeht und ich mich nicht entwickle.

Speziell in diesem Fall ist es sogar großartig, klare Gesetze, Regeln zu haben, um damit auch die Rhythmen des Universums und des Lebens zu verstehen, welche eine universale Sprache und Wahrheit sprechen, ewig gültig sind und dennoch das Gleiche Übersinnliche beinhalten, von dem auch die okkulte Trancetänzerin nach einem individuellen Erlebnis berichtet. Die feinstoffliche Welt und unsere Erlebnisse mit ihr müssen auch hier für den Erfolg der persönlichen Erleuchtung immer integriert werden, aber zum Einstieg und für erste Wachstumsschritte gibt uns die hermetische Mystik eine Struktur, die uns zum persönlichen Wachstum inspiriert und dieses anleitet. Sie gibt uns Gesetze als universelle Richtlinie, welche sich mit den mystischen Erlebnissen vieler Heiliger des Christentums, wie Jesus Christus, Maria Magdalena, Teresa von Ávila, Johannes vom Kreuz, Johannes Klimakos und viele mehr, aber auch von Schriftstellern wie Goethe, Schiller, Novalis oder Mystikern wie Rudolf Steiner, Christian Rosenkreuz, Saint Germain deckt. Es sind universelle Gesetzmäßigkeiten, die uns klar werden müssen. Wenn wir sie erst einmal verstehen und ihre Wirkung im Alltag erkennen, dann sind wir in unserer Entwicklung auch schon ein gutes Stück vorangeschritten.

Leider verhält es sich so, dass durch unsere materialistische Entwicklung auch der Zugang zu diesem universalen Wissen immer mehr verdeckt wurde. Sprich, die Weisheiten, die wir suchen, waren alle schon seit Jahrtausenden vorhanden. Und während Menschen in der Antike diesen Zugang noch hatten und Weisheiten direkt an die Menschheit mitteilen konnten, wie Hermes Trismegistos im alten Ägypten, Buddha in Indien, Christus im persischen Raum und so auch die Philosophen der griechischen Antike, so wurde dennoch der Zugang zur universellen Weisheit immer weniger, wie man an den Erkenntnissen der griechischen Philosophen erkennen kann. Diese waren kluge Köpfe, haben versucht, viel von den alten Weisheiten wieder zugänglich zu machen, und scheiterten dennoch an

Tiefe und Erleuchtung und der erwünschten Ganzheitlichkeit. Es ist also kein Wunder, dass wir uns heute, zweitausend Jahre nach Christus, noch weiter vom Wissen entfernt haben.

Dennoch stehen die Zeichen heute gut für uns. Denn im Sinne des universellen Rhythmus kommt nach dem Tiefpunkt der absoluten Finsternis (sprich, der Entfernung von Licht und Wissen) auch wieder der Pendelschwung in Richtung Licht, in Richtung ersehntem Weisheitsverständnis. Und das Pendel hat schon zum Rückschwung ausgeholt und das dunkle Mittelalter (im Englischen heißt es sogar „the dark ages") hinter sich gelassen. Wir können daher in der Gesellschaft bereits vereinzelt, aber doch immer mehr Impulse der Veränderung wahrnehmen. Das wachsende SOPHIA-Bewusstsein ist so ein Impuls, der von innen heraus kommt, sich aber im Außen auch durch die wachsende Anzahl an spirituellen Kongressen spiegelt. Geistige und körperliche Veränderungen, die durch einen unbewussten Zugang zu alten Weisheiten hervorgerufen werden. Die körperlichen Veränderungen hin zu Bio-Ernährung, Gemüse, Obst und Kräutern, weg von raffiniertem Zucker, von industriell hergestellten Speisen, und überhaupt weg von Fleisch und so auch von Alkohol, hin zu Gesundem, um den Körper zu erhalten, damit sich der Geist entfalten kann. Die körperliche Achtsamkeit ist die Vorstufe zur geistigen Entwicklung. Erst wenn der Körper gesund ist, kann der Geist seiner eigentlichen Aufgabe, nämlich sich zu entwickeln, also universelle Weisheiten zu verstehen und diese im Leben anzuwenden lernen, nachkommen. Wir gehen in die richtige Richtung, aber jeder einzelne Mensch muss für sich selbst sorgen und auf sich achten und die nötigen Schritte schaffen. Genau das ist Teil des Erkenntnisweges, den Weg für sich selbst zu erkennen, zu reflektieren, zu meditieren und an sich zu arbeiten.

Dieser Weg ist insofern für den heutigen Menschen nicht leicht und schon gar nicht selbstverständlich, als wir von den Kräften des Materialismus zumeist durch den Kapitalismus und das suggerierte kompensierende Konsumverhalten noch gehalten werden. Diese Kräfte sind aber Teil der niederen Gesetze des physischen Plans sowie von dunklen Kräften gefördert. Und wir wissen, die niederen

Gesetze, und so auch seine dunklen Gefährten, werden einzig überwältigt, indem man höhere Gesetze anwendet.

Dennoch möchte ich hier noch einmal betonen, dass keiner den Gesetzen entgehen kann. Selbst hermetische Meister arbeiten mit den Gesetzen und dienen unter ihnen. Auch sie beugen sich den Gegebenheiten, lernen aber, diese für sich zu verwenden und mit ihnen das Leben zu meistern. Der Materialismus wird durch körperliche und geistige Achtsamkeit und Liebe, dir selbst gegenüber und anderen, überwunden. In diesem Sinne schaffen eingeweihte Meister es tatsächlich, ihrem Lebensglück entgegenzuschreiten und den Himmel auf Erden zu genießen. Es gibt Tausende Beispiele von Personen, Mystikern, die in ihrem Leben so weit gekommen sind und der Menschheit viel kollektives Wachstum hinterlassen haben (z. B. Rudolf Steiner, Jesus Christus, Gandhi etc.).

Und ja, wenn man das so liest, Kapitalismus, Wissenschaft, Konsumverhalten, Illusion und im selben Kapitel dann mehr Gemüse, kein Fleisch, keinen Alkohol und Christus, Gandhi etc., ja, da kann man sich doch wirklich denken: „Fuck it, ich bin ja kein Gandhi und will schon gar kein Christus sein."

Bevor wir beginnen zu reflektieren, kommen wir zumeist schon in die Polarisation, denn das alte Verhaltensmuster zu verdrängen, um für Neues offen zu werden, erfordert unglaublich viel Mut. Da polarisieren wir viel lieber und reden uns doch den guten Sinn des bisherigen Lebens ein. Mir geht es immer wieder einmal so. Da fragt mich meine Frau etwas eindringlicher bezüglich meiner Veränderung und schon ertappe ich mich dabei, dass ich in die Polarisierung gehe und ihr sogar erkläre, dass es nicht stimme und sie meine Situation falsch beurteile, denn es sei gar nicht so. Ich verteidige etwas, das es nicht zu verteidigen bedarf. Würde es mich nicht triggern, also hätte ich das Thema bereits erlöst, würde ich ihr ohne Polarisierung und Standhaftigkeit antworten und eher neutral überlegen und das Thema mit ihr besprechen. Meine abwehrende Reaktion ist also ein Zeichen dafür, dass es mein Thema ist, dass es nicht erlöst ist und ich hier unter der Leitung meines vermeintlichen Egos überreagiere.

Und so geht es doch vielen, dass wir schnell einmal, fast voreilig, in die Abwehr gehen. Es stoppt die Bearbeitung des Themas kurzfristig. Doch es bringt uns nicht weiter, und das Leben bleibt unerfüllt. Die Alltagsthemen gehen nicht weg, nur weil wir sie verdrängen, und der persönliche Wachstumsprozess ist auch gehemmt. Also müssen wir uns um unsere Themen kümmern und in die Selbstverantwortung gehen. Sprich, wir evaluieren unser Thema unter Betrachtung des Gesetzes der Polarität. Denn die Extreme auf einer Skala sind ja bekanntlich dasselbe. Zum Beispiel Gott und das Feinststoffliche auf der einen Seite und das Gröbststoffliche, wie z. B. Mineralien oder Gestein, auf der anderen Seite. Der Mensch ist hier, körperlich gesehen, auf dieser Skala dem Gestein und damit der Verhärtung und Verdichtung viel näher, als er dem Göttlichen und dem Weichen, Flüssigen, Schwingenden ist. Nur durch des Menschen Geist kann sich der Mensch mit dem Göttlichen rückverbinden und dadurch sogar die Polarisation auflösen.

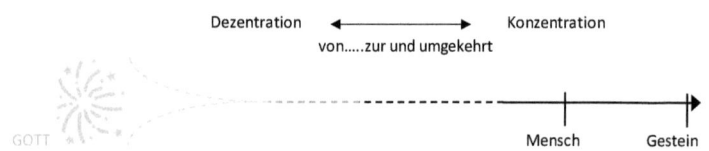

Abb. 21: Vom stofflichen zum feinstofflichen Extrem

Das Thema, das so stark oder vehement abgewehrt wurde, gilt es von beiden Extremem aus zu beurteilen. Worin liegt der Gegensatz? Und aus beiden Perspektiven kannst du dir einen Mittelweg erfinden. Der Mensch zum Beispiel öffnet sein Herz in Richtung Gott und wird dadurch weicher in seiner Einstellung, in seinen Erwartungen, seinem Tun, seiner Wertung und ... er verhärtet nicht. Krankheiten wie Arthrose, Versteifungen, Rheuma und so weiter können reduziert oder sogar verhindert werden, in diesem Beispiel, wenn man den Weg der Mitte bzw. aus der Polarisierung findet. Aus der Polarisierung herauszugehen bedeutet, in die Mitte zu gehen, bedeutet, sich der Einheit zu nähern, denn die Extreme sind ja dasselbe. Auch Gott und Gestein sind dasselbe. Wie Jesus sagte: *„Spaltet ein*

Holz, ich bin da. Hebt den Stein auf, und ihr werdet mich dort finden. "[41]

Je mehr du verstehst, was die Gegensätze sind und welcher Perspektive es bedarf, um zur Mitte zu gelangen, desto mehr hast du auch dein Leben wieder im Griff und kannst es gestalten. Denn wie im Innen, so im Außen. Bist du aus der Polarisierung heraus, treffen dich auch die Umstände in der Welt nicht mehr. Denn du siehst beide Seiten einer Situation aus einer höheren Perspektive mit höherem Bewusstsein und reagierst dann bewusst in deinem Ermessen.

Doch Polarisation beruht auf Wertung, und die Wertung beginnt für den Menschen mit der Scham. Die Hürde, die der Mensch laut Mysterientraditionen überwinden muss, ist zuerst einmal die Scham, die uns zur Verhärtung führt, denn sie wird hauptsächlich durch *Ängste* und durch *Wertung* angetrieben. Dinge sind uns peinlich, weil wir die *Wertung* anderer *befürchten*. Beides sind aber Teile der satanischen Kräfte (*ahrimanischen* Kräfte im anthroposophischen Terminus), welche unser Schicksal dominieren. Solange wir uns also schämen, ist höheres Bewusstsein gehindert und wir werden das Göttliche nicht vollends erkennen und schon gar nicht durch uns erleben bzw. verkörpern können, denn wir lassen die irdischen Abhängigkeiten, wie die Ängste, nicht los. Wie Jesus sagte: *„Wenn ihr nicht umkehrt und wie die Kinder werdet, könnt ihr nicht in das Himmelreich kommen."* [42] Wir müssen wieder zurück zum Kind der Menschheit gehen, das ungezwungen, ohne Scham, mit Freude tanzt, lacht und spielt, das Leben genießt und offen ist, ohne Angst, Neues zu entdecken. Wenn wir es schaffen, die Scham wieder abzulegen und somit frei von Verurteilung zu sein, dann können wir uns zum Göttlichen erhöhen. Es gibt aber noch eine zweite Hürde, welche die Mysterientraditionen allesamt ansprechen: Der Dämon in dir muss ebenso überwunden werden. Das ist nichts Neues, außer, dass man hier klarstellen kann, dass mit Teufel, Satan, Dämonen immer wieder nur die egogetriebenen Teile in uns selbst gemeint sind und nicht fantastische Monster und Ungeheuer, die uns

---

[41] Th 77b.
[42] Mt 18:3.

auflauern und uns ins Jenseits mitnehmen wollen. Nein, dem ist nicht so.[43] Und doch ist eine gewisse Wahrheit im Symbol der Monster enthalten. Denn wenn du fähig wirst, dich und deine Schatten selbst zu erkennen, weil du den Hütter der niederen Schwelle (die Scham) überwunden hast, und dir deine Schatten sichtbar werden, dann wirst du die Dämonen als Spiegel der inneren Schatten deiner egogetriebenen Absichten, Glaubenssätze und Verhaltensweisen sehen können. Dann stehst du dem Hüter der höheren Schwelle gegenüber und musst durch ihn hindurch, um zu wachsen und dich seelisch zu integrieren bzw. dein höheres Selbst erkennen zu können.

Schattenarbeit habe ich in diesem Sinne in meinem Buch ‚*SOPHIA – Der göttliche Mensch'* anhand der astrologischen Archetypen klar ausgelegt. Durch Herzens- und Schattenarbeit kann der Mensch sich selbst erkennen und reifen. Die Anthropos-Methode ist diesbezüglich von mir entwickelt worden. Ich verweise auch gerne wieder auf das Buch von Rüdiger Dahlke ‚*Schattenprinzip'*, das ebenso zum persönlichen Wachstum durch das Aufdecken der eigenen unbewussten Themen beiträgt.

Und hier stoßen wir auch gleich auf das Prinzip der Resonanz, denn wenn wir unsere Scham und unsere schattenbesetzten Ego-Teile nicht überwinden können, dann gibt es im Außen Resonanzen dazu. Diese Schattenthemen werden dir immer wieder präsentiert und füttern deinen Leidensweg auf Erden. Ganz im Prinzip der universellen Harmonie, welches durch das Gesetz der Analogie ausgedrückt

---

[43] Grundsätzlich können uns keine feinstofflichen Wesen etwas tun, wenn wir ihnen keine Erlaubnis dafür geben. Doch dunkle luziferische und ahrimanische (satanische) Kräfte wirken tatsächlich auf uns ein und versuchen, unsere Gedanken bewusst für ihre Motive zu steuern. Wenn wir nicht sehr reflektiert sind, kann ihnen das ganz gut gelingen. Wenn wir ein gutes Herz haben und eher in der Liebe und im Miteinander sind, wird es für solche Wesenheiten schon schwieriger, weil der Mensch ja merkt, dass er gewisse Gedanken gar nicht will bzw. nie umsetzen würde. Auch hier: Man kann sich jederzeit für eine Seite entscheiden und diese dann ausleben. Der Dämon ist also letztendlich gekoppelt mit deinem Ego, das den dämonischen Illusionen verfällt.

wird, nämlich „wie innen, so außen". So trifft der Mensch auch ständig im Außen auf seine inneren Themen.

Sich jedoch mit sich selbst zu beschäftigen und Verhaltensmuster, Glaubenssätze und alles, was einen triggert, zu hinterfragen, bewegt eine innere Entwicklungsreise und fördert das innere Wachstum. Schließlich wird man auch im Außen einen Unterschied in der Art und Weise, wie andere Menschen mit einem umgehen und welche scheinbaren Zufälle bzw. welche Glücksmomente plötzlich im Leben auftauchen, wahrnehmen können. Das geht nicht von heute auf morgen, denn die persönliche Wandlung, die sich auch im Spirituellen, also Feinstofflichen, energetisch auswirkt, muss sich erst manifestieren. Dein Unterbewusstsein muss erst lernen, dass hier wirklich umsetzbare Erkenntnisse gemacht wurden, die du interessiert bist, in dein Leben zu integrieren. Dein Unterbewusstsein wird im Laufe dieser Zeit sodann automatisch den Wandel von innen nach außen bringen und damit deine Welt, deine Realität, verändern. Somit sehen wir wieder, dass wir selbst Herr oder Frau unserer Realität sind. Wir erschaffen sie durch unser Inneres, das sich im Außen manifestiert. Daher haben wir das Gottgleiche in uns – wir sind Schöpfer. Und ja, ganz nach dem hermetischen Grundsatz „Gleiches erkennt Gleiches" können wir erst dann Gott erkennen, wenn wir in uns das Göttliche entwickeln und unser Bewusstsein dorthin erhöhen. *„Wenn es offenbar wird, werden wir ihm gleich sein; denn wir werden ihn sehen, wie er ist"*, heißt es[44], was impliziert, dass wir sein werden wie Gott. Doch da Gott in unserer Vorstellung so viel mehr ist, als wir es je zu sein wagen, können wir damit gar nichts anfangen. Wir glauben gar nicht an unsere universalen, gottgleichen Kräfte, obwohl uns Jesus Christus dies ebenso mitteilte, als er sagte: *„Wer an mich glaubt, der wird die Werke auch tun, die ich tue, und wird größere als diese tun; denn ich gehe zum Vater."*[45] Christus geht ins Feinstoffliche über und überlässt damit alles Manifestieren den Menschen auf Erden. Weil er zum Vater ging, aber durch sein Golgatha-Mysterium noch immer in uns wirkt (sein Geist hat sich

---

[44] Lutherbibel, Jh 1:3.
[45] Jh 14:13.

in unseren Ätherleib eingeprägt), können wir seine Wunder tun und mehr, weil wir noch auf Erden sind. Wir müssen nur vollen Herzens an Christus in uns und an unsere Fähigkeiten als Mensch glauben, um all dies und mehr zu tun. Ja, wir könnten Tote zum Leben erwecken, uns und andere heilen – und das wäre auch unsere Bestimmung auf Erden, nämlich, Licht und Liebe in die manifestierte Welt zu bringen. Und so schaffen wir unsere Realität auf Erden. Wem das nicht bewusst ist, der wird in co-abhängigen Verhaltensmustern auf Erden das ewige Opfer sein und somit zugleich zum Täter werden, durch seine wachsende Wut und Aggressionen, weil er nicht auf sein Herz hört und nicht sein tatsächliches Leben auslebt. Und wieder gestalten wir selbst unsere erlebte Wirklichkeit. Wenn wir also unsere Themen aufarbeiten, reflektieren und an den Geist, das höhere Bewusstsein und an das Göttliche in uns und um uns glauben, werden wir eine andere Welt vorfinden, welche sich im gleichen Maße ändert, wie wir uns ändern und innerlich wachsen.

Die Welt, die wir jetzt erleben, ist vor allem dem geschuldet, dass wir mit uns machen lassen, was andere wollen, oder dass wir unbewusst im System der anderen mitspielen und gar nicht bemerken, dass wir selbst nur Darsteller sind. Das ist der schlimmste Verrat an einem selbst. Wir haben als Gesellschaft verlernt, wahrlich nachzudenken, zu überlegen, zu reflektieren und auch hineinzufühlen, ob Gesagtes überhaupt stimmt, ob Durchgesetztes überhaupt richtig und menschlich ist. Wir haben uns in diesem Prozess, auf Autoritäten zu hören, über die Jahrtausende selbst verloren. Und ja, das Zeitalter ist angebrochen, wo wir uns wieder mit uns selbst beschäftigen müssen. Eine Covid-19-Pandemie oder auch andere derzeitige Krisen rufen diesen gesellschaftlichen Umschwung, nach innen zu kehren, nachzudenken, zu fühlen und für sich Antworten zu finden, klar hervor.

Da es deine Realität ist, in der du dich bewegst, sind auch alle Grenzen, die du erkennst, nur von dir selbst erschaffen und können jederzeit geändert werden. Manche Grenzen sind gesellschaftlich notwendig und werden auch von dir gefördert und eingefordert. Andere Grenzen kommen eventuell durch Glaubenssätze und anerzogene

Muster zustande, sind Konstrukte im Kopf und limitieren dich nur. Egal, um welche Grenzen es geht: Du hast es in der Hand, deine Realität zu erschaffen, denn du bist ein Schöpfer und kannst damit dein Schicksal und sogar dein Karma verändern. Es ist dein Leben, deine Verantwortung. Scheue dich nicht, diese Verantwortung zu übernehmen und deine gewonnene Macht auszuleben. Überwinde deine selbst geschaffenen Grenzen.

Aber es sind nicht nur Grenzen, die es zu überwinden gilt, es ist vor allem auch die Haltung, also Absicht, die es bei allen Lebensthemen zu hinterfragen gilt. So kann ich immer die Perspektive aus der Angst heraus wählen und Kontrolle und Sicherheit in den Vordergrund stellen, oder ich kann Vertrauen in das Leben haben und sehen, was als Nächstes passiert, im Wissen, dass es das Richtige für meinen nächsten Erkenntnisschritt sein wird, egal, wie es ausfällt. Die Kontrolle hindert ja vorerst schon, dass etwas passieren darf, was für mich entscheidend für meine Entwicklung ist, denn es wird durch Sicherheiten unterbunden. So deutet der Ausspruch *„der Teufel schläft ja nicht"* bereits auf diese Denkweise hin. Umgekehrt schläft Gott ja auch nicht. Der Spruch ist also nur einseitig und schon gar nicht wahr bzw. eben nur eine Perspektive. Wir können uns aber jeden Tag Tausende Male entscheiden, wie wir den Tag erleben, sprich, aus welcher Perspektive. Und das macht uns wiederum zum Schöpfer unserer Realität. Zum Beispiel kannst du natürlich vor der Heirat mit deinem Allerliebsten noch einen Ehevertrag machen. Was soll der Ehevertrag aber bringen, außer dir Sicherheiten zu geben und deinen Kontrollwünschen zu entsprechen? Er suggeriert dem Ehepartner, dass du denkst, dass diese Ehe in die Brüche gehen kann. Er suggeriert, dass eure Ehe nicht auf Augenhöhe stattfindet, sondern hier besser und schlechter gestellte Personen involviert sind. Das Herz geht hier beinah unter und Distanz wird durch dieses Kontrollelement aufgebaut. Die Sichtweise ist hier sicher nicht optimistisch, sondern eher pessimistisch. Und das wird zu deiner Realität, denn du denkst ja so und projizierst deine Ängste, etwas verlieren zu können, in die Zukunft. Wenn du nicht achtgibst und gedanklich und vor allem mit dem Herzen einen Ausgleich findest, wird deine Realität wahr werden. Du hast sie selbst heraufbeschworen. Sicherlich, ein Ehevertrag macht es möglich, dass du dich nach der Scheidung noch freundschaftlich gegenüber deinem Ex-Partner verhalten kannst. Aber ganz ehrlich, war oder ist das das Ziel? Gehst du in die Ehe, damit ihr gute Freunde bleiben könnt? Welche Ängste stecken also wirklich dahinter, die dich von der wahren, tiefen, bedingungslosen Liebe fernhalten? Mit sämtlichen Versicherungen und Kontrollversuchen im Leben ist es genauso. Es sind letztendlich in die Zukunft projizierte Ängste. Daher leben wir in der Angst statt im Vertrauen, wo die Liebe und das Leben Luft zum Atmen haben.

Natürlich muss man im Geschäftsleben auch Kontrolle ausüben, schließlich hat man auch Verantwortung für Mitarbeiter und den Erfolg des Unternehmens, aber wahrer Erfolg, der dich im Innen und Außen glücklich und zufrieden macht, hat nichts mit Kontrolle zu tun, sondern mit der Wirkung im Außen. Dem Erfolg auf Basis der Kontrolle kann sowieso misstraut werden, denn welche Produkte haben diese Unternehmen, um nur durch Kontrolle erfolgreich zu sein? Und bei Erfolg sehen wahrscheinlich die meisten den finanziellen Erfolg, also Millionen zu generieren. Und auch hier ist es wieder die Perspektive bzw. die Haltung, die uns entweder zu wahrem Glück oder in die Dauerschleife des mehr haben Wollen führt, ohne dabei Zufriedenheit zu finden. Jesus sagte, dass es für den reichen Mann schwer sei, in das Königreich des Himmels zu kommen. Aber nicht, weil er reich ist und Wohlstand erworben hat, sondern weil er durch den Reichtum oftmals seine wahre Reise auf Erden, seinen Seelenplan, vergisst, verleugnet und nicht mehr ins Vertrauen geht bzw. die göttliche Führung nicht mehr beachtet, sondern Freund der Sicherheit und Kontrolle wird, damit er nichts verlieren kann. Da gibt es dann auch keine Wunder mehr. Doch was Gott gibt, kann genauso schnell wieder genommen werden. Wir sehen das in der Wirtschaft täglich. Aufgrund von sich verändernden Rahmenbedingungen kann der finanzielle Erfolg schnell kippen, selbst die vermeintliche Kontrolle ist keine wahre Kontrolle, sondern nur eine Illusion. Dem Rad des Schicksals kommt ja keiner aus, außer, man hat verstanden, wie man sein Schicksal überwinden kann, und das geht durch Selbsterkenntnis, nicht durch Kontrolle.

Und natürlich, wir haben einen freien Willen, wir können uns auch der dunklen Kräfte bedienen und durch Kontrolle den Erfolg schaffen. Doch ein erfüllendes Glücklichwerden ist die Illusion der dunklen, vielversprechenden verführerischen Seite des Lebens. Andere zu manipulieren oder zu betrügen, um mehr finanziellen Erfolg anzuhäufen, bringt maximal nur kurzfristig Freude, die Entwicklung des Menschen steht still und er wird niemals langfristig glücklich. Handlungen, die dem göttlichen Wachstum entsprechen, machen glücklich und bereiten Freude. Probiere das doch einmal gezielt aus: Handle einmal aus dem Herzen gut und ein anderes Mal so, wie es dein Ego (egoistisch) für besser erklärt. Du wirst den Unterschied wahrnehmen.

Also auch hier, wenn wir wahrlich erfolgreich auf allen Ebenen des Lebens sein wollen, gilt es, sich nach innen zu richten und die eigenen Themen aufzuarbeiten, damit das reine Herz das Göttliche empfangen kann und du deinen Weg erhörst. Wenn das der Fall ist und es zum Wohl des höchsten Göttlichen ist, dann wirst du erfolgreich sein – und zwar in absoluter Fülle. Alles, was du brauchst, wird dir gegeben, dein tägliches Brot im Überfluss. Aus dem Göttlichen zu empfangen, bedeutet, grenzenlose Ressourcen zu haben, denn nichts ist unmöglich und alles ist möglich, solange die Idee aus dem Göttlichen generiert wird. Die formlose feinstoffliche Substanz ist nämlich grenzenlos wie das Göttliche selbst. Und so kannst du durch Selbstreflexion und auch Meditation in die göttliche Kraft kommen, dort andocken und empfangen.

Das Göttliche in dir zu erwecken ist der absolute Schlüssel, um in deine eigene Kraft zu kommen, denn du kommst selbst ja aus dem Göttlichen. Diese Kraft gilt es in dir zu reaktivieren. In die eigene Kraft kommen bedeutet, sich selbst zu erkennen, also Selbsterkenntnis zu erlangen, was unmittelbar der Sinn unseres Lebens sein muss, denn erst in einem zweiten Schritt können wir daran arbeiten, das Göttliche in uns zu aktivieren. Wobei man sagen muss, dass die Zeiten für schnelle Erleuchtung nie besser waren, als sie derzeit sind. So kommt nun mein Appell: Lasst euch darauf ein. Erkennt die Missstände und Illusionen in der Welt, spürt hinein, wie es euch wirklich geht, denkt selbstständig nach und reflektiert, wer ihr selbst sein wollt in dieser Welt. Und dann handelt nach eurem reinen Herzen. Die Welt wird sich daraufhin ändern. Natürlich brauchen wir auch das Kollektiv, das erwacht, und nicht nur uns zwei, die wir uns damit beschäftigen. Doch nie zuvor haben so viele Lichtwesen und liebevolle Menschenengel Positives, Licht und Liebe ausgesandt, damit auch das Kollektiv erwachen kann, wie derzeit.

Nach dem Gesetz der Schwingung besteht alles aus Schwingung. Elektronen schwingen und können sich elektromagnetisch zu Atomen, Molekülen und schließlich zu Material manifestieren. Sie können niedrig schwingen, aber auch höher schwingen. Und der Geist herrscht über diese Schwingung. Wenn wir die Welt kreieren wollen, so wie wir es wollen, müssen wir geistig bis schließlich auch körperlich unsere Schwingung erhöhen und werden eine neue Welt erleben. So können wir die unendlichen Ressourcen der geistigen Welt in die irdische manifeste Welt bringen. So erschaffen wir durch das Göttliche, und Ressourcen sind nie und nimmer knapp. Genauso kannst auch du deine Realität und dein Schicksal jederzeit ändern, unter Berücksichtigung dessen, dass du dir genug Zeit geben musst, bis sich deine höhere Schwingung und dein assoziierter Wille manifestieren. Dein Wille (dein maskuliner Teil) ist entscheidend für die Manifestierung deiner Welt. Denn wir haben einen freien Willen, und ein unsicherer Wille kann nur schwer manifestiert werden, weil so viele Bereiche offenbleiben. Aber ein eindeutiger, klarer Wille hilft der geistigen und körperlichen Welt, diesen durchzusetzen und zu erschaffen. Das Manifestieren dauert aber natürlich seine Zeit, wofür wir wieder die so wichtige weibliche Qualität *Geduld* benötigen. Auch das Loslassen der klaren gewollten Idee und von deren Bildern ist entscheidend, damit das Göttliche durch unser Unterbewusstes wirken kann. Wir hätten es sonst viel zu sehr mit unserem Ego zu tun, das unseren Willen und unsere Idee, also den ersehnten Erfolg, ja lenken und kontrollieren will, anstatt einfach zuzulassen. Das göttliche Yin-Yang paart sich, wenn wir erschaffen und beide Teile (männliche und weibliche) in uns berücksichtigen. Durch die Geduld und das Loslassen kann nämlich auch alles Nötige für die Umsetzung empfangen werden. Letzten Endes können wir somit erkennen, dass wir selbst die Ursache für sämtliche auf uns wirkenden Phänomene sind. Wir mögen nicht immer gleich verstehen, was die Ursache einer Situation ist, aber wir können uns gewiss sein, dass diese Ursache mit uns zu tun hat. Selbstreflexion, die eventuell auch mehrere Inkarnationen zurückgeht, ist hier jedenfalls ein gutes Rezept, um etwaige Ursachen, die länger zurückliegen, zu erkennen. Ich spreche hier vor allem von uralten Traumata und assoziierten Gefühlen, die nichts mit der heutigen Welt und deinem Leben zu tun haben, transgenerational übernommenen Gefühlen, die wir ohne Trance, Meditation bzw. Rückführungen gar nicht erkennen können. Ja, es gibt natürlich auch in Bereich des kollektiven Karmas Ursachen, die wir nur selten erklären können, die wir aber möglicherweise mehr oder weniger stark spüren und die unser Leben und so auch unsere Entscheidungen beeinflussen. Und doch, sei vergewissert, hat es immer auch etwas mit uns selbst zu tun.

Wir sehen, wie sich die kosmischen Gesetze ineinander verbinden lassen und als Gesamtes sowie im Einzelnen auf uns wirken. Die kosmischen Gesetze gelten jedes für sich, aber sie sind auch als System zu verstehen, welches in sich und durch sich integriert ist. Und so kann man auch sehr gut anhand von Abbildung 22 erkennen, dass es eigentlich nur um das Elektron geht, das sich durch Gesetzmäßigkeiten in Schwingung bringt und Energie freisetzt. Wie jedes Atom durch die Schwingung der Elektronen in Bewegung kommt, so manifestieren wir durch die Energie und Schwingung der Elektronen in uns und um uns. Die Gesetzmäßigkeiten ändern sich nicht, sondern sie sind Teil der höchsten göttlichen Schwingungen. Elektronen haben daher etwas sehr Feinstoffliches bzw. Spirituelles an sich, nämlich ihre Beschaffenheit. Wer von uns kann Elektronen schon sehen? Sie haben so viel Raum um sich, unendlich viel, es muss wie ein riesiges Universum auf sie wirken. Und wie wir einen feinstofflichen Leib haben, welcher z. B. über unsere Aura sichtbar wird, genauso ist es in der feinstofflichen Welt für die Elektronen. Dieselben Elektronen haben unendlichen Raum im Großen und Ganzen. Erst in der Dichte werden schließlich Strukturen sichtbar. Das bedeutet aber nicht, dass es die feinstoffliche Welt, also die ausgedehnte Welt, nicht gibt. Im Gegenteil. Nur weil der Mond heute nur halb erstrahlt, heißt das nicht, dass er nicht rund ist. Nur weil wir es nicht sehen, heißt es nicht, dass es nicht existiert. Es ist immer nur eine Frage des Bewusstseins. Je höher dein Bewusstsein, sprich, deine Wahrnehmungsfähigkeit, desto mehr wirst du erkennen, z. B. mehrere Dimensionen des menschlichen Seins – hin zum Allergöttlichsten.

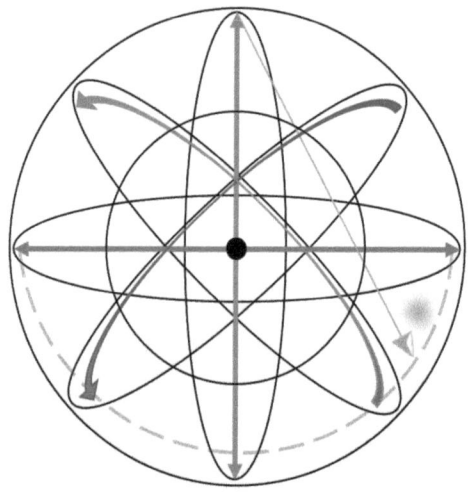

Abb. 22: Integrierte Wirkungsdynamik der kosmischen Gesetze[46]

Aber es gibt einen Weg, diese feinstoffliche Welt zu erkennen – nämlich, sie zu erfühlen. Und genau hier ist unser Herz wieder gefragt. Denn es hat die Kapazitäten, sich im Ätherischen und Astralischen zu weiten und damit sehr viel mehr zu erfassen, als es unser Verstand je könnte. Unser Herz ist der besagte „Heilige Gral", welchen die Geschichte seit Ewigkeiten sucht und den nur wenige, zumeist Mystiker, gefunden haben. Unser Herz ist das Verbindungsglied, die Brücke, wenn man so will, zwischen dem Himmlischen

---

[46] Die Grafik zeigt das Gesetz des Geistes, Gesetz der Schwingung, Gesetz der Analogie, Gesetz des Rhythmus, Gesetz der Polarisation und mit ihm das Gesetz des Geschlechts (blau/rot), das Prinzip der Harmonie und der Resonanz – auch das Gesetz von Ursache und Wirkung wird hier implizit ersichtlich, ebenso wie die göttliche Einheit. Das Symbol der Lebensblume spiegelt genau diese Dynamik wider.

178

(Göttlichen) und dem Irdischen (Manifesten). Es kommuniziert nach oben hin mit dem Göttlichen und nach unten hin mit uns, unserem Körper, unserem Verstand. So wissen wir, was wir seelisch wirklich wollen, unseren Seelenplan, wir spüren es über unser Herz. Es kommuniziert mit uns durch Bilder und Visionen oder eine innere Stimme oder auch über Gefühle. Es transportiert Informationen von der feinstofflich-geistigen Welt in die physische Welt. Und ja, das bedeutet, dass wir unserem Herzen gegenüber offen sein sollten, denn es leitet uns direkt durch zu unserem höheren Selbst. Es lügt nie, genauso wenig wie unser gesamter Körper nie lügt, sondern nur mit uns kommuniziert. Unser Herz (bzw. auch unseren Körper) nicht zu hören bzw. die Botschaften zu verdrängen oder zu ignorieren bedeutet, dass wir erkranken werden, in dem einen oder anderen Sinne. Unser Herz ist unser Navigationssystem. Wenn wir diesem nicht folgen, können wir nur irgendwo auflaufen bzw. stranden, wo wir nicht hinwollten. Daher ist die Schattenarbeit auch so wichtig, damit wir unser Herz wieder konkret hören können. Es ist auch sehr vorteilhaft und ratsam, sich für die geistige Welt zu erschließen, denn dort liegt unsere eigentliche Magie und Kraft für unser gesamtes Leben, der Heilige lebendige Geist, der durch uns wirkt. Auch der für uns gedachte Lebensplan wurde dort von unserem höheren Selbst und dem geistigen Team geplant. Dort ist alles Wissen vorhanden und wir können jederzeit über unser höheres Selbst dort andocken und Informationen downloaden. Dort beginnt das Leben und es endet auch dort, was uns tatsächlich unsterblich macht, allerdings nicht im physischen Sinne, außer, wir lernen, mit unserem Körper aufzuerstehen, was uns Christus ja gezeigt hat (und wohlgemerkt, er war in der Geschichte nicht der Einzige). Hier allein fehlt vielen der Glaube, dass der Mensch dazu fähig ist. Aber ja, das ist unser Anspruch als Mensch, dies zu erlernen, und wird wohl noch für viele einige Inkarnationen dauern. Wer aber von sich annimmt, dass dieser Christus-Bewusstseinszustand, dieses Verständnis, dem normalsterblichen oder gewöhnlichen Menschen verborgen bleibt und nicht zugänglich ist, dem wird er auch verborgen bleiben, ganz im Sinne des Matthäus-Effekts. Man muss an seine geistigen Fähigkeiten auch glauben, um die Türen der höheren Welten zu durchschreiten, größere Zusammenhänge zu erkennen und ein Seelen-Verständnis aufzubauen. Es liegt wieder einmal am Glauben, ob wir individuell als Mensch wachsen können oder unserem menschlichen Schicksal ausgeliefert bleiben. Es ist eine Frage der Perspektive, vor allem aber des Glaubens. Unser Glaube lässt es zu, dass wir Dinge erkennen, uns entwickeln und im Leben umsetzen können. Das Umsetzen von Erkenntnissen im jetzigen Leben stellt die persönliche Entwicklung dar. Ohne Veränderung gibt es auch keine Entwicklung. Veränderung, Entfaltung und Bewegung stellen die evolutionäre Entwicklung des Menschen erst dar. In diesem Sinne unterstützt uns der lebendige Geist, der Geist des Lebens, der uns das Leben und all die Möglichkeiten auf Erden ermöglicht. Wer aber nur philosophiert, reflektiert und versteht, ohne erlangte Erkenntnisse umzusetzen und zu integrieren, wird sich nicht entwickeln. Das gefühlte Erlebnis im Herzen des Menschen gehört sozusagen zur Entwicklung, wie Jesus schon wusste, als er sagte: *"Sucht nicht das Gesetz in den Schriften, denn das Gesetz ist Leben, während die Schrift tot ist. Wahrlich, ich sage Euch, Moses erhielt die Gesetze nicht aufgeschrieben von Gott, sondern durch das lebendige Wort."*[47] Es bedarf des lebendigen Geistes, den Geist ins Leben zu rufen, also auch, das Spirituelle ins Leben zu bringen, um deine wahren Herzenswünsche im Leben zu verwirklichen.

So zeige ich in Abbildung 23 den göttlichen Menschen, der durch den lebendigen Geist, die Botschaften von Körper, Herz und Seele wahrnimmt, versteht und dadurch sein höheres Selbst und damit sich selbst als „ICH BIN" erkennt. Rudolf Steiner hat die Ebenen bzw. Dimensionen des feinstofflichen Körpers und Geistes aufgezeigt.[48] Hier sieht man anschaulich, wie sich der feinstoffliche Körper mit der Seele des Menschen verbindet und schließlich mit dem Geiste. Es ist diese geistige Dimension, die schließlich mit dem kollektiven Unbewussten (griechisch *nous*) und mit dem SOPHIA-Christus-Bewusstsein (griechisch *pneuma*) in Verbindung steht.

---

[47] Aus dem Friedensevangelium der Essener, E. B. Szekely (1933).
[48] Rudolf Steiner, GA 13.

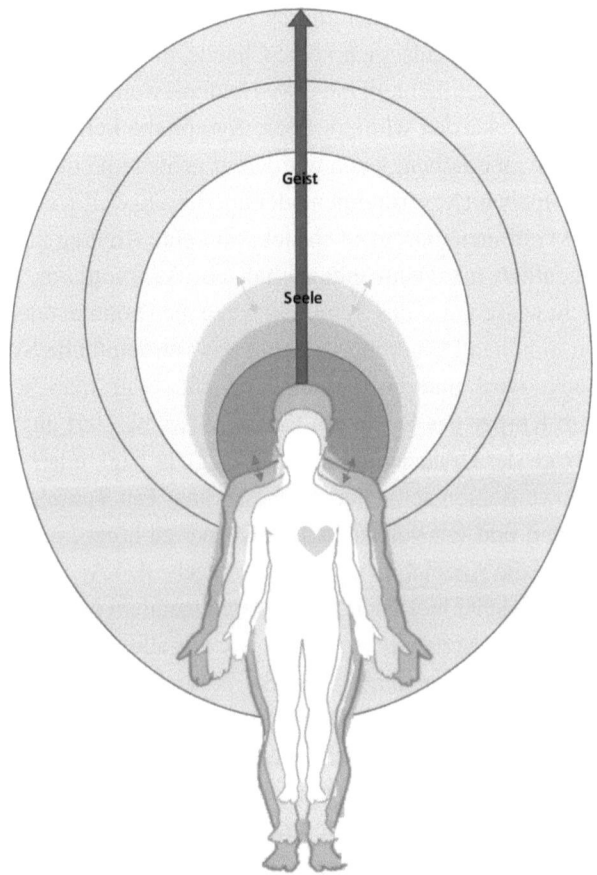

Abb. 23: Der göttliche Mensch – der Anthropos

Wenn alle Dimensionen des Menschen voll integriert sind, ist die Einheit spürbar – die Einheit des Menschlichen mit dem Göttlichen, das Manifestierte mit dem Feinstofflichen, das Weibliche mit dem Männlichen sowie die vier Elemente, die diese Kräfte im Physischen wie im Geistigen verwirklichen.

Heilung ist, in diese Einheit zu kommen. Es ist ein Ganzwerden. Und ja, Krankheiten sind dazu da, anzuzeigen, dass wir nicht mehr synchron mit unserem Seelenplan laufen, dass wir zu weit abgebogen sind, nicht auf unser Herz hören. Es ist also notwendig für uns

Menschen in der physischen Welt, dass wir Krankheitssymptome bekommen, damit wir wieder zurück zu unserem Seelenplan finden können. Wir hätten anders gar keine Chance, dies zu erkennen, bzw. würden aus Bequemlichkeit nie etwas ändern, wenn wir nicht unangenehm krank werden würden. Diese Symptome helfen uns, unser Bewusstsein zu erhöhen, wenn wir darauf achten und die Nachrichten des Körpers nicht verdrängen oder überhören, weil wir doch eher dem Arzt vertrauen, der, ganz ehrlich, oft keine Ahnung hat, was er denn eigentlich tut. Dann gibt es halt ein Antibiotikum, weil sie sonst nicht wissen, wie das Symptom weggehen könnte, oder es gibt Cortison in hohen Dosierungen, damit das vermeintliche Symptom unterdrückt wird und hoffentlich weggeht, oder man schneidet gleich am Körper das Symptom heraus. Alles passiert aus Unwissenheit bzgl. der Ursache und aus Hilflosigkeit bzgl. einer vom Patienten gewünschten schnellen Verbesserung. Ein Teufelskreis beginnt hiermit und wir verlernen, den Körper zu hören, ihn wahrzunehmen und die Anzeichen zu deuten. Ich gebe den Ärzten keinerlei Schuld und möchte hier auch nicht werten, sondern nur Fakten aufzeigen, denn die Ärzte sind auch nur, wie wir alle, Teil des Systems auf Erden, der sogenannten Matrix. Sie versuchen, das Beste daraus zu machen. Und in wahren Notfällen sind sie immer noch unsere Engel. Eine ganzheitliche Sichtweise würde aber möglicherweise helfen, nicht nur das Symptom zu bekämpfen, sondern zumindest auch an der Ursachenfindung festzuhalten. Da kann ja die Psychotherapie hinzugenommen werden. Und das gäbe uns Menschen die Chance, unsere Ursachen in uns zu finden und uns seelisch zu reinigen und zu heilen. Da findet dann ein Bewusstwerdungsprozess statt, der im Krankenhaus nicht stattfinden kann.

Doch selbst wenn uns manche Dinge bewusst werden, ist es noch ein längerer Weg, bis wir diese reflektierten Erkenntnisse auch umsetzen und unsere Verhaltensmuster und Glaubenssätze verändern und unser Herz zum Ausdruck bringen können. So wie uns zu Beginn ein Schleier auf der Reise der Selbsterkenntnis und seelischen Integration begleitet und Dinge im Verborgenen scheinen, so ist es schließlich auch, wenn wir die neu gewonnenen Erkenntnisse in unseren Alltag einbauen wollen. Es scheint oftmals schleierhaft und dennoch ist neues Bewusstsein vorhanden, gepaart mit einer intrinsisch neu wachsenden Absicht und es passiert, scheinbar von selbst, dass man plötzlich sein Leben doch verändert hat. Still und fast heimlich spürt man es auch. Man merkt es aber am meisten im Außen, das sich plötzlich ebenso geändert hat. Der Spiegel der Außenwelt hat sich verändert, nämlich ganz nach deinem Inneren. So ist es also höchst entscheidend, dass man seine spirituellen Schritte und Erkenntnisse auch umsetzen lernt und in den Alltag integriert. Es bedarf eines *„ja, ich will"*. Hast du dann den Mut, dem zu folgen, was du hörst? Sprich, wenn das Herz sagt, suche dir einen anderen Job oder tue das, was dir Spaß macht, dann gilt es das auch durchzuziehen bzw. dich auf diesen Weg zu machen, z. B. erst einmal Bewerbungen zu schreiben oder dein Geschäftskonzept zu entwickeln. Da gehst du wenigstens wieder in Richtung deiner selbst, auch wenn du noch nicht alles umsetzen kannst, und du spürst es auch, denn es wird deiner Seele bereits guttun. Du brauchst keine Angst zu haben, denn es ist dein Weg, wenn es vom Herzen kommt. Und dein Herz lügt nie.

Wenn du solche seelischen Herzensschritte erst einmal geschafft hast, weil du es gewagt hast, aus der Struktur zu fallen und auf dein Herz zu hören, dann wird sich noch viel mehr für dich eröffnen, denn diese erlangten Erkenntnisse wurden von dir umgesetzt und ins spirituelle Feld gesetzt, sprich, dadurch haben es auch andere Menschen leichter, diesen oder ähnliche Schritte zu tun, weil es energetisch gesehen Vorbilder gibt. Da unsere Welt eine geistige Welt ist, ist es sogar von höchster Wichtigkeit, die spirituelle Betrachtung in jedem Prozess mitzudenken. Du wirst davon auch profitieren, denn andere Menschen werden dich für deinen Mut und deine Kraft bewundern, was dir noch mehr Kraft verleihen kann, um deinen Weg vollends zu gehen, was ganz dem Matthäus-Effekt entspricht.[49] Die Resonanz im Außen wird dich also fördern, wenn du auf dein Herz hörst. Ganz im Gegenteil dazu, wenn du nicht auf dein Herz hörst, wird dir deine Unzufriedenheit auch im Außen ständig gespiegelt. Du selbst bist Schöpfer deines Lebens, deiner Realität, und so

---

[49] Mt 25:29.

verhält es sich mit jedem Lebensthema, das du dir ansehen möchtest. Es ist dein Leben und wartet darauf, von dir gelebt zu werden. Nur so kannst du auch dein Schicksal überwinden, indem du dein wahres Ich im Leben erkennst und ausdrückst durch dein höheres Selbst und dein wachsendes höheres Bewusstsein. So erschaffst du dein Leben und prägst das Leben vieler anderer in deinem Umfeld, die ebenso auf der Suche nach Selbsterkenntnis sind.

Bewusstsein wächst, wenn wir uns damit beschäftigen. Gerade in diesem Sinne ist die Integration der weiblichen Qualitäten so wichtig, um zu lernen, Geduld zu haben, im Kopf frei zu werden und die Stimme des Herzens, des höheren Selbst, des Göttlichen, empfangen zu können und auch wieder loszulassen. Bereits dadurch wird sich unser Bewusstsein erhöhen.

4. DIE INNERE KRAFT DER ELEMENTE

Es kann nicht sein, dass diese Elemente
im Universum ständig wirken,
nur bei uns nicht.
Johannes Slacik

So wie es universale Gesetze gibt, gibt es auch universale Kräfte, die sich als Elemente definieren lassen. Wir kennen die vier Elemente Erde, Wasser, Feuer und Luft bereits aus der Naturwissenschaft. Wir wissen, dass diese elementaren Kräfte oder Energien Ursubstanzen sind, die im Universum wirken, durch die wir Dinge materialisieren, erschaffen bzw. verändern können. So können wir z. B. durch Hitze (Feuer) Wasser in Wasserdampf bzw. Materie in Gase (Luft) verwandeln. Auch können wir durch Wasser Materie zersetzen und durch Erde, Wasser und Feuer (Sonne) neues Leben im Garten entstehen lassen. Wir können durch Erde und Wasser ganze Häuser und mehr bauen und durch Erde mit Feuerzusatz sogar Glasfenster kreieren. Ja, sogar Elektrizität funktioniert in unserer Welt mittlerweile über Windräder, Solaranlagen, Wasserkraftwerke und natürlich materielle Reibung. Erdwärme wird verwendet, um zu heizen. Die vier Elemente wirken aber längst auch ohne unser Zutun, wie wir in der Natur so schön miterleben können. Durch den Wind gibt es Bestäubung in der Natur und somit Wachstum. Das Wasser ist die nährende Substanz, ohne die es keine Leben gibt. Die Sonne spendet Wärme und bringt Lebensenergie, die als Kraft für Wachstum nötig ist. Und die Erde spendet den Boden als Fundament für das Wachstum. Aller vier Elemente bedarf es für dasselbe Ziel des Wachstums. Und so ist es bei allen Zielen, dass die vier Elemente in ihrer Harmonie mitwirken.

Doch auch die Atmosphären der Erde und unseres Sonnensystems sind aus den vier Elementen aufgebaut. Unter der Betrachtung, dass wir alle mit allem verbunden sind, sind wir demnach auch absolut ein Teil dieser vier Elemente und es ist nur logisch, dass diese Kräfte auf uns einwirken … und zwar immer. Nur die Grade der Wirkungen sind verschieden und rhythmisch, ähnlich Ebbe und Flut, durch die Kräfte des Mondes (als Zeichen des Wasserelements) hervorgehoben. Welche Elemente gerade im Vordergrund wirken, ist aber auch sogenannten Zyklen oder Phasen (Zeitqualitäten) zuzuordnen. Und so ist nicht immer das Wasserelement die treibende Kraft im oder um den Menschen, sondern auch einmal das Feuer-, das Luft- oder das Erdelement. Dass diese Kräfte auch in uns ständig wirken, ist wichtig zu verstehen, denn um ein glückliches und gesundes Leben zu leben und über uns hinauswachsen zu können, müssen wir diese unweigerlich in und auf uns wirkenden Kräfte verstehen lernen und uns fragen: Was hat das mit mir zu tun? Wie wirken diese Elemente auf mich ein? Wie kann ich damit umgehen? Wie kann ich diese steuern lernen? Denn schließlich beherrscht der Geist die Materie – und die Elemente sind die elementarsten Kräfte, aus welchen schließlich Materie entsteht bzw. geformt wird.

Wenn wir im Inneren von uns mit den vier Elementen arbeiten, dann gilt es diese erst einmal zu erkennen und ihre Wirkungen wahrzunehmen. Die Kraft der Elemente für sich zu nutzen ist sehr hilfreich und schafft den oft so sehr ersehnten Ausgleich. Alles in Balance zu bringen, ist jedoch nur eine Frage der Zusammenstellung der inneren gelebten Elemente. Es geht also um einen elementaren

Ausgleich in uns, um angenehmer durchs Leben zu gehen und mehr Energie im Alltag zu haben, weil die Kräfte richtig eingesetzt und Energien nicht hinausgepulvert werden, z. B. für Dinge, die uns keinen Nutzen oder Mehrwert bringen. Sprich, jedes Element, das zuweilen die Oberhand gewinnt und zu einseitig gelebt wird, bringt den Menschen ins Ungleichgewicht, weshalb wir versuchen sollten, die innere Harmonie wieder herzustellen – was sich ja schließlich auch im Außen widerspiegelt. Auch die Außenwelt und unser Umfeld werden dadurch wieder harmonischer. Unser Sexualleben verbessert sich deutlich, wenn wir die vier Elemente, die in uns wirken, berücksichtigen.

Wir erkennen die Wucht, Größe oder Stärke dieser Kräfte im stofflichen Außen, z. B.:

- … wie aus Wasser Leben entsteht, aber auch Ozeane ganze Dörfer wegspülen können, oder die Kraft des Wassers jahrtausendealtes Gestein langsam, aber sicher wegschleift;

- … wie der Wind die Wolken verweht, die Samen der Blumen verteilt, auf dass neues Wachstum möglich ist, oder auch ganze Wälder enthauptet, manche Bäume sogar gänzlich entwurzeln kann oder Tornados und Hurrikans sogar ganze Dörfer bzw. Landstriche zerstören können;

- … wie das Feuer uns Licht und Wärme spendet und unser Essen röstet, aber auch zerstörerisch alles vernichtet, was mit ihm in Berührung kommt, siehe Waldbrände oder Wüstenlandschaften;

- … oder wie die Erde und Materie uns Essen in Fülle zur Verfügung stellt und wir aus ihrem Stoff auch Behausungen für den Menschen schaffen können, und wie sie andererseits durch Erdbeben und Murgänge ebenso wieder alles zerstören kann, was ihr im Wege ist.

Wir sehen die Elemente täglich im Außen wirken, mit oder ohne unseren Einfluss. Und ja, wir arbeiten mit den Elementen im Außen, in der Landwirtschaft, der Bauindustrie und auch der Energiesektor benutzt mittlerweile alle Elemente um nur einige Bereiche zu nennen. Aber wir haben es komplett verabsäumt, die feinstofflichen Kräfte der Elemente auch in unserem Innern wahrzunehmen und damit ebenso zu arbeiten, hauptsächlich, um ein glückliches, gesundes und ausgeglichenes Leben führen zu können.

Eines sollte uns klar sein, dass das hermetische Gesetz der Analogie *„wie oben, so unten – wie unten, so oben"* natürlich auch hier die Analogien aufzeigt. Es kann nicht sein, dass diese Elemente im Universum ständig wirken, nur bei uns nicht. Es kann nicht sein, dass wir in unserem Inneren sowie unser Verhalten, unser Handeln, unsere Lebensphasen nichts mit den Elementen zu tun haben. Denn das Gesetz der Analogie zeigt uns bereits, dass, wenn es oben wirkt, es unweigerlich auch unten wirkt, wenn es im Außen wirkt, es unweigerlich auch im Inneren von uns wirken muss. Das ist die wahre Erkenntnis, wenn wir uns die Elemente und ihre Wirkung auf uns ansehen. Sie bewegen uns in unserem Inneren und damit haben wir es auch in der Hand, wie wir damit umgehen. Es ist eine Frage des Bewusstseins. Mit den Elementen in uns zu arbeiten, erlöst uns vom scheinbaren Schicksal, denn wir lernen, es selbst zu verändern … uns zu verändern, um unser Schicksal zu verbessern … unser Leben zu verbessern. Wie Ilan Stephani in ihrem Buch *‚Finde Deine Sexuelle Kraft'* so einzigartig, intelligent und mutig, aber meines Erachtens wahr beschreibt, dass sich auch der Sex verbessern wird und der Mensch wieder in die Ekstase finden kann (wohlgemerkt unter der Voraussetzung, dass wir auch unsere kulturell auferlegte Matrix abstreifen müssen). Was soll ich da noch sagen außer, dass wir nun so richtig in das Thema einsteigen. Und ich hoffe von Herzen, dass du noch bereit und inspiriert bist, mitzumachen, denn jetzt geht es um das Feuer, die Luft, das Wasser, die Erde in dir. Denn dein Geist bzw. Bewusstsein beherrscht die Elemente. Schon in der Genesis wird dieses Beherrschen der Elemente angesprochen und wurde leider katastrophal missverstanden bzw. von dunklen Kräften absichtlich falsch ausgelegt. Dort steht nämlich geschrieben, und viele werden diese Passage gut kennen: *„Und Gott sprach: Lasset uns Menschen machen, ein Bild, das uns gleich sei, die da herrschen über die Fische im Meer und über die Vögel unter dem Himmel und über* *das Vieh und über die ganze Erde und über alles Gewürm, das auf Erden kriecht.*" Hier gibt es so viele Varianten dieser Passage und natürlich auch Übersetzungsfehler, dass der wahre Kern nicht mehr zu identifizieren ist. Aber die Hermetik und der ihr zugetane Rosenkreuzer-Orden überliefern diese Textteile in ihrer originalen Bedeutung und stellen klar, dass es sich hierbei um das Beherrschen der Elemente handelt. Die Menschen damals bedurften einer bildhaften Sprache, um sich diese mystischen Weisheiten auch merken zu können. So sprach auch Jesus Christus in Parabeln, damit seine Worte leichter weitergegeben werden konnten. In der bildhaften Sprache sind aber Fische dem Wasserelement, Vögel dem Luftelement, Tiere dem Erdelement und das Kriechen von Tieren (Kriechtiere) dem Feuerelement zugeordnet. Es galt immer schon, die Elemente zu beherrschen, aber nicht, die Tiere als reine Nutztiere zu behandeln und die Erde als für den Menschen allein geschaffenen Rohstoff auszunutzen. Es wird Zeit, dieser Wahrheit unseres unmoralischen kapitalistisch gesteuerten Verhaltens ins Auge zu sehen, Verantwortung zu übernehmen und unsere Haltung und Handlungen zu ändern, in Verbundenheit mit der Natur und all ihren Lebewesen.

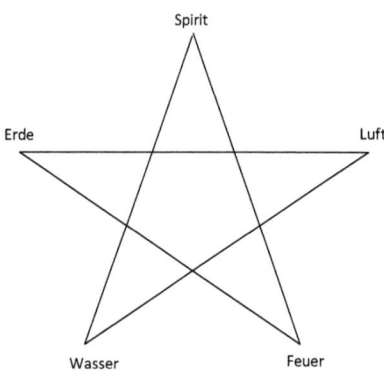

Abb. 24: Pentagramm – der Spirit herrscht über die Materie

Da wir die Elemente im Außen nur schwer beherrschen können, müssen wir im Inneren diese Kräfte beherrschen lernen. Danach wird es auch möglich, diese erlangten Kräfte im Außen einzusetzen und, sagen wir mal, den Regen auf Erden zu beschwören bzw. die

Wolken vom Himmel zu bewegen. Denn der Spirit beherrscht die Elemente (siehe Abbildung 24).

Ja, Wunder, die wir hätten lernen sollen zu meistern. Nun ja, dann lernen wir es eben beginnend mit diesem Leben.

Doch zuvörderst möchte ich mit der Erklärung der jeweiligen Elemente beginnen und auch jeweils Beispiele einbringen, um ein gutes Verständnis aufzubauen. Der Fokus ist hierbei auf die *innere* Wirkung der elementaren Kräfte gelegt, denn daran können wir schließlich reifen und diese beherrschen lernen. Doch beherrschen kann man nur etwas, wenn man gelernt hat, es in Harmonie zu bringen, wenn also scheinbare Polaritäten wie Wasser und Feuer aufgelöst und integriert sind. Unsere Kultur, unsere Gesellschaft, in der wir im Westen aufwachsen, macht diese beiden Elemente zu Polaritäten, verknüpft sie doch Wasser mit den weiblichen und Feuer mit den männlichen Attributen des Menschen und erzeugt Spannung. Tatsächlich aber sind wir ständig beides, egal ob Mann oder Frau, und sollten diese Teile in uns in harmonischer Weise ausleben und betrachten. Es ist nämlich genau diese Yin-Yang Polarisation, die unsere Welt so sehr ins Schwanken bringt und seit Jahrtausenden das scheinbar stärkere Element Feuer dominieren lässt. Doch es ist logischerweise nicht stärker, es ist nur heißer, gefährlicher und damit einschüchternder. Aber die Kraft des Wassers wird den Stein abtragen, wie es das Feuer nicht kann. Und so löscht es auch das Feuer, wenn das Wasser genug davon hat. Das Wasser ist das stärkste und weichste Element von allen. Es ist nur geduldiger, sanfter, toleranter bzw. liebevoller. Und genau das passiert ja gerade auf Erden. Die Macht der Frau, also die Kräfte des Göttlich-Weiblichen, wollen wieder reaktiviert werden, damit ein Leben auf unserem Planeten nicht nur ertragbar, sondern wieder wunderbar paradiesisch wird. Aus Krieg wird Frieden, aus Kapitalismus wird ein Miteinander und aus (männlicher) Macht wird weibliche Schönheit. Denn Schönheit ist Macht, allerdings ist hier im wahren Kern die Schönheit der Liebe, des Miteinanders und des Mitgefühls gemeint. Da gibt es keinen Stress und keine Leistungsorientierung, sondern „liebe deinen Nächsten" und „gemeinsam erbauen wir eine schöne Welt". So sind die Botschaften von Jesus Christus aktueller denn je, denn dieser

Wandel hin zum Göttlich-Weiblichen hat bereits begonnen. Das wachsende SOPHIA-Bewusstsein in den Menschen, wie auch bei mir, ist Beweis dafür. Es geht also um die Harmonie der elementaren Kräfte und nicht um die einzelne Dominanz jener Kräfte. Wenn wir das verstehen und umsetzen können, sind wir im Gleichgewicht. Wir erleben eine Harmonie und eine unglaubliche Macht, denn wir haben uns befreit aus der polarisierenden Matrix und unsere inneren Kräfte in harmonische Schwingung gebracht.

In diesem Kapitel werde ich ausschließlich die inneren Kräfte der Elemente aufzuzeigen. Der Spiegel im Außen ist klarerweise augenscheinlich, wenn Menschen auf dich zugehen oder polarisieren, dich entwerten oder dir mit Liebe begegnen. Wie verhält sich dein Umfeld im Außen dir gegenüber? Vielleicht gibst du aber auch alles, um deinem Umfeld zu entsprechen, um äußere Harmonie zu wahren, während es im Inneren unterschwellig vor Unzufriedenheit brodelt. Frage dich danach, und an den Antworten kannst du viel über deine innere Harmonie bzw. deine Beherrschung der Elemente kennenlernen, was im Selbststudium durch Tagebuch Schreiben und Reflexion gute Erkenntnisse für die persönliche Entwicklungsreise bringen kann.

Die Struktur des Erdelements

Das Element Erde ist zugleich Symbol unserer Mutter Natur, die uns so reichlich beschenkt, uns unser tägliches Brot gibt und uns Heimat bzw. Raum zu Verfügung stellt. In ihrer materiellen Form gibt sie uns Struktur, Begrenzung und dadurch auch Sicherheit. Denn es ist das Unbegrenzte, das uns nervös macht. Zum Beispiel ist die Liebe unbegrenzt, wohingegen Angst durch Kontrolle gut eingegrenzt werden kann. Das Materielle zeigt in seiner Verdichtung die Grenzen auf und ist somit leichter fassbar als unser grenzenloser Geist, wie etwa unser höheres Bewusstsein, vor dem wir sogar Panik haben, weil wir es scheinbar nicht verstehen bzw. begreifen können.

Das Materielle gibt uns Struktur und so bedarf es auch für das innere Element Erde der Struktur im Menschen. Das sind oft Menschen, die sich an Regeln halten und selbst Strukturen aufbauen, um ihr Paradigma einzugrenzen bzw. unbewusst zu begrenzen und die Welt daher leichter in Ordnung zu halten. Das Element Erde liebt die Ordnung, das Gesetz und die Befolgung dessen. Es sind daher auch oft Führungsmenschen, wie Politiker, die die Regeln vorgeben und ein gutes, geregeltes Miteinander schaffen, denn das Element Erde übernimmt Verantwortung. Das wäre zumindest ein positiv ausgelebtes Erdelement. Obwohl natürlich das Annehmen von zu viel Verantwortung auch eine Schattenseite darstellt. Heutzutage wird doch oft mehr auf sich selbst geschaut als auf das Miteinander, wodurch die Regeln der Gesellschaft sogar verrückt erscheinen, wie man in der heutigen Politik ja sehr deutlich sieht. Doch das innere Element Erde lebt genau mit derselben Strukturbedürftigkeit. Diese Begrenzung ist in der Inkarnation ja schon ersichtlich. Und so ist es ein Attribut des Erdelements, Strukturen zu formen und diese zu bewahren. Unbewusst ist das Erdelement allerdings manchmal etwas zu starr an der Einhaltung seiner Regeln interessiert und bricht sich dabei so manchen Knochen oder bekommt Arthrose oder Rheuma im Laufe der Zeit. Sprich, die Dinge fließen nicht mehr so reibungslos, sondern erstarren und werden brüchig, wie ausgetrocknete Erde. Ja, genau, das Wasserelement als Ausgleich fehlt hierbei.

Aber zu den Fähigkeiten des Erdelements zählen auch Genauigkeit und Konzentration. Tiefer und ruhiger Fokus ist hier der Kern. Volle Aufmerksamkeit, durch die der Mensch sich weiterbildet und lernt. Er hat die Ausdauer, durchzuhalten, und gibt sich selbst auch den Raum dafür. In dieser Haltung bleibt das Erdelement allerdings eher nüchtern, scheint oftmals distanziert zu sein, weil es weniger ins Gefühl geht, als den Fokus im Blick zu behalten. Und ja, Erde bedeutet auch wortwörtlich, Erde zu besitzen. Sprich, im Erdelement möchte der Mensch auch seinen Besitz, sein Hab und Gut, vermehren, um Sicherheiten aufzubauen. Er sammelt und lässt nicht los von Erworbenem, denn man könnte es ja noch brauchen und immerhin ist es ein Besitz. Damit baut er einen Wert auf und wertet sein Hab und Gut. Und so ist das Erdelement im Schatten, also unbewusst, ebenso sehr wertend zu sich und seinem Umfeld. Denn wer hat, ist besser aufgestellt als der, der nicht hat. Und hier kannst du vielleicht schon erkennen, welche Sätze dich bestätigen und welche Sätze dich vielleicht sogar triggern. In jedem Element liegen viele Sonnenseiten, wie ich sie nenne, aber auch Schattenseiten, also im Unbewussten liegende Themen, die wir grundsätzlich nicht reflektieren, weil sie uns ja nicht bewusst sind. Durch das klare, aufmerksame Beobachten der eigenen Anteile an diesen Verhaltensmustern können aber diese Schattenseiten beleuchtet werden und du kannst selbst entscheiden, wie du dich gerne verhalten möchtest. Eventuell möchtest du ja doch das geerbte Haus loslassen, weil es ein Ballast ist, was du dir endlich eingestehst, selbst wenn du es billiger als erhofft verkaufen müsstest. Du kannst durch ein Loslassen deinem Schicksal entgehen. Aber das ist ja auch genau der Lerneffekt: durch Loslassen wieder frei zu werden. Oder du möchtest doch mehr Nähe zu deinen Liebsten aufbauen und siehst nun deine eigene Dynamik in der Beziehung. Es gilt also, zu hinterfragen: Wie wirkt sich dein Erdelement in dir aus, was sind die Vor- und Nachteile (Sonnen- und Schattenseiten) daran und wie würdest du gerne handeln bzw. deine Anteile des Erdelements ausleben? Für die, die ihr Schicksal wirklich überwinden wollen, ist ein Tagebuch zur Erkennung und Aufarbeitung der eigenen Themen sehr gut geeignet. Das Tagebuch könnte in folgende Hauptfragen gegliedert sein:

Wie verhalte ich mich in einer gewissen Situation?
Was irritiert mich daran?
Was freut mich daran?
Wie kann ich mich anders verhalten, wenn es mich irritiert?
Welche zusätzlichen elementarischen Kräfte können helfen, einen Ausgleich zu schaffen?

Die Leidenschaft des Feuerelements

Das Feuer ist die göttliche und männliche Kraft der Schöpfung. Jede Erschaffung ist getrieben durch das Feuerelement, wie die Zeugung ein Akt der brennenden Leidenschaft und des Feuers zwischen zwei Menschen bzw. im Göttlichen ist. Das Feuer ist die Urkraft, die uns schafft und erzeugt. Sie ist dafür verantwortlich, dass Leben zum Ausdruck kommt, dass Dinge umgesetzt werden und dass der göttliche schöpferische Impuls durch uns zum Leben erschaffen wird. Das innere Feuerelement ist aber auch im Weiblichen enthalten, so wie alle Elemente im Männlichen wie auch im Weiblichen enthalten sein müssen. Das ergibt sich schon allein aus dem Gesetz des Geschlechts. Wir kennen die Redewendung „für etwas brennen". Hier wirkt das Feuer durch und in uns Menschen in seinem weiblichen Aspekt. Jede Art der Leidenschaft, sei es im Privaten oder im Beruflichen, ist vom weiblichen Teil des Feuerelements geprägt und wird durch die dafür brennende Emotion zur Leidenschaft. Jede Art des leidenschaftlichen Austragens, z. B. ein Unternehmen aufzubauen oder ein Buch zu schreiben (man sagt ja nicht umsonst „das ist mein Baby"), ist ein Akt, welcher dem weiblichen Feuerelement zuzuschreiben ist. Die Zeugung, also die Instandsetzung eines Unternehmens, das Umsetzen von Ideen, wie z. B. die Idee, ein Buch zu schreiben, und die beginnende Kraft, der es bedarf, um Neues in der Welt zu etablieren, das sind die von der weiblichen Kraft begleiteten männlichen Feuerenergien. Etwas kreieren, schaffen und ausdrücken ist Teil des männlichen Feuerelements. Das Leben voller Leidenschaft auszuleben, Energie zu versprühen, um Dinge umzusetzen, Neues zu zeugen, zu kreieren sind alles Aspekte des Feuerelements. Es ist eine aggressive Kraft, die in uns und durch uns wirkt und unglaublich viele Dinge schaffen kann. Wobei das Wort Aggression, aus *aggredi* im Lateinischen, einfach nur „sich vorbewegen, auf etwas zugehen" bedeutet und nicht mehr. Der Ausbruch von Wut hat nur mit Aggression zu tun, weil der aggressive Mensch ja auch auf etwas zugeht – und zwar rasant, zielstrebig und willensstark, was schließlich aggressiv ist und dem Feuerelement gleichkommt. Doch das Wort an sich hat nichts mit der negativen Konnotation, die wir ihm zuschreiben, zu tun. Aggressiv zu sein ist lebensnotwendig, denn sonst würden wir ja auf nichts zugehen und die Welt nicht neu erschaffen und gestalten. Wir würden zuhause verhungern wie der Löwenzahn, der sich nicht traut, durch den Asphalt am Straßenrand zu wachsen. Das ist das wahre Aggressive des Feuerelements. Und während wir natürlich das Feuerelement auch im Außen wahrnehmen, z. B. Wüstenlandschaften, Waldbrände, Hochofenverbrennungsanlagen, Krieg, Holzofen, Vulkane oder auch nur das Licht einer Kerze, so können wir lernen, die Kraft des

Feuers auch in unserem Inneren wahrzunehmen und damit unsere Verhaltensmuster zu lenken. Denn das Feuerzeichen ist sehr kraftvoll und damit auch schnell überfordernd für uns selbst und unser Umfeld. Ob es zu viel Leidenschaft ist oder zu viel Aggression, beides ist oftmals nicht leicht konstruktiv ins Leben zu integrieren. Zu viel von der Feuerenergie kann bedeuten, dass der Mensch nur mehr arbeitet und mit Vollgas und Power sein Unternehmen aufbaut, als Pionier den neuen Markt erobert oder seiner Leidenschaft folgt und sein Umfeld gar nicht mehr wahrnimmt, wie z. B. die Familie, die sehnsüchtig auf den Mann wartet, der auch am Wochenende arbeitet, oder der Sportler, der für seine Leistung alles gibt, dem das Fitnessstudio und Training wichtiger sind und der mitunter monatelang seiner Beziehung fernbleibt. Das Feuer in uns wirkt, hat eine faszinierende, unglaublich magisch wirkende Kraft – es ist die Lebenskraft –, kann aber auch, einseitig gelebt, sehr schädlich, *brandgefährlich* für den Menschen und sein Umfeld sein. Feuerenergien wirken durch uns, und mit dieser fühlbaren Wärme gilt es auch zu arbeiten.

Wieviel vom Feuer tut dir gut?
Wann ist die Leidenschaft zu dominierend?
Wann bedarf es konzentrierter Feuerenergie und wann bedarf es des Gegenteils (des Wasserelements), um abkühlen zu können? Denn das Wasserelement kann hier wie ein Schutzengel wirken.

Wir Menschen haben eine Grundanziehung zum Feuerelement, denn es gibt uns Lebensenergie, Wärme von innen und von außen, es kreiert die intensivsten Vorstellungen in uns und erzeugt den Trieb, diese umsetzen und ins Leben bringen zu wollen. So wie das Blut unser Lebenselixier ist, so ist das Feuerelement unsere heilsame Lebensenergie, welche das Blut erwärmt und zum Leben erweckt und der es bedarf, um uns als Menschheit existieren zu lassen. Das Licht und seine Wärme, die im Feuer stecken, sind unsere lebensnotwendigen Energien, wir sind daher von ihnen automatisch angezogen und nehmen ihre Kräfte auf. Die Sonne ist das Symbol und steht als Zeichen des absoluten Feuerelements und ihr Licht und ihre Wärme sorgen für die Blüte dieser einzigartigen Welt – unserer Mutter Natur, die Erde oder SOPHIA GAIA, wie sie im Schamanismus als göttlich-weibliche Erde genannt wird. Wer genau hinspürt, wird erkennen, dass Licht und Wärme auf der Empfindungsebene Liebe, Hoffnung, Zuversicht, Friede und Glück vermitteln. Das Feuerelement und die Sonne als sein Zentrum ist die höchste Form der universellen Energie. Sie bringt selbst Licht und daher Leben dorthin, wo Dunkelheit und damit Verhärtung und Tod regieren. Und wenn Luft noch hinzukommt, wird das Feuer sogar noch mehr Kraft und Wirkung zeigen und in unermessliche Höhen aufflammen. Energetisch gesehen ist das ein absoluter Zünder.

Wer sich aber vom Licht, von der Sonne abwendet und in die Dunkelheit wandert, der kann die Wirkungen der Kräfte und Energien nicht mehr aufnehmen bzw. spüren. Angst und Furcht entstehen, weil sich der Mensch in Unsicherheit begibt. Als Beispiel sind Menschen zu nennen, die sich zuhause einsperren, dem Licht der Sonne ausweichen, weil sie entweder faul in der vertrauten Umgebung herumliegen oder mit anderen Menschen und der Natur nichts mehr zu tun haben wollen, wohl eine Niedergedrücktheit bzw. Depression erleben, weil sie verlernt haben, wer sie wirklich sind und sich nur mehr verstecken, um jeder Scham zu entgehen. Menschen, die ihre Rollos an den Fenstern unten lassen, damit sie nicht vom wahren Licht des Lebens geblendet werden und somit auch nie Energie tanken können. Manche Menschen sind vom Leben selbst überfordert und diesbezüglich gefährdet. Wohlgemerkt kann ein ‚kurzfristiger‘ Rückzug natürlich auch sehr heilsam sein.

Doch diese Feuerkräfte, die durch das Licht wirken, sind von höchster Stelle des geistigen Plans – sie kommen aus dem Göttlichen. Daher ist die Sonne unser wichtigster Planet im „Sonnen"-System. Sie spendet uns lebensnotwendige Energie, die wir in unserem Körper in Vitamin D transformieren und vieles mehr, was wir im Physischen noch nicht kennen. Sie stärkt uns, bringt uns Hoffnung, Freude und Elan. Wer gezielt in sich hineinhorcht und meditiert, wird auch erkennen, dass die Energie des Sonnenlichts etwas Heilendes mit sich bringt und dass eine gewisse Glückseligkeit darin zu finden ist. Das erste Gefühl in der Sonne ist vielleicht ein „ah, die Wärme tut gut", und danach fühle doch einfach etwas nach: Was verbirgt sich denn hinter diesem Gefühl? Es kann sein, dass es bereits „Glück" ist. Wir sollten das für uns viel öfter hinterfragen und wahrnehmen, wie es uns denn geht und welche Gefühle da sind. Im Sonnenlicht und mit innerer Ruhe können wir nicht nur Energie tanken, sondern eine Kraft des Schaffens erleben oder zumindest fühlen. Wir bekommen vielleicht Impulse durch diese Energie, die freigesetzt wird. Das sind innere Prozesse des Feuerelements, durch welche wir unglaublich viel Energie sammeln können, wenn wir Rücksicht darauf nehmen, und welche uns hilft, unser Leben voll in Angriff zu nehmen. Sie bringt Inspiration, Begeisterung und Kreativität, wenn wir es uns erlauben, diese Kraft wahrzunehmen. Natürlich ist die Sonnenenergie im Sommer für uns am höchsten und energetisch sogar zu heiß. Wir würden verbrennen, wenn wir uns nicht schützen. Die von außen wahrgenommenen Kräfte der Elemente gehen weit über unsere Kräfte hinaus und wir müssen uns zu gegebenen Zeiten auch wieder vor ihnen schützen, wenn wir sie noch nicht beherrschen (im magischen Sinne). Auch sie schwingen im für sie vorgesehenen Rhythmus und erreichen ihre Höhepunkte, bevor das Pendel wieder fällt. Auf Ebbe folgt Flut, auf Sommer folgt Herbst und dann Winter.

Aus demselben Grund werden Kerzen für Meditationen verwendet, weil das Licht göttlich wirkt, im Gegensatz zum künstlichen Licht, das nicht nährt und auf Dauer nur die Augen fordert. Die wahre Feuerkraft (Sonne, Kerze, Lagerfeuer, …) wird durch unsere Haut transportiert und aufgenommen und trifft uns im Inneren. Wir können mit Licht und dem Element Feuer arbeiten und unsere Schwingungen damit erhöhen. Schwingungen zu erhöhen bedeutet Energie aufzubauen. Wir können uns durch die Meditation in einen anderen Zustand transmutieren, z. B. von Ermüdung oder Entkräftung hin zur Begeisterung, was wieder Elan und Impulsivität mit sich bringt.

Doch es geht um die Harmonie aller Elemente, denn das Feuerelement ganz allein erlischt, wenn es keinen nährenden Boden hat, auf dem es brennen kann. Und während die Luft das Feuer noch verstärkt, kann das Wasser erlösend wirken und das Feuer zu seiner Zeit löschen. Wie diese Kombinationen im Inneren zu handhaben sind, ist aber vor allem zu reflektieren, denn es ist nicht so leicht zu spüren, welcher Kombinationen es bedarf, um eine gewisse Ausgeglichenheit herleiten zu können. Für eine Transformation bedarf es der Handlung, der Reflexion dessen und schließlich der bewussten ausgleichenden Korrektur. Wobei die Reflexion allein öfters schon unsere zukünftigen Handlungen prägt, weil diese bereits durch Aha-Erlebnisse ins Bewusstsein übergehen.

Einen sehr harmonischen Zugang zum Feuer hat die Luft, die dem Feuer den Lebensatem gibt. Ohne Luft kein Feuer – das ist wörtlich zu nehmen, auch für die innere Wirkung der Elemente. Durch unseren Atem, der uns Rhythmus gibt und zugleich Bedingung dafür ist, dass unser Blut mit Sauerstoff angereichert wird. Durch die feurige Kraft des Herzens zirkuliert das Blut, welches durch den Sauerstoff am Leben gehalten wird. Dasselbe Prinzip für das Außen gilt auch für den Köper im Inneren. Doch auch im Spirituellen gibt uns unser Atem die Basis für die innere Kraft und Lebendigkeit, um alles, was wir wahrlich tun wollen, umsetzen zu können. Denn die Luft regt dazu an, kreativ und innovativ zu werden, während das Feuer im Herzen für die Idee zu brennen beginnt und sie umsetzen möchte. Auch hier ist die Kraft des Herzens mit dem Genie des Geistes (Luft) ergänzt und ergibt ungeahnte Schöpferkraft. Hier heißen die Tagebuchfragen ganz klar:

Für was brennst du?
Was macht dir Spaß und wie setzt du diese Lebensenergie um?

Doch die Kräfte des Feuerelements können auch in destruktive Handlungen übergehen und das Umfeld im wahrsten Sinne in Brand setzen, wenn ein Kampf zwischen zwei Männern direkt ins Spital führt. Wenn Hitze in den Kopf steigt und Jähzorn, Wut und nicht ausgelebte Aggressionen plötzlich unkontrolliert oder in Überdosis hochkommen und Dinge wie auch Beziehungen zerstört werden. Das ist immer noch die Kraft des Feuers im reinen Element und sogar mit Luft verstärkt. Sprich, wenn sich im Kopf ein ganzer Film an Ärgernissen auftut (Luftelement) und das Feuer sozusagen immer größer wird, nicht, weil die Situation immer schlimmer wird, sondern weil das Kopfgebilde die Situation immer schlimmer darstellt. Zum Beispiel magst du etwas am Verhalten deiner Freundin nicht und es ärgert dich. Aber je mehr du nachdenkst, desto mehr glaubst du zu wissen, warum sie so gehandelt hat. Alles scheint gegen dich und macht dich nur noch rasender. Es ist natürlich ein hausgemachter Schein. Es stimmt nicht. Aber Luft lässt Feuer höher flammen. Die Bremse dafür liegt im Erd- und Wasserelement. Die Erde drückt das Feuer aus und das Wasser löscht es, was sich dann zu Dampf entwickelt und daher nicht gerade die sanfte Art und Weise ist. Erde ist zu bevorzugen, weil es die Energie des Feuers am besten aufnimmt, abgibt und das Feuer sanft erstickt. Das Erdelement gibt dem Feuer Raum, auszuglühen. Sprich, in der Hitze des Gefechts kommen durch das Erdelement kühle Distanz, Objektivität und sachliche Betrachtung in den Raum, dazu etwas Struktur und genaues Hinschauen (Um was geht es wirklich?) – und schon kann das Feuer verglühen. Doch auch das Wasserelement kann sehr hilfreich sein, indem es einlädt, die entstandenen Aggressionen zu benennen und durch das plötzliche Ablöschen ehrlich und tief weinen zu können. So kannst du von der Hitze loslassen und die Energie in das Beweinen fließen lassen. Da wird zunächst eine große Trauer spürbar werden und ein heftiges Weinen darf beginnen. Für Männer und Frauen wäre das so. Allerdings haben viele Männer in unserer Matrix gelernt, nicht zu weinen und keinen Schmerz zu fühlen. Hier kühlt die Energie ab und wird zur Melancholie, die die wahre Trauer und den tieferen Schmerz unterdrückt.

Doch die Hitze des Gefechts hat in ihrer reinen Form ja unglaublich viel Energie, die man konstruktiv kanalisieren lernen kann, z. B. durch Muskelaufbau im Fitnessstudio, das Zusammenschlagen von zu renovierenden Wohnräumen mit dem Vorschlaghammer oder das händische Erbauen von Häusern, Brücken oder Mauern. Dann kommt die Aggression nicht überraschend für das Umfeld hervor, sondern wird als Dauerbearbeitung energetisch eingesetzt. Das hilft in drei Richtungen, nämlich einmal beim Energieabbau (denn wer Energie verbrennt, der wird entladen und ist erst einmal energielos); es hilft danach beim Energieaufbau (je mehr Energie man irgendwo hineinsteckt, desto mehr Energie entsteht, z. B., wenn man öfter laufen geht und dann aufhört, geht einem das Laufen richtig ab. Man hat dann ständig den Drang, laufen zu gehen, sprich, Energie vermehrt sich); und zuletzt beim Energieausgleich, denn wer sich im

Sport austobt, der hat bereits viele unterschwellig angehäufte Aggressionen körperlich abgebaut und auch ein etwaiges irritierendes Thema kann mit mehr Selbstbewusstsein behandelt werden, weil sich grundsätzlich der sportliche Mensch besser fühlt, sprich, dieser Mensch bricht nicht so schnell aus allen Fugen, fährt nicht so schnell aus der Haut. Es gilt schon zu beachten, dass Sport nicht gleich Sport für Aggressionsabbau ist. Also Laufen ist z. B. eher ein Ausdauersport und auch beim Schwimmen kommt man nicht so gut in die Hitze hinein. Ein Hundert- oder Zweihundertmeterlauf ist jedoch zielführend, um sich auszupowern. Es bedarf also eines kraftorientierten Sports, um Aggressionen aus dem Körper zu katapultieren. Dazu gehören sämtliche Kampfsportarten, aber auch Ballspiele (Tennis, Squash, Fußball) und sogenannte Highland-Games (Schwergewichtheben und -werfen) und weitere. Durch diese kraftintensiven Sportarten wird Aggression konstruktiv befreit. Das Befreien von Aggressionen im Körper hat zudem den Vorteil, dass sich Krankheitsbilder auch verbessern oder gar nicht erst zeigen. Krankheitsbilder des unausgeglichenen Feuerelements sind z. B. alles, was juckt (unter der Haut, auf der Haut, im Körper etc.), aber auch alle Entzündungen im und am Körper. Vor allem aber auch Herzkrankheiten können oftmals dem Feuerelement zugerechnet werden, weil der Mensch sein Leben nicht lebt und seine Lebensenergie unterdrückt bzw. für etwas anderes verwendet, z. B. dazu, das Leben anderer zu leben. Das macht den Menschen unterschwellig sehr aggressiv und Krankheiten sind die Folge.

Doch auf der positiven Seite gewinnt der Körper durch den Sport auch durch Muskelaufbau, was wiederum das Element Feuer dabei unterstützt, noch mehr in seine Kraft zu kommen und Dinge umzusetzen. Denn für Pionierarbeit braucht man Kraft. Und je mehr, desto besser, denn unsere Muskeln können Dinge bewegen, sprich, Berge versetzen. Und hier sieht man bereits, wie das innere Feuerelement mit der Emotion des Herzens z. B. durch Verliebtsein, durch eine intensive Begeisterung (für etwas brennen) zum Ausdruck kommen kann und die Welt verändert, ja Berge versetzt. Das Feuerelement ist die kreative Schöpferkraft. Wohlan, lieber Mensch, schöpfe und erschaffe.

Das innere Luftelement ist wohl das scheinbar Freieste – in den Gedanken wie auch in der Einstellung zum Leben. Wenn ich vom inneren Luftelement rede, meine ich nicht den Furz, der ab und zu dem Körper entflieht. Ich rede hier nicht vom ayurvedischen Verdauungsfeuer. Die Luft lässt uns atmen und versorgt damit unser Blut und im Weiteren unser Nervensystem. Ohne Luft kein Leben, denn das Luftelement gibt dem Feuer des Lebens den ersehnten Atem zum begeisterten Aufflammen. Das Luftelement ist der Zugang zum Geist, in die spirituelle Welt, die sich grundsätzlich im Wasserelement befindet, ihren geistigen Zugang aber im Luftelement offenbart, z. B. durch Meditation, Reflexion und echtes Nach-Denken, sprich, selbstständiges Denken und nicht das Nachreden, was andere schon erdacht haben, denn, so muss die unbedingte Hypothese lauten: Es könnte ja auch falsch sein, ganz nach der Philosophie von Rudolf Steiner.[50] Hermes Trismegistos ist somit ein ausgezeichnetes Symbol für das Luftelement, wird er doch dem Merkur zugeordnet und war selbst als Verkünder der vielen Weisheiten tätig und gab den Geist des Merkur und seine Botschaften weiter.

Und so studiert der Mensch im Luftelement, um sich weiterzubilden, und sprengt mit dem angehäuften Wissen auch manchmal die genormten Abläufe der Gesellschaft, die Traditionen und Regeln, um neue, dem Zeitgeist förderliche Strukturen zu schaffen, z. B. LGBT* und damit keine Normen, Strukturen oder Kategorien. So unterstützt das Luftelement den Zeitgeist, den universalen Rhythmus, das Langfristige und versucht, diplomatisch wieder Harmonie ins System oder außerhalb des Systems zu bringen. Allerdings ist diese Harmonie nicht die harmonische Gefühlswelt, gepaart mit Liebe, Zuneigung und Mitgefühl, sondern eher die nüchterne Harmonie der Diplomatie, der gesellschaftlichen Ordnung, als eine

---

[50] Der Mensch sollte wieder selbstständig denken lernen, was durch die Sprachentwicklung und das aufgebaute System der Wissenschaft verlernt wurde. So kommt es zu keinen neuen Erkenntnissen, denn: „Probleme kann man nicht mit denselben Denkmustern lösen, die sie geschaffen haben", so Albert Einstein.

etwas distanziertere Harmonie. So werden auch manche Themen mit viel Luft unter den Teppich gekehrt, um die Harmonie aufrechtzuerhalten. Der Schein ist hier wichtiger als das Gefühl, das sich dahinter verbirgt. So geht es dabei selten um das Herz und Herzentscheidungen, sondern, ganz dem Luftelement gemäß, um erdachte Konstrukte und Kopfentscheidungen. Und Kopfentscheidungen sind radikal anders als Herzentscheidungen. Wenn hier das eigene Ego noch nicht aufgearbeitet ist, wird der kopflastige Mensch von seinem Ego getrieben sein und sein Herz mitunter gar nicht hören, auch wenn es schon brüllt.

Doch hat das Luftelement einen sehr guten Zugang zum Wasserelement und lernt die Gefühlswelt über das Wasserelement kennen. Wenn das Wasser das Feuer löscht und Dampf entsteht, lernt das Luftelement am meisten, denn diese hitzigen Auseinandersetzungen kennt die Luft an sich nicht. Das Luftelement kann aber das Feuer entfachen und es gewaltig aufflammen lassen. So wird der Ärger schnell einmal explosiver Jähzorn, und wären diese brodelnden Gefühle auch noch in einem geschlossenen Behälter (Strukturen bzw. Material, Erdelement) gesammelt, würde es tatsächlich einer Explosion gleichkommen. Die Wut würde durch Luft überkochen und den Behälter sprengen. Auf das Leben umgesetzt würde diese Konstellation unausgeglichener Elemente eine Art Unfall hervorrufen, wobei sich auch jemand schwer verletzen könnte. Wichtig ist, dass es die Dynamik zu identifizieren gilt, damit wir sie entschärfen können, nicht das Unterdrücken der Kräfte.

Das Luftelement ist also dem Geistigen zugeordnet und so kommt es, dass viele mit Sternzeichen oder Aszendent im Luftelement (Zwilling, Waage, Wassermann) Nobelpreisträger sind, weil sie in verschiedensten Disziplinen innovativen Ideen nachgehen und diese erforschen.

Doch das Luftelement ist vor allem auch zum Atmen da. Der Atem ist das Leben. Der lebendige Geist wird durch das Atmen erweckt, gibt unserem Geist wie auch unserem Körper ein Bewusstsein und unsere Lebensbasis. Unser Atmen folgt einem Rhythmus, wie das Universum in seinem Rhythmus atmet. Und so besagt die Hermetik, dass, wer seinen Atem kontrolliert, auch sein Leben kontrolliert. Nun haben wir zum ersten Mal eine bewusst eingesetzte Kontrolle anstatt Vertrauen. Was hat es damit auf sich? Hier geht es nicht um Angst und daher um Kontrolle, die Sicherheit aufbaut, sondern hier geht es darum, den bewussten manipulativen Effekt von Kontrolle als Macht über uns selbst, über unser Leben, zu erlangen. Ganz im Sinne der Beherrschung der Elemente können wir durch die Kontrolle unserer Atmung versuchen, die elementaren Wirkungen zu verändern, Herr unserer Lage zu werden, sprich, unser Leben bewusst zu leben bzw. zu steuern. Und durch die Kontrolle der Atmung kann uns das gelingen. Wir erleben dann die Veränderung in unserem Rhythmus, dass wir einmal langsamer, gelassener, ruhiger leben können und daher offener für die Meditation und das Transzendentale werden und einmal schneller, energetischer, aktiver werden und uns zur Ekstase hinarbeiten können. Ja, alles durch den Atem, der unsere Grundschwingung rhythmisch steuert. Die Übung macht wie immer den Meister.

Hermetische Atemübung:

Vier Sekunden einatmen,
vier Sekunden den Atem anhalten,
vier Sekunden ausatmen und
wieder vier Sekunden den Atem anhalten,
bevor du rhythmisch wieder von vorne beginnst.

Mache diese Übung täglich für fünf Minuten und versuche, in deinem Tempo die Übung mit der Zeit zu verlängern. Schließlich kannst du auch die Sekunden des Atemrhythmus noch erhöhen. Wenn du die Atmung schließlich bewusst steuern kannst, kannst du dein Leben steuern, so die hermetische Prämisse. Ängste werden weniger, weil du spürst (und sogar weißt), dass du Frau deines Lebens bist. Das macht einen Riesenunterschied darin, wie wir im Leben stehen, und es erhöht zudem unser Bewusstsein, weil wir sensibler werden.

Im Fluss des Wasserelements

Das Wasser ist das scheinbare Pendant zum Feuer und so heißt es in der Hermetik, dass, wer diese zwei Elemente begriffen hat und für sich im göttlichen Sinne harmonisieren und verwenden kann, bereits alles hat, was er braucht, um ein glückliches Leben zu führen. Das kommt daher, dass das Wasserelement das Empfangende darstellt. Während das Feuer der Zeugung zugeschrieben wird, stellt das Wasser das Becken der Empfängnis dar. Ja, es ist daher weiblicher Natur und empfängt, wie eine Frau den Samen des Mannes empfängt. Während er zeugt, empfängt sie und gebärt schließlich neues Leben. Das Wunder des Lebens ist mit diesen zwei Elementen vollbracht. Und ohne das Weibliche wäre die männliche Kraft nicht geboren, ja, gar nicht möglich. Sie ist die wahre Mutter und somit Treiberin und Eröffnerin des Männlichen. Sie ist im Allergöttlichsten SOPHIA, wie es bereits in der Bibel (im *,Buch der Sprüche'*) beschrieben ist. Das Göttlichste im Uni-/Multiversum[51] ist SOPHIA, die weibliche Quelle des Allergöttlichsten, die das Männliche (Christus) gebärt und als Einheit im SOPHIA-Christus-Bewusstsein das Multiversum und die Welt erschafft.

Und doch sind diese zwei Elemente in unserer maskulin etablierten Kultur oft schwer zu vereinen. Das oft maskuline Feuer polarisiert auf das oft weibliche Wasser, weil die Wasserqualitäten als schwächer und langsamer empfunden werden. Obwohl das Gegenteil der Fall ist, denn das Wasser ist stärker und auch schneller, kommt das Wasserelement mit der Qualität der Geduld, was in der maskulinen Welt mit Entscheidungsschwäche verwechselt wird.

Das Wasserelement in uns drückt sich durch die Gefühlswelt aus. Das Mitteilen von Emotionen, das Spüren von tiefen Verbindungen und auch das Erfahren von Transzendenz wird allesamt dem Wasserelement zugesprochen. Wer berührt wird, vergießt schnell auch einmal Tränen und kann diese offen zeigen, wenn das Wasserelement gut integriert ist. Es ist ein sich Lösen von Strukturen, von

---

[51] In der spirituellen Weltanschauung wird von Multiversen (mehreren Universen) ausgegangen, die allesamt göttlichen Ursprungs sind, nämlich Ayn Soph oder SOPHIA, die Quelle.

Gesetzen und Regeln und einfach mal sich selbst sein. Immerhin bestehen wir zu mehr als 70 Prozent aus Wasser. Und ja, deshalb ist es dringend notwendig, dass wir als Gesellschaft das Wasserelement wieder schätzen und integrieren lernen, denn das sind schließlich wir selbst in unserer körperlichen Essenz. Ausrasten und in Liebe mit der Natur sein ist das Motto. Das Wasserelement zeigt sich sanftmütig, weich, tolerant, geduldig, barmherzig, empathisch. Es hat Mitgefühl mit anderen Menschen, weil es die Hochs und Tiefs der Menschen spürt und nachempfinden kann. So ist Liebe eine tiefe seelische Empfindung, die durch das Wasserelement gelebt wird. Das Wasserelement ist fähig, die Tiefen der Seele und ihre Verstrickungen mit Ahnen und alten Inkarnationen zu erkennen bzw. zu fühlen. Es kann über Generationen hinaus Gefühle übernehmen und verankern, damit sie in dieser Generation aufgearbeitet werden können. In seinem rhythmischen Fluss fließen diese Gefühle einfach mit. Und natürlich kommt es hierdurch zu Erschwernissen im Leben, denn oftmals versteht der Mensch die Zusammenhänge von solchen Gefühlen gar nicht. Doch das ist meist auch schon ein Hinweis: Wenn man seine Gefühle nicht zuordnen kann und diese von weit hergeholt erscheinen, dann könnten sie auch transgenerational sein.

Das Wasserelement ermöglicht auch einen Neuanfang, denn es schwemmt zuvor alles weg, was nicht mehr gebraucht wird und sich von seinen Mustern lösen darf. Alte Gefühle, wie getrennte Beziehungen, werden beweint und schließlich losgelassen, damit Neues entstehen kann. Wasser heilt alle Wunden. So wie Wasser unseren Durst löscht und für den Menschen wichtiger als Nahrung ist, ja, defacto das Wasser schlechthin die Nahrung ist, so ist es fähig, den gesamten Körper zu heilen. Das geht nicht von heute auf morgen und sollte auch von intensivem Beten begleitet sein, aber es funktioniert, wie unzählige Fälle beweisen. Es ist der Glaube dahinter, der selbst schon Teil des inneren Wasserelements ist, der diesen Gesundungswandel bewirken kann. Alles Seelische, so auch und vor allem der Glaube, sind dem Wasserelement zugeordnet. Sie gehören zur transzendenten Welt, die das Wasser in sich birgt und vermitteln kann. Das Wasser ist hier Vermittler und kommuniziert somit aus dem göttlichen Bewusstsein mit uns. Dass wir zu über 70 Prozent aus Wasser bestehen, ist somit natürlich kein Zufall, sondern nur dadurch können unser Körper wie auch unser Geist mit dem göttlichen Bewusstsein in Verbindung treten bzw. bleiben. So gibt uns das Wasser den göttlichen Fluss, den Flow, den wir im Leben brauchen, um ein glückliches Leben erleben zu können.

Wasser harmoniert gut mit dem Erdelement, weil die Erde dem Wasser Raum für die Gefühlswelt gibt und das Wasser so sein darf, wie es ist, beweglich, flüssig, eben nicht fest, sondern weich. Aber das Wasser löst auch schön langsam, aber sicher die Strukturen auf und nimmt der Erde den Fußboden weg. Hier gilt es, die zwei Elemente, die grundsätzlich in Frieden miteinander sind, auch in Harmonie zu bringen. Also einmal ist das Erdelement mehr angebracht und darf sich ausleben, indem es Materielles sammelt, auf Details schaut und Strukturen schafft, und ein andermal wieder das Wasserelement, das ein Loslassen unterstützt.

Das Wasser ist somit so heilig wie die Erde, auf die wir bauen, das Feuer, das uns wärmt und die Luft, die die Erde befruchtet und das Feuer entfacht. So siehst du nun, wie die vier Elemente in uns genauso wirken wie im Außen. Es gilt nur, diese zu verstehen und zu integrieren, damit wir in uns harmonisch sind. Und Tierkreiszeichen helfen uns dabei, dieses Verständnis leichter aufzubauen.

4.1. Tierkreiszeichen und die Freiheit über das Schicksal

Um unser Schicksal überwinden zu können, ist es hilfreich, die Tierkreiszeichen und die ihnen jeweils zugeordneten Elemente in den Blick zu nehmen, denn sie sind in unterschiedliche Ordnungen eingegliedert. Diese in der Astrologie durch die elementarisch dargestellten Tierkreiszeichen und Planeten verkörperten Wirkungen und Kräfte zeigen unser Schicksal auf. Sie weisen auf deinen Leidensweg hin und auch darauf, was es braucht, um dein Schicksal zu überwinden. Wie konnte sich der Mensch im Laufe der Jahrtausende nur von der Astrologie, die vor rund 8000 Jahren noch Astronomie genannt wurde, der ältesten Wissenschaft der Menschheit, abwenden und sie also Hokuspokus bezeichnen? Tja, das war wohl ein sehr geglückter Versuch unseres Systems, der Matrix, uns von unserem eigentlichen Weg abzutrennen, indem man uns das Verständnis für uns selbst wegnahm. Doch liegen die Daten nach wie vor und besser denn je auf und wir können einwandfrei nachvollziehen, erkennen und lernen, wie unsere Tierkreiszeichen, Elemente und Planeten im Sonnensystem unser Schicksal aufzeigen, ja im Eigentlichen beeinflussen. Und so ist es für den erwachenden Menschen an der Zeit, sich darüber Gedanken zu machen und hinzusehen bzw. hineinzuspüren. Und ganz ehrlich, du musst mir hier in keiner Weise Glauben schenken, es reicht, wenn du es selbst ausprobierst und anhand der eigenen Recherche und eigener Erfahrungen die Wahrheit bzw. deine Wahrheit erspürst.

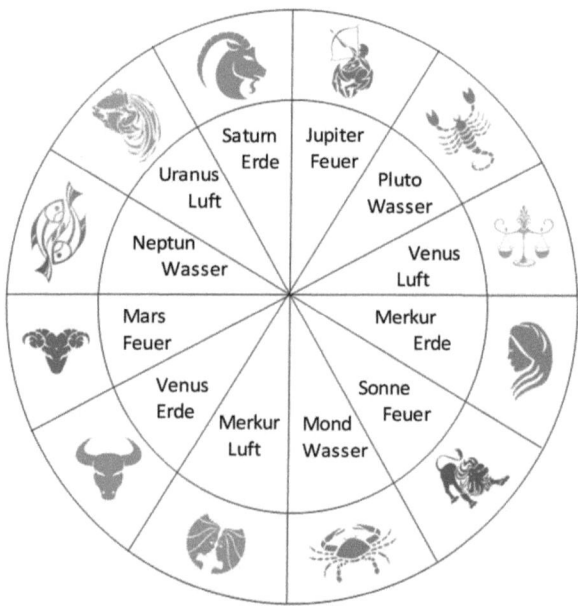

Abb. 25: Tierkreiszeichen, Archetypen und ihre Elemente

In der Hermetik wie auch in der psychologischen Astrologie werden demnach je Element auch drei Grade oder Ordnungen beschrieben. Diese Grade werden in den Tierkreiszeichen auch dargestellt und bilden mitsamt den dazugehörigen Planeten die elementarischen Wirkungskräfte unseres Sonnensystems. Über unser Sonnensystem hinaus ist uns derzeit nichts bekannt und wir wissen um keinerlei Wirkungskräfte außer dem feinstofflichen göttlichen Bewusstsein, was über unser Sonnensystem hinausgeht. Doch innerhalb unseres Sonnensystems können wir anhand der etablierten Astrologie sämtliche Wirkungskräfte und -grade im Innen und im Außen erkennen und erklären.

Während die Astrologie sich vor allem auf die Archetypen, wie z. B. Mars, Venus etc., fokussiert, möchte ich hier nicht Teile der Ausführungen aus meinem Buch *‚SOPHIA – Der göttliche Mensch‘* wiederholen[52], sondern ganz gezielt nur auf die elementaren Kräfte in uns eingehen, um ein besseres Verständnis für die Elemente aufzubauen.

4.2. Elementare Verhaltensdynamiken

Im Großen und Ganzen steht also Feuer für Energie, Erde für Materielles und Konservatives, Luft für Geistiges und Wasser für Emotionales, Tiefgründiges und ein (Auf-)Lösen. Und idealerweise stehen die Elemente in Harmonie und Balance zueinander. Jedes Element folgt zudem drei Ordnungen, die in der Astrologie klar herausgearbeitet und als Tierkreiszeichen dargestellt sind. Die erste Ordnung zeigt den Einstieg der Elemente und ist einfacher, naiver und weniger komplex. Für Feuer, Erde, Luft und Wasser z. B. Widder, Stier, Zwilling und Krebs. Die zweite Ordnung deutet bereits auf ein entwickeltes Element hin, welches bereits komplexer und tiefer in den Eigenschaften und Handlungen wirkt, symbolisiert durch Löwe, Jungfrau, Waage, Skorpion. Die dritte und höchste Ordnung stellt die erhabenste Elementwirkung, aber auch Elemententwicklung dar. Sie ist die komplexeste, aber auch die reifste und reflektierteste Stufe und gibt dem Element sein ganzes Sein. Hier finden wir den Schützen, Steinbock, Wassermann und die Fische. Diese Ordnungen stellen somit auch den Wirkungsgrad der Elemente dar.

---

[52] Wer seine Schatten erkennen und überwinden lernen will, ist eingeladen, mein oben genanntes Buch ab Kapitel 4 zu vertiefen.

Sämtliche Elemente werden im Folgenden auch anhand ihrer Tierkreiszeichen und deren Ordnung erklärt, um sie besser zu verdeutlichen. Dies soll als Anhaltspunkt und Grundverständnis für die Beschreibungen und Wirkungen der Elemente dienen.

Mit schlauem Geist, einem Seh- und Hörvermögen des Herzens kann man die persönlichen Teile aus den Textteilen herausfiltern und die eigenen Schattenthemen und elementaren Wirkungen erkennen. Es gilt natürlich vor allem, die Schattenteile ins Licht zu bringen, also bewusst zu machen, damit wir unsere Muster und Glaubenssätze, welche unsere Handlungen leiten, hinterfragen und notfalls abändern können. Die Betrachtung der Elemente und ihre Ordnungen helfen uns, diese Teile in uns schneller zu entdecken. Doch erst, wenn diese Teile alle aufgearbeitet und ans Licht gebracht wurden, kann eine Überwindung des eigenen Schicksals möglich werden. Statt allein auf der Coach in Missmut zu versinken, weil die Beziehung gerade nicht so funktioniert, wie man es gerne hätte, kann eine wackelige Beziehung durch die innere Harmonie der Elemente wieder ins Leben gerufen und aktiviert werden. Und so kann sich ein echter, bewusster Orgasmus als gelungene Verknüpfung des Egos mit der Seele durch die Harmonie der Elemente Feuer, Wasser, Erde und Luft hin zur Göttlichkeit in der Sexualität entwickeln, wenn beide, der Mann und die Frau, gemeinsam einen tantrischen Orgasmus erleben, wenn sie das wollen, und spirituell verschmelzen. Halleluja. Erkennst du nun deinen Anteil und Prozess, dein eigenes Schicksal überwinden zu können?

Die Elemente und elementarisch zugeordneten Tierkreiszeichen stellen hier einen Teil der Brücke zum höheren Bewusstsein dar. Sie können dir dabei helfen, dich in Richtung innerer Harmonie zu entwickeln, damit höheres Bewusstsein zu erlangen und die kosmischen Gesetze zu integrieren.

Zudem möchte ich noch zwei astrologische Hinweise geben: Das Geburtssternbild zeigt ausschließlich, welche Planeten zur Geburt wo im Sonnensystem stehen und damit, unter welchen Energien ein Mensch geboren wird. Und es sind diese Energien bzw. Kräfte, die man astrologisch berücksichtigen sollte, und nicht die Stereotypisierung von Eigenschaften, wie wir es aus der heute so klassisch, aber fälschlich angewandten zukunftsdeutenden Astrologie kennen. Es geht also um Energien und Kräfte, die zu und in gewissen Zeitqualitäten wirken. Und wir sollen lernen, diese Energien zu erkennen, damit wir diese bestmöglich für uns erleben, nutzen und mit ihnen umgehen lernen, sprich, uns entwickeln können.

Tierkreiszeichen & Elemente	Erste Ordnung			
	Widder Feuer	Stier Erde	Zwilling Luft	Krebs Wasser
	aggressiv willensstark durchsetzungs- vermögend	materialistisch beständig besitzend	objectiv informierend verkündend	empfindsam sensibel empathisch
	Zweite Ordnung			
	Löwe Feuer	Jungfrau Erde	Waage Luft	Skorpion Wasser
Grundsätzliche Eigenschaften	kreativ lebendig frei	beobachtend vernünftig genau	harmonisch aufgeschlossen distanziert	tiefgründig verbindlich kompromisslos
	Dritte Ordnung			
	Schütze Feuer	Steinbock Erde	Wassermann Luft	Fische Wasser
	großzügig einsichtsvoll optimistisch	verantwortungsvoll nüchtern/distanziert starr ausdauernd	innovative verändernd unvorein- genommen	transzendent gelassen sanftmütig

Abb. 26: Ordnung der Elemente in den Tierkreiszeichen
und ihre grundsätzlichen Eigenschaften

Wir Menschen leben diese etablierten astrologischen Eigenschaften, manchmal mehr, manchmal weniger, unbewusst oder bewusst. Sie sind ständige Begleiter unseres Verhaltens. Unser Verhalten kann durch die Tierkreiszeichen symbolisiert werden und damit kann sämtliches Verhalten und sämtlicher Ausdruck der eigenen Seele festgehalten bzw. auch analysiert werden. Während wir auf der einen Seite durch unsere Seele das Göttliche in uns haben, kommen auf der anderen Seite alle Teile in uns durch unser Ego zum Ausdruck, wobei sich die Seele hierbei erlebt. In einem solchen Fall leben wir ganzheitlich als Anthropos, als göttlicher Mensch – aber nur, wenn wir auch alle Teile voll ausleben und zugleich in

Harmonie bringen können. Dies geht einher mit der mythischen Theologie von Teresa von Ávila, dass sämtliche Teile in uns auch gelebt werden müssen, um ganzheitlich leben zu können. Jedes Element in seinen Ordnungen will gelebt und erfahren werden. Dieser Aspekt ist bedeutend und sogar entscheidend, wenn wir ein glückliches und ausgeglichenes Leben *leben* wollen.

Das bewusste Erleben unserer von Herzen kommenden Handlungen und das Erfahren assoziierter Gefühle, um durch Reflexion Selbsterkenntnis zu erlangen, ist das eigentliche Leben, der Grund unserer Existenz, der Grund der Verkörperung unserer Seele, damit wir durch die Gefühlswelt das Göttliche in uns entdecken und lernen, aufzuerstehen. Auferstehen bedeutet, dass wir gelernt haben, unseren Körper physisch zu verdichten und auch in den feinstofflichen Bereich zu weiten und somit dem physischen Tod entgehen können, wie Christus es uns gezeigt hat. Wir können lernen, jederzeit zu erscheinen, wo und wann wir wollen. Wir schaffen das durch die Beherrschung unserer Elektronen durch die Kraft der Elemente und durch unsere Gefühle, die im Herzen ihr Zentrum finden. So kann man schließlich auch über Wasser gehen.

Davon sind wir als Menschheit noch meilenweit entfernt. Die Elemente geben uns aber durch die von der Astrologie aufgezeigten Verhaltenseigenschaften und die Symbolik der Tierkreiszeichen ein wunderbares Erkenntnismodell. Wenn wir es schaffen, die Elemente in innere Harmonie zu bringen, kann das Göttliche in uns leben oder besser noch, es kommt zu *Leben*. Wie aber kann uns das gelingen? Viele Bücher beschreiben die Eigenschaften des Verhaltens, aber klare Lebensanweisungen, wie diese Teile in uns gesund und im Vollen auszuleben sind, bleiben rar. Aggression und damit der symbolische „feurige Widder" wird zum Beispiel in unserer Gesellschaft eher unterdrückt und nicht gerne gesehen. Auch in der Beratung heißt es des Öfteren, eine Balance zur Aggression zu finden, also diese zu reduzieren, anstatt die Aggression, die Wut und den Zorn auszuleben, nämlich auf konstruktive, gesunde und heilende Weise – nicht verdrängen und schwächen, sondern *ausleben*. Die Energie der Wut muss austreten dürfen oder wir erkranken, und das kann schon im Kindesalter beginnen. Wir müssen es nur schaffen, diese Form der Energie konstruktiv, am besten ohne Inhalt, auszuleben. Denn wenn wir es schaffen, unsere Teile zu leben, auszudrücken, befriedigen wir unsere Seele, kommen ins Gleichgewicht und können uns auch innerlich körperlich und seelisch heilen, was uns von unserem Schicksal befreit. Denn es ist ja gerade dadurch, dass wir nicht heil sind, dass wir den Leidensweg auf Erden so am eigenen Leibe spüren. Heilung kann allerdings auch nur passieren, wenn wir diese aggressiven Teile in uns wieder in Einklang mit unserem System bringen können, die Aggression (Feuer) also integrieren, konstruktiv (Erde) ausleben, sie entfachen (Luft) und auch wieder auslöschen (Wasser) können, wenn es Zeit ist, loszulassen oder die Aggression voll ausgelebt werden durfte. Harmonie der Elemente bedeutet, alle in einem ausbalancierten Zusammenspiel auszuleben und jedes Element im Kontext zu beherzigen und zu integrieren. *„Die Seele will sich ausdrücken, denn im Sinnlichen offenbart sich der Geist“*, wie Rudolf Steiner in seiner Gesamtausgabe 13 schreibt. Das wird deinem Ego genauso guttun wie deiner Seele. Und durch diese Harmonisierung gelangst du immer wieder in dein Gleichgewicht zurück und kannst auch im Außen dein Gleichgewicht erkennen. Du überwindest dein Schicksal, indem du dich darauf einlässt und die Elemente integrierst, voll auslebst und daran wächst. Dein Wachsen kommt schließlich durch die Reflexion des Erlebten und der eigenen Handlungen. Je mehr du über deine Elemente weißt und deine Handlungen reflektieren kannst, desto mehr wirst du in deine Mitte kommen und das Leben wird zum Himmel auf Erden. Denn wie im Innen, so im Außen.

Es gibt natürlich Sonnen- wie auch Schattenseiten für jede Ordnung des Elements. Die Sonnenseiten sollen im Vollen gelebt und nicht verhalten werden. Die Schattenseiten, also die unbewussten Eigenschaften und Verhaltensweisen, sollen uns bewusst werden, aufgearbeitet und damit erlöst und schließlich als positiv integrierter Teil ebenfalls ausgelebt werden. Das Aufarbeiten der Schattenseiten ist natürlich ein ganzes Stück Arbeit. Es ist auch nicht immer leicht, diese unbewussten Teile zu erkennen und sie dann zu reflektieren. Der Sinn dabei ist, all unsere versteckten Muster, Glaubenssätze und

Strategien zum Vorschein zu bringen, damit wir frei werden von diesen und all unsere Teile in unserem eigenen Sinne in Harmonie ausleben können. Schattenarbeit zählt zu den besten therapeutischen Methoden und, wenn erfolgreich, verbessert das Leben – hin zu einem möglichen Himmel auf Erden. Denn wenn du frei wirst von deinen Verhaltensmustern und die Elemente in dir erkennst, kannst du dein Leben selbst so gestalten, wie du willst. So gestaltest du auch dein Schicksal, denn dein Spiegel im Außen wird identisch mit deinem Inneren. Der Leidensweg hört damit auf, weil du die kosmischen Gesetze verstehst und die Elemente nutzt, um dich über dein Schicksal zu erheben. Dann hast du dein Schicksal und damit deinen Leidensweg in der Hand.

Es geht mir hier also nicht so sehr um die Tierkreiszeichen, sondern um die Elemente, welche sie symbolisieren. Um alle diese Teile besser verstehen zu können, ihre Schatten und Sonnenseiten, werden nun unterschiedliche elementare Verhaltensweisen sämtlicher Ordnungen der Elemente in den Tierkreiszeichen, ihre Eigenschaften und Charaktere erklärt und mögliche Lösungsansätze aufgezeigt, um anzudeuten, was es braucht, um diese unterschiedlichen Teile auch tatsächlich konstruktiv und in Harmonie ausleben zu können. Wobei klargestellt werden muss, dass nicht alle Menschen die gleichen Schattenseiten mitbringen, sondern diese sehr unterschiedlich, individuell und immer auch eine Frage der ausgelebten Intensität sind. Zudem möchte ich feststellen, dass jede unten erwähnte elementare Ausprägung immer nur archetypisch zu verstehen ist. Sprich, wir haben immer alle Teile in uns und es ist uns nie wirklich möglich, einen einzelnen Teil voll und ganz ohne andere Teile auszuleben. Das bedeutet, dass du mit den anstehenden Beispielen einmal mehr und dann wieder weniger in Resonanz gehst, obwohl natürlich alle Teile in uns allen stecken.

Beginnend mit dem Feuerelement steht fest, dass das unausgeglichene Aggressive mit der Wucht der Durchsetzungskraft (Widder) oft unkonstruktiv ausgelebt wird. Hier können das genaue Beurteilen und eine objektive Betrachtung des Erdelements (Jungfrau) die Kräfte entschärfen. Auch das beweinen Dürfen (Krebs) des empfundenen Schmerzes (denn jede Wut kommt aus einem Schmerz) ist sehr heilsam für den Menschen und beruhigt das aufgeflammte Feuer. Ja, es löscht es geradezu und bringt durch den tief gefühlten Schmerz (Skorpion) Mitgefühl hervor. Mitgefühl für sich selbst und für andere, die ähnliche Situationen erleben. So hat der Mensch, der wahrlich Mitgefühl zeigt, bereits allen menschlichen Schmerz erlebt und ist in seiner Entwicklung auf der letzten Stufe oder fertig entwickelt, um nicht zu sagen erleuchtet, siehe den derzeitigen Dalai Lama. Doch ein Grenzen Setzen, wie es dem Erdelement (Steinbock) einfiele, wird die aggressive Kraft des Feuerelements (Widder) verschärfen, welcher sich aber nur die Hörner kaputt stößt (was einer Kastration nahekommt), denn das Gesetz hat immer recht (und so hat der Steinbock immer alle objektiven Argumente, warum diese Wut nicht so ausgelebt werden darf). Die eigentliche Kraft des Feuers wird hierbei entmächtigt, was gegen eine Harmonie spricht. Das Feuerelement erlischt, wurde vom Gesetz unterdrückt und erstrahlt nicht mehr. Alle positiven Eigenschaften, wie die Welt erschaffen, Dinge anpacken und für die Sache einstehen, gehen auch verloren, weil das Feuerelement keinen Boden mehr hat und entmutigt ist. Es gilt also, das Feuer zu löschen, aber mit Gefühl (weinen dürfen und tieferes Verständnis aufbauen) oder mit sachlicher Genauigkeit, um erklären zu können, worum es hier eigentlich geht.

Weiters im Feuerelement sind auch die demonstrative Kraft des Erlebens im Ego (Löwe) wie auch das Besserwisserische (Schütze) als Schatten hervorzuheben. Hierbei steht sich das Feuerelement selbst im Weg, denn es läuft selbstsicher, aber allein durch die Welt, weil die Fähigkeiten des Miteinanders noch vom feurigen Ego unterdrückt werden. Auch hier wird die Kraft des Feuers in der Gesellschaft oft schlecht akzeptiert, anstatt das Potenzial dahinter wertzuschätzen. Erlösung kann das Feuer hier durch das Luftelement finden, indem es Wissen aufbaut, sich Bewusstsein schafft und erkennt, dass es um uns alle geht und wir als Menschen tatsächlich nichts wissen, wie Sokrates schon weise meinte. Mit höherem Bewusstsein schwindet das Ego und der Mensch erkennt die Zusammenhänge bzw. auch, dass wir alle verbunden sind. Es kann also niemals nur um dich gehen. Und so wächst das Feuerelement in seiner Liebe zum Mitmenschen und in seinen Beziehungen (Löwe) und der Schütze unterrichtet, predigt oder schreibt Bücher, um Wissen zu vermitteln, während er selbst auf dem Pfad der Ausbildung bleibt. Das Besserwissen des Feuerelements wird zum Pfad für Wissensaufnahme und Selbstreflexion, wie es die Pfarrer oder Mönche tun. Das Feuer glüht weiter, aber konstruktiv.

Das Erdelement zeigt sich von einer gesellschaftlich sehr anerkannten Seite. Während das Feuerelement zwar maskulin dominant ist und gesellschaftlich ebenso gefordert wie gefürchtet wird, zeigt sich das Erdelement im gewünschten Rahmen von Anhäufen materiellem Haben (also Beisitz aufbauen (Stier)), konservativem, traditionellem, rationalem Denken (Jungfrau, Steinbock), strukturhaftem Verhalten, sprich, der Mensch ist rational kalkulierbar (Jungfrau, Steinbock) und der Leistungsorientierung, die als Ansporn deinen eigenen hohen Anspruch vorsieht (Steinbock). Hier kommt noch der Drang nach Status, Erfolg und dem Übernehmen von Verantwortung hinzu (Steinbock), und schon haben wir einen Menschen, der nicht erlöst ist, aber im Erdelement ganz unserer Gesellschaft heutzutage entspricht. Wenn das Feuerelement auch noch mitspielt, der Mensch also für die Sache brennt, dann ist er der „perfekte Mensch" – allerdings auch nur für die teuflische Illusion unserer Welt. Denn diese Vorzüge sind zugleich kulturellen Verhaltensmustern und Glaubenssätzen geschuldet und verbrennen den Menschen mehr, als dass er in die Freude kommt. Sprich, das Erdelement hat großes Potenzial zum Burnout. Gepaart mit dem Wasserelement der Erwartungen und Vorstellungen (Skorpion) kann es sein, dass der Mensch im Laufe seines Lebens sich in einer Höhle sieht, aus der er nicht mehr herausfindet. Das Burnout wird zur Dauerdepression und führt zum Tod aller inneren Elemente im Menschen.

Eine nötige Lösung für das Erdelement ist allerdings das Wasserelement in seiner lösenden Art und Weichheit auch dem Leben und den Erwartungen der Gesellschaft gegenüber (Krebs, Fische). Wenn das Erdelement lernt loszulassen, kann es sich von den verhärteten Strukturen befreien und gewinnt wieder an Energie, weil auch das lebendige Feuer wieder atmen kann. Krankheiten wie Rheuma,

Arthrose, Bandscheibenabnutzung, Knochenkrankheiten und körperliche Krümmungen bzw. alle Abnutzungen können verhindert werden, wenn der Mensch lernt, loszulassen und frei zu werden. Das bedeutet ein Loslassen von materiellem Ballast (Haus, Auto, Kleidung, Möbel, Bücher, alles, was du nicht brauchst, was über Monate nicht in Bewegung kommt und dich eigentlich nur Nerven, Energie, Verantwortung und Zeit kostet; und so auch vielleicht so manche Beziehungen). Das kann nämlich auf Dauer den Menschen brechen. Auch das Luftelement kann dem Erdelement die Knochen brechen, wenn sich der starre Mensch (Stier, Jungfrau, Steinbock) dem Wind des Wandels (Wassermann) nicht beugt und beweglich bzw. flexibel wird. So hilft das Luftelement einerseits, Erkenntnisse zu erlangen und zu reflektieren, sodass es schon gut ist, flexibel zu sein und auch einmal von alten Strukturen loslassen zu lernen, und fordert doch andererseits das Erdelement heraus, dies auch tatsächlich umzusetzen. Und während das Luftelement diese Lehre unterstützt, hilft im Besonderen das Wasserelement, tatsächlich loszulassen. Nichts passiert im Hier und Jetzt. Alles ist gut, auch wenn wir loslassen. Es bedarf keiner Angst vor dem Loslassen, denn es befreit uns im Tiefsten. Daher ist es auch heilsam.

Auch das Luftelement in seiner luftigen Freiheit hat seine Schattenseiten, die betrachtet werden sollten. So hat vor allem das Luftelement (Zwilling, Waage) eine eher harmonische Distanz zum Menschen, anstatt seine Herzgefühle zu zeigen bzw. zuzulassen. Sprich, der luftige Mensch tut zwar alles für die Harmonie zwischen Menschen, allerdings nicht aus dem Herzen heraus, sondern nur, um die Harmonie zu wahren, also Konflikte zu vermeiden. Dies gleicht mehr der Diplomatie als der gefühlten Harmonie. Und so kann das Wasserelement hier wiederum positiv unterstützen, denn es erlaubt, Gefühle zu fühlen und auch anzusprechen (Krebs). Doch auch das Feuerelement ist ein guter Partner, lässt es doch das Luftelement wieder in eine Leidenschaft kommen (Löwe) und die Kraft des Lebens spüren, wohingegen die Nüchternheit des Erdelements hier kaum einen positiven Veränderungsweg vermitteln kann. Und so ist es auch mit geistigen Auseinandersetzungen, die zwar hoch geistig, erlebnisreich und bewusstseinsfördernd sein können, aber dennoch weit vom eigentlichen Leben entfernt sind. Hier geht es um Menschen, die stundenlang meditieren können, sich aber im Leben nur schwer zurechtfinden und nicht wirklich verwurzelt sind mit dem Leben. Das bringt natürlich Unsicherheiten mit sich, die nach Kontrolle rufen, die das Leben aber wiederum einschränkt. Das Leben ist Feuer (Löwe) als auch die Erde (Stier), die den Boden für die Verwurzelung gibt. Für den Luftmenschen gilt es, in den Körper zu kommen, z. B. durch Schütteln oder Sport, wo die Muskeln bewegt werden und der Mensch sich wieder spürt. Auch bewusste Atemübungen und Meditieren mit Fokus auf den Körper unterstützen das Körperbewusstsein. Nicht Gottesfindung ist das Ziel, sondern Selbstfindung, wobei natürlich das Göttliche angestrebt werden muss, aber nur dafür, um es durch uns ins Leben zu integrieren.

Mit dem Wasserelement (Krebs, Fische) lässt sich das Luftelement sehr gut vereinen, denn sie sind beide weich, urteilsfrei und suchen die Harmonie. Das Wasser mit mehr Gefühl und Liebe zum Menschen (Krebs), die Luft mit mehr Verstand. So wie die Fische im Wasser frei schwimmen, so fliegt der Adler der Lüfte in seinen freien Höhen. Einzig sind es die Emotionen, zu denen das Wasserelement dem Luftelement Zugang geben kann, damit der luftige Mensch auch durch seine Gefühle seinen Körper spürt, Empfindungen wahrnimmt und wahre Berührung erleben kann. Das ist im Sexuellen genauso wichtig wie in anderen Bereichen des Lebens.

Auch beim Wasserelement finden sich Schattenthemen trotz aller Sanftheit, welche mit Unterstützung der anderen Elemente in einen Ausgleich gebracht bzw. wo die Sonnenseiten des Wasserelements hervorgeholt werden können. Während Meditationen mit viel tiefem Gefühl erlebt werden können, ist der Mensch im Wasserelement auch fähig, überemotional (Krebs) zu reagieren und vor lauter Trauer, Schmerz, Angst, Liebe oder Mitgefühl scheinbar keinen Boden mehr unter den Füßen zu haben. Das Wasserelement kann zu gewissen Zeitqualitäten den Schmerz und das Trauma (Skorpion) der ganzen Menschheit wahrnehmen, so auch transgenerationale Gefühle empfinden (Skorpion). Der Mensch verliert sich im Wasser und schwimmt – möglicherweise um sein Leben. Da braucht das

Wasserelement einen Halt, einen Boden, auf dem es sich wieder fassen kann. Es bedarf des Erdelements und seiner Struktur (Stier, Jungfrau, Steinbock), die hier wieder Form ins flüssige Wasser bringt. Die Form ist zugleich eine Limitierung oder Grenze, die Unsicherheiten verringert und das, was auch immer so stark gefühlt wurde, wieder in räumliche Perspektive bringt, in Form bringt. Ein Herandrücken und Festhalten (Steinbock) geben der Emotion einerseits Raum bzw. ein Zuhause und andererseits eine Sicherheit, dass man mit diesen Gefühlen nicht allein gelassen wird. Dafür ist das Erdelement ein idealer Partner. Doch auch das Luftelement (Waage) kann hier gut unterstützen und die Gefühle des Wasserelements empfangen und für Ausgleich sorgen, indem es gut zuredet, sachlich entdramatisiert und beruhigt.

Das Wasserelement hat auch eine große Naturverbundenheit (Fische), denn es spürt die Natur, das Leben und die Weisheit in ihr. Wie das Wasser ein Gedächtnis hat, so hat auch jeder Stein, jede Pflanze und jedes Tier eine Erinnerung vom Leben gespeichert. Das sensible Wasserelement kann hier andocken und diese Informationen wahrnehmen, empfinden und daraus lernen. Aufgrund dieser Qualitäten fühlt sich der Mensch im Wasserelement öfters nicht richtig in unserer Kulturwelt, die von Struktur, Regeln und Trennung von Gefühlen spricht, bevor in den Schulen ‚soziale Kompetenzen‘ und ‚Naturverbundenheit‘ unterrichtet würden. So fällt das Wasserelement in seiner Instabilität und Unsicherheit den Drogen und dem Alkohol in die Hände, schwimmt in Trance und sein Leben verfließt. Es entfernt sich dadurch vom eigentlichen Leben. Es lebt ungesund, ja, geradezu lebensfeindlich, anstatt sich mit den dahinterstehenden Themen, wie Selbstwert, innere Balance, Anspruch der Gesellschaft oder dem Loslassen auseinanderzusetzen, um einige Beispiele zu nennen.

Ein ‚mächtiger‘ Teil des Wasserelements ist auch seine Fähigkeit, Macht auszuüben, denn Wasser ist stark, sehr stark, obwohl es grundsätzlich weich und sanft ist. Diese Macht des Wassers (Skorpion) wird in unserer Gesellschaft oft unterschätzt, nicht gerne gesehen und sogar entwertet. Doch es ist dem Wasserelement zugeschrieben und damit eine grundsätzlich heilsame Macht, eine heilsame Energie, die gepaart mit dem Feuerelement magische Wunder vollbringen kann. Die Macht des Wasserelements liegt vor allem in seinen Vorstellungen, seinen Fähigkeiten, etwas zu planen (Skorpion), um es gemeinsam mit dem Feuerelement (Widder, Löwe) umzusetzen. Doch sind Vorstellungen auch oftmals gekoppelt mit Erwartungen und Pläne werden mit dem Ziel identifiziert anstatt mit dem Weg dorthin. Und so ist die Chance groß, dass das Wasserelement austrocknet, aufgrund seiner Fixierung verhärtet, weil es keinen Raum für Veränderung oder Abänderungen gibt, sondern alles den Vorstellungen entsprechen muss. Diesen fixierten Vorstellungen kann man mit dem Luftelement (Waage) sehr gut entgegenwirken, denn 1) ist das Luftelement ein guter Diplomat und kann zum Besseren für alle Beteiligten verhandeln; 2) bleibt es sachlich und doch wissend, um aus der Vorstellung (Skorpion) zu kommen und loszulassen. Auch das Reden über die Gefühle (Krebs) hinter den Vorstellungen kann sehr hilfreich sein. Die Fixierung auf Vorstellungen kann auch zum Todesstoß des Wasserelements werden. Es erstarrt und gemeinsam mit dem leistungsorientierten und anspruchsvollen Erdelement (Steinbock) bewegt sich der Mensch in seine hausgemachte Höhle und findet den Ausgang nicht mehr. Er arbeitet und arbeitet mit hohem Leistungsdruck, um seine Vorstellungen zu erreichen. Doch das weiche Wasser vertrocknet und der Mensch wird im Laufe der Zeit zu Stein, er verhärtet, bis er selbst zur Höhlenwand wird. Depression und Burnout sind erste ernstzunehmende Symptome. Was können hier die elementaren Lösungen sein? Das erstarrte Blut, das Wasser im Menschen muss mit Feuerenergie – ‚aggredi‘/Aggression – wieder in Bewegung gebracht (Widder, Löwe) und Gefühle (Krebs) müssen wieder angesprochen werden, damit der Mensch aus seiner Höhle herausfindet und eventuell mit dem Luft- und Feuerelement (Wassermann, Widder) seine Höhle sprengt, damit er wieder sieht, wie die Welt um ihn aussieht. Schon Platons Höhlengleichnis[53] wie auch Nietzsches Übermensch

---

[53] Siehe Platons ‚Siebtes Buch der Politeia‘.

Zarathustra, der aus der Höhle kam, um zu erleben, weisen darauf hin.

Diese beschriebenen Dynamiken sind grundsätzlich verallgemeinert und lassen sich daher auf sämtliche Situationen in der Praxis umlegen. Die Feuer- und Erdelement-Dynamik hat dieselbe Wirkung im Sexuellen, die sie im Beruf zwischen Mitarbeiter und Chef hat. Und so hat auch die Erd- und Wasserelement-Dynamik im Sexuellen wie auch im Beruflichen, Privaten, in der Beziehung, mit Freunden, mit der Familie und in anderen Bereichen dieselbe Dynamik wie oben beschrieben. Diese Wirkungen der eingesetzten inneren Elemente bleiben aufrecht und so auch der jeweilige Lösungsweg und Ausgleich der elementaren Verhaltensmuster. Die Lösung liegt nicht im jeweiligen Unterbinden der wirkenden Kräfte, sondern in der konstruktiven Kanalisierung jener Kräfte, damit diese nach wie vor für uns wirken können und sich zugleich positiv für uns und auf uns und unser Umfeld auswirken können. Ordnung gehört genauso zum Leben wie Fühlen und Loslassen und für etwas Brennen. Es braucht alle Teile in uns.

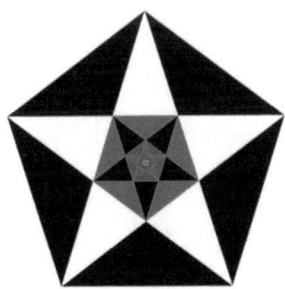

Abb. 27: Die Iteration des elementaren Verhaltens

Das Leben der inneren Elemente in sich und durch sich entspricht demnach der ständigen Iteration (*iterare* aus dem Lateinischen bedeutet *wiederholen*), denn all unsere Teile, zugeordnet zu den inneren Elementen, wollen gelebt werden, ganz im Sinne des Gesetzes des Rhythmus und des Prinzips der Harmonie. Die Iteration bedeutet, dass alle Kräfte in uns ausgelebt werden wollen, rhythmisch zu ihrer Zeit. Und so wiederholen sich die elementaren Kräfte zu gewissen Zeitqualitäten in uns auf ewig. Nur dann kann sich unsere

Seele, unser wahres Sein, wahrlich wohlfühlen, Erkenntnisse erlangen und wachsen. Wir müssen alle Elemente erleben können, zu ihrer Zeit, in ihrer Qualität, um im Fluss des Lebens gesund und glücklich zu bleiben. Es ist also eine zusätzliche Bedingung zu den kosmischen Gesetzen, zu erkennen, dass wir die wirkenden Elemente in uns jeweils auch ausleben und als Ganzes in Harmonie bringen sollen. Wenn wir das durchschauen und lernen, die inneren elementarischen Kräfte qualitativ und harmonisch anzuwenden, leben wir in kosmischer Einheit mit den Elementen und überwinden unser vermeintliches Schicksal auf Erden. Nicht gleich auf Anhieb, aber mit der Zeit, denn all diese Erkenntnisse müssen sich erst setzen und im Geist wie auch im Körper durch das Bewusstsein ankommen.

Astrologisch gesehen steht das Sternzeichen eines Menschen im jeweiligen Tierkreiszeichen und Element für unsern Ausdruck, wie wir etwas tun, z. B. den Beruf ausüben, mit unseren Kindern spielen, die Beziehung befruchten und anderes, während der Aszendent die Wirkungskräfte unseres tiefen „ICH BIN" durch das Tierkreiszeichen und Element darstellt.[54] Ich bin einfach und brauche nichts mehr, damit „ich bin". Mit reinem Herzen kannst und wirst du dein Sein und deine seelischen Wünsche mit deinen Worten und Taten in Einklang bringen. Und so kommt es zur Frage an dich:

Wer bist du? Und wie verhältst du dich? Steht dein SEIN mit deinen WÜNSCHEN, deinem WORT und deinen HANDLUNGEN in Einklang?

---

[54] Und nun noch eine Hypothese von mir und Inspiration zum Nachdenken, welche vor allem Astrologen beschäftigen wird: Der Aszendent der letzten Inkarnation bildet das Sternzeichen der aktuellen Inkarnation, damit Gelerntes umgesetzt werden kann und Entwicklung passiert.

5. Der Kabbalistische Baum des Lebens

Kabbala bedeutet Überlieferung/Empfangen.
(hebräisch = Quabbalah)

Während die sieben kosmischen Gesetze und die vier Elemente die Rahmenbedingungen vorgeben, nach welchen es das Leben einzuordnen gilt, um das Potenzial des Menschen weitestmöglich ausleben zu können, zeigt der kabbalistische Lebensbaum die gesamte Entwicklungsreise des Menschen hin zur seelischen Integration und wieder zurück. Grundsätzlich würde dieses Kapitel den Rahmen des Buches sprengen, aber ich versuche, es knapp auf den Punkt zu bringen. Denn die Botschaften, die man aus dem Baum des Lebens ziehen kann, decken sich mit den kosmischen Gesetzen und runden das Gesamtbild der menschlichen Entwicklung ab. Insofern verzeihe mir bitte, dass ich kein ganzes Buch über die Kabbala schreibe und hier auf die Verbindungen nur für ein besseres Verständnis eingehe. Zudem fokussiere ich mich auf die niedere und mittlere Sphäre des Lebensbaumes, um auf die aktuellen Entwicklungsstufen unserer Zeit einzugehen, anstatt in den feinstofflich-göttlichen oberen Sphären zu verweilen, welche zugleich deutlich mehr Erklärungen bedürfen.

Die jüdische Kabbala ist eine esoterische Richtung der grundsätzlich jüdischen Religion, welche den genderlosen Gott JHWH oder Jahweh oder Yod Heh Wah Heh verehrt. Um die Philosophie der Kabbala anschaulich zu machen, wurde der Lebensbaum oder Sefirot-Baum gestaltet. Im Zeichen der Menorah (des siebenarmigen Kerzenleuchters) gibt es grundsätzlich sieben Verknüpfungen, drei horizontale und vier vertikale, welche den Lebensbaum ausmachen. Vertikal sind es die unterschiedlichen und aufsteigenden Bewusstseinsebenen. Horizontal gib es jeweils eine männliche und eine weibliche Seite, wobei auf der untersten Stufe das männliche und das weibliche Prinzip bereits wieder vereint sind.

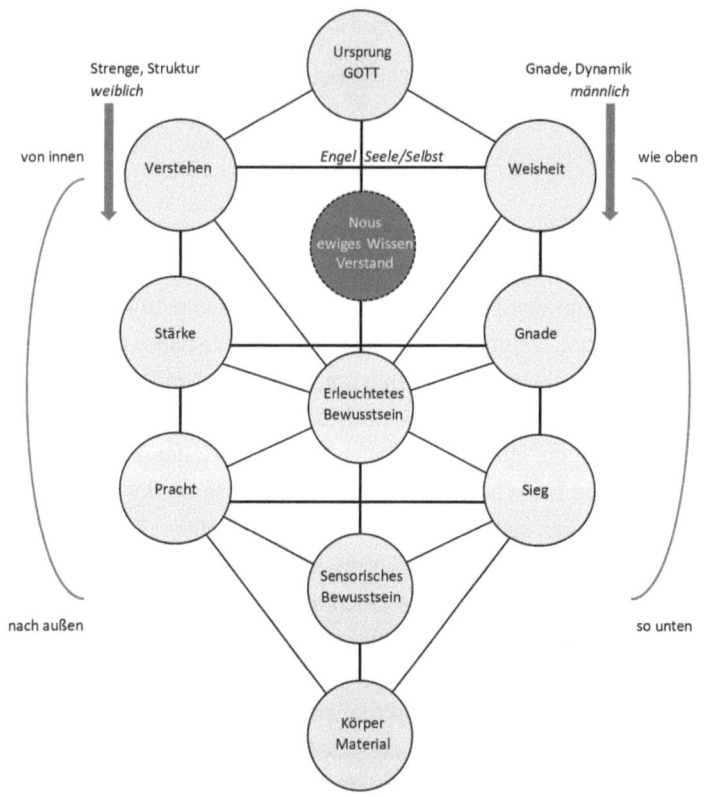

Abb. 28: Kabbalistischer Sefirot-Baum
Darstellung in Anlehnung an Johan von Kirschner

Die sieben Verknüpfungspunkte sind allerdings ein bisschen komplex. Sie beziehen sich grundsätzlich auf die vier vertikalen Bewusstseinsebenen, auch als innere Säule bezeichnet: (1) das Körperliche, Materielle (Sinne), (2) das Unterbewusstsein, (3) das erleuchtete Bewusstsein (Herzensebene) und (4) die göttliche Ebene (Pneuma, Ur-Laut, ICH BIN, das All, SOPHIA). Und dann gibt es noch eine ‚gedachte' fünfte Bewusstseinsebene zwischen dem erleuchteten Bewusstsein und dem göttlichen Bewusstsein, welches im Griechischen „*nous*" genannt wird, für das kollektive Unbewusste steht und in Abbildung 28 in Dunkelgrau gezeigt wird. Die ursprünglichen vier vertikalen Ebenen sind gekennzeichnet durch zwei Außensäulen: links die *Strenge/Härte*, rechts die *Gnade*. Sie

222

stehen zugleich für das Weibliche und das Männliche und die innere Säule für die bewusste Sphäre im menschlichen und göttlichen Dasein.

Die äußeren Säulen sind schließlich durch drei horizontale Verknüpfungen und Ebenen miteinander verbunden, welche die weiblichen und männlichen Aspekte miteinander verknüpfen (siehe die Verbindungen bzw. Pfade in Abbildung 28). Die unterste oder tiefste Ebene, die *niedere Sphären* genannt, betrifft das Körperliche, das Menschliche (5). Dies ist gekoppelt mit dem Physischen und Ego des Menschen und damit sämtlichen Zügen, Handlungen und Vorstellungen ausgedrückt durch unser Ego. Es ist die Verstandes-(Pracht) und Emotionalebene (Sieg). Die Ebene des Körpers wird in der Grafik unten auch mit der Erde in Verbindung gebracht. Von dieser Ebene aus wird auch das sensorische (Unter-)Bewusstsein als leicht erhöhte Instanz zum Körperlichen mitgezählt. Die nächste Ebene, die *höheren Sphären* (6), bezeichnet das erleuchtete Bewusstsein – das Bewusstsein, welches wir erlangen wollen, um unsere Seele zu erkennen und diese integrieren zu können. Es deutet die Mitte der Grafik an und steht damit auch symbolisch für unser Herz. Die Löwenkraft (Stärke) des Herzens, aber auch die Gnade, seinen Ruf wahrnehmen zu können, sind hier versinnbildlicht. Hier gibt es eine leicht erhöhte Instanz, welche für das kollektive Unbewusste, den Geist, das ewige Wissen (im altgriechischen „*nous*") steht, wo die Engel zuhause sind. Demnach sind Engel unsere Schutzengel aus uns selbst heraus. Jeder unserer Engel ist in uns und repräsentiert Teile des ewigen und kollektiven Wissens. Dort empfängt unser erleuchtetes Bewusstsein seine Antworten auf unsere Lebensfragen. Dort passiert Heilung. Dort befindet sich der ewige Friede.

Die letzte und höchste Ebene der kabbalistischen Lebensdarstellung, *die göttliche Triade* (7), ist die des universellen unaussprechlichen Gottes, des Pneuma (altgriechisch für die höchste Instanz), welche aus dem Urwasser, aus der Dunkelheit kommt und schließlich zu Wort wird – der Ur-Laut – das „ICH BIN". Dort lernt man verstehen und Weisheiten zu empfangen durch das SOPHIA-Bewusstsein.

„Und Gott *sprach*: Es werde *Licht*! Und es ward *Licht*!" (Moses 1:3, Genesis) Diese Formulierung mag ein wenig abstrakt sein, doch der Kern der Aussage bleibt, dass das Allergöttlichste „IST", es existiert, und es erschafft, es IST und es schafft. Und diese Kraft, diese Macht, dieses Schöpferische haben wir durch das SOPHIA-Bewusstsein, das den Christus (das Licht) gebar, in uns. Im hermetischen, aber auch im kabbalistischen Sinne kann sich der Mensch auf diese Ebene erheben und *gottähnlich* sein. Im Buch ‚*Sohar*' der Kabbala heißt es „*die Seele besitzt das Wort*", was darauf hindeutet, dass alles Göttliche (das Wort) bereits in uns veranlagt ist. „Es werde Licht und dann ward auch Licht" zeigt auf, dass das Wort unmittelbar die Welt erschafft. Wir erschaffen und kreieren unsere Welt mit unseren Worten. Was wir sagen, hat Wirkung. Der Lebensbaum zeigt diese Ebenen (Sphären) anschaulich – das Oben und Unten, das Innen und Außen, das Feminine und Maskuline, vom Menschlichen zum Göttlichen über das Herz und den Geist, also unser erleuchtetes Bewusstsein und die Verbindung aller Ebenen und Aspekte. Das Gesetz des Geschlechts zeigt sich natürlich auch auf allen Stufen bzw. Sphären durch den Lebensbaum. Wie die Kundalini-Schlange bewegt sich der Mensch rhythmisch durch die Sphären, von unten nach oben ins Spirituelle, um dann mit erlangter Weisheit und Kraft bzw. Macht wieder hinunter ins Physische zu gleiten. Die Einheit des *Ineinander* und damit der Mensch ist im Lebensbaum der Kabbala repräsentiert, visualisiert und kabbalistisch argumentiert. Doch was bedeuten diese Verknüpfungspunkte wirklich, und wie können wir daran unsere Lebens- und Entwicklungsschritte erkennen, um reifen und wachsen zu können? Nicht umsonst studieren Rabbis oft ein Leben lang neben den Aussagen der Thora auch die heutige Umsetzung dessen im Talmud sowie die philosophischen Erkenntnisse der Kabbala (Scholem Gershom). Doch für Mystiker ist es im Vergleich zu Religionsvertretern relativ einfach, die Sphären und Emanationen, die im Lebensbaum dargestellt werden, zu erklären.

5.1. Entwicklungsreise durch den Lebensbaum

Sich selbst zu erkennen, ist das einzige dauerhafte Glück.
Elias Rubenstein

Der kabbalistische Lebensbaum zeigt uns aufsteigende Emanationen, anhand deren wir unseren Weg erkennen und verstehen lernen können. Auf diese Emanationen möchte ich vor allem eingehen, weil diese automatisch die Stufen ins höhere Bewusstsein zeigen. Wer diese Weisheiten integrieren kann, wird sich erhöhen.

Grundsätzlich muss gesagt werden, dass die vertikale innere Säule der Bewusstseinsebenen in beide Richtungen wirkt. Sprich, was auf Erden, im inkarnierten Zustand, im Materiellen erlebt und erfahren wird, das wird über die Bewusstseinsebenen im Göttlichen aufgenommen und steht im kollektiven Unbewussten allen Menschen bzw. Lebewesen zur Verfügung. Was also einmal erlebt wurde, ist für alle abrufbar. Wer also etwas Großes für seine menschliche Entwicklung geschafft hat, der hat es zugleich für die ganze Menschheit geschafft, sobald wir unser Bewusstsein so weit erhöhen können, dass wir diese Aktionen verstehen und selbst integrieren können. So werden auch wir eines Tages über das Wasser gehen können, wie es uns Christus gezeigt hat. Gleichzeitig geht aber alles vom Göttlichen aus und unser höheres Selbst kommuniziert ständig mit uns, damit wir auf unserem für uns gedachten göttlichen Weg bleiben. Während wir also unsere Erfahrungen ins Feld setzen (dem Göttlichen zur Verfügung stellen), sendet uns das Göttliche ständig Botschaften von oben. Leider hören wir diese nur selten, weil wir so viel Stadt-, Fernseh- und Arbeitslärm im Hirn verarbeiten, dass wir göttliche Botschaften gar nicht mehr empfangen können. Es ist die Stille, die uns wieder zu uns selbst bringt und uns ermöglicht, das Göttliche wieder zu hören, zu spüren, zu sehen, zu empfangen.

Beginnen wir also mit dem Aufstieg im Lebensbaum und daher mit den „niederen Sphären". Diese Sphären werde ich anleitend erklären, damit der Weg ins höhere Bewusstsein und zur Erleuchtung erkennbar wird. Um Erleuchtung zu finden, müssen wir zuerst erwachen und die Illusionen unserer Welt erkennen. Das sollte uns mit der Bearbeitung in den Vorkapiteln schon gelungen sein. Es gibt daher keinen Weg mehr zurück. Denn wer erwacht ist, kann im alten Muster nicht mehr weiterleben. Selbst wenn es Rückfälle gibt – und die gibt es immer, ich kenne sie zur Genüge –, so ist doch der Weg der persönlichen Entwicklung prädestiniert.

Die niederen Sphären

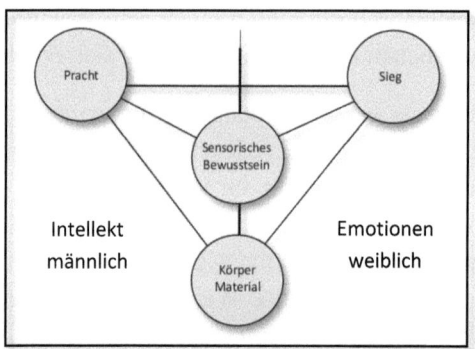

Abb. 29: Niedere Sphären des Lebensbaumes

Und so beginnen wir ganz unten im Baum, wo es um den physischen Körper und daher um Materielles geht – wo der Mensch seine Wurzel hat. Es deutet auf unsere Inkarnation (lateinisch *„in carne"* – zu Fleisch werden) und somit auf unsere Fleischwerdung hin. Das allein suggeriert, dass wir nicht der Körper und unser Hirn sind, sondern ein Bewusstsein haben, also ein geistiges Wesen sind, das in seiner Zeit aber regelmäßig inkarniert. Solange zumindest, bis es alles gelernt hat, was es bedarf, um mit dem Körper auferstehen zu können, wie es Christus, aber auch Isis, die selbst Osiris wieder ins Leben brachte, uns vorlebten. Wenn wir geistigen Wesen inkarnieren, dann deshalb, damit wir im Körperlichen Erfahrungen machen, denn in der Dichte sind alle Erfahrungen extrem und verschärft, denn wir haben durch die Inkarnation eine Trennung vom Göttlichen erlebt, und in der Dichte ist es eben dicht. Wir erleben alles in einer Enge, also ist auch alles eng und unser Leidensweg damit bereits vorbestimmt. *„Die begrenzte materialistische Sichtweise bewirkt innere und äußere Sklaverei. Der spirituelle Weg beginnt also mit dem Auszug (Exodus) aus Ägypten",* wie Elias Rubenstein schreibt. Es ist der Auszug aus dem Körperlichen/Materiellen hin ins Geistige.

Es geht also darum, körperliche Erfahrungen zu sammeln und seelisch daran zu wachsen. Daher ist es so wichtig, dass wir das tun, ausüben, erleben, was uns Spaß macht, was unser Herz sagt, denn alle anderen Erfahrungen haben nichts mit unserem Seelenplan zu tun und sind daher Erlebnisse, die wir zwar haben, die uns ins Leiden bringen, aber es sind nicht die Erfahrungen, für die wir inkarniert sind und diese Tortur überhaupt auf uns nehmen. Denn solange wir nicht über unser Schicksal, den Leidensweg, erhaben sind, wird das Leben mitunter eine Tortur sein. Allerdings ist auch dieses selbst auferlegt, denn wir wissen das ja lange, bevor wir inkarnieren. Alle Erfahrungen sind also für unser seelisches Erlebnis gedacht, und so senden wir diese unsere Erlebnisse an das Göttliche. Je mehr wir unseren Weg gehen, desto mehr hat unsere Seele und das Göttliche von unserer Inkarnation, desto mehr verlassen wir Ägypten, symbolisch gesprochen. Wir sind also auch in der Inkarnation direkt mit dem Göttlichen verbunden über unser höheres Selbst, das Ebenbild Gottes. Wenn wir uns auf unser höheres Selbst erheben – und eine bewusste Reise durch den Lebensbaum kann das schaffen –, dann erkennen wir Gott.

Alles, was wir erleben, aber vor allem auch denken und fühlen, wird von unserem Unterbewussten (dem „sensorischen Bewusstsein", siehe Abbildung 29) aufgenommen und gespeichert. Und weil wir einen freien Willen haben, speichert das Unbewusste nicht unbedingt unseren Seelenplan ab und leitet uns, sondern in seiner tieferen Ebene hält es sich an unseren freien Willen und führt bzw. spiegelt uns das, was wir im Inneren wahrlich denken, fühlen, erleben wollen. Wenn wir also täglich denken, „das werde ich nie schaffen", dann hast du recht. Wenn du aber täglich denkst, dass du die Frau deines Lebens bald finden wirst, dann hast du ebenso recht. Wir erschaffen unsere Realität und unser Unterbewusstes hilft uns dabei in konsequenter Weise. Gott sei Dank, denn wir könnten das alles, was wir uns wünschen und vom Leben brauchen, gar nicht handhaben. Wir können ja nicht einmal einen ganzen Tag bewusst atmen oder unser Herz pumpen lassen. Auch hier hilft uns unser Unterbewusstes im Ätherleib, wie Rudolf Steiner erklärt, sodass wir andere, „wichtige" Dinge tun können.

Alle Glaubenssätze und Verhaltensmuster werden vom Unterbewussten aufgenommen und gespiegelt. Dieses kreiert letztlich deine Welt im Sinne von Ursache und Wirkung. Glaubenssätze und sämtliche Verhaltensmuster entspringen aber höheren Emanationen von der sogenannten Identitätsebene und wirken auf die Verhaltensebene, nach unten hin, ein. Wenn du also dein Unterbewusstes in die Richtung steuern willst, in die es gehen soll, z. B. Richtung Selbsterkenntnis oder Erleuchtung, dann musst du auf den oberen Etagen weitermachen. Wenn wir die Glaubenssätze im Hintergrund erkennen und aufarbeiten können – dies sind immerhin unsere Schatten, die uns unbewusst sind –, dann wird sich auch unsere Welt im Außen ändern, denn wir haben uns geändert. Und so gehen wir den Lebensbaumemanationen entlang in die nächsthöhere Sphäre der Pracht – die Pracht des Geistes bzw. des Intellekts.

Pracht: Sphäre des Intellekts

Es ist die erste Sphäre des Geistes und der klare Hinweis, dass unser Denken einen tiefen Einfluss auf unser Handeln und darauf hat, wie wir die Welt erleben. Positives Denken, wie so oft von Business-Coaches und Esoterikern empfohlen, ist ein wichtiger Schlüssel, wenn es darum geht, die Ursache und Wirkung in deinem Leben zu finden. Wenn du dir denkst, das schaffst du, dann schaffst du das auch im Laufe der Zeit. Denn auch das Unterbewusste benötigt Zeit, um dir deine Welt zu spiegeln. Wenn du dir aber innerlich sagst, „das schaffst du", doch dein Verstand sagt, „da bin ich mir nicht so sicher", dann wird auch das Ergebnis nicht zielführend sein. Wir müssen zuerst an unseren Glaubenssätzen arbeiten, diese zuerst aufdecken, erkennen und danach aufarbeiten (*reframen* könnte man hier sagen). Erst dann wird sich deine Haltung zum Erfolg auch wahrlich ändern und du wirst Dinge wirklich schaffen können, weil du keine verborgenen Gefühle hast, die im Schatten wirken. Positives Denken muss also stark hinterfragt werden und hat mit intensiver Schattenarbeit zu tun. Erst dann wird sich dein Außen ändern.

Und Schattenarbeit ist vor allem auch geistige Arbeit, denn wir müssen die Ursachen verstehen lernen. Freilich kann man immer auch die Themen und Probleme fühlen, aber sie werden letztendlich mit unserem Verstand korrigiert. Aha-Erlebnisse sind Knöpfe, die sich im Verstand lösen. Und das ist schon ein guter Teil des Erwachungsprozesses. Denn wer seine Schatten erkennt und aufarbeitet, der erkennt sich selbst einmal mehr. Und dies ist auch bereits ein Eintauchen in ein höheres Bewusstsein, denn du machst dir Dinge bewusst, die dahinter liegen. So kannst du dir vorstellen, wie weit dahinter das Göttliche in dir liegt, und auch, wie du heranwächst, es erkennst und dein Göttliches in dir wahrnimmst. Das ist schon höheres Bewusstsein. Wohlan, lieber Mensch: Wachse und gedeihe.

Sieg: Die Emotionalsphäre

Emotionen und Gefühle spielen in unserem Leben eine äußerst bedeutungsvolle Rolle. Während mit der Sphäre des Intellekts die männlichen Aspekte angesprochen wurden, werden mit der Sphäre der Emotionen nun die weiblichen Aspekte als Teil der Dynamik der niederen Sphären erläutert. Dass die Sphäre „Sieg" heißt, bedeutet nur, dass durch Emotion das Leben Kraft und Sinn bekommt. Die Emotion ist der Sieg über das Leben. Wir spüren, wie uns starke Emotionen, z. B. ein Verliebtsein, helfen können, Berge zu versetzen. Aber auch die Trauer und schmerzvolle Gefühle haben dieselbe Energie und Wirkung auf den Menschen, der sie fühlt. Diese Energien können uns beflügeln oder auch lähmen. Gefühle entfesseln Kräfte in uns, welche sich durch den Geist gesteuert physisch auswirken. So hat ein Mensch in der Depression keine Antriebslust mehr, ein Mensch mit Projekten seiner Wahl hingegen ein leidenschaftliches Brennen dafür und daher auch die Kraft, diese zu verwirklichen. In beiden Beispielen sind subjektive Gefühle die Auslöser für die Manifestierung dessen in unserem Leben. Es ist die Emotionalebene, welche unsere Gedanken und Vorstellungen in Gefühlen lebendig werden und durch unseren Willen im Leben umsetzen lässt. Wie Rudolf Steiner (GA 13) schon schrieb: *„Selbstverständlich muss der Gedanke mit dem allervollkommensten Ernste und mit* *aller möglichen Kraft erlebt werden, wenn er eine solche Folge für das Empfindungs- und Gefühlsleben haben soll.*" Einerseits spielt die Energie des Feuerelements eine große Rolle bezüglich eines leidenschaftlichen Brennens, eines inneren sich Verzehrens und Sehnens nach etwas, wie z. B. eine gute Idee, ein neues Projekt, ein neuer Job, mit dem Traumpartner vereint zu sein, die eigene Hochzeit zu planen und zu feiern, ein Kind zu bekommen, ein eigenes Haus zu bauen und Ähnliches. Der wahre Wunsch deiner Seele ist schließlich fähig, diese Feuerenergien freizusetzen. Andererseits werden Gefühle auch durch das Wasserelement stark gezeigt, was sich durch Trauer, In-sich-gekehrt-Sein und das Spüren tiefer Gefühle ausdrückt. Weinen ist oft ein Resultat dieser Gefühle und erlaubt ein Loslassen.

Was kann das aber nun für unser Leben mit Emotionen bedeuten und wie können wir daran wachsen und sie für uns konstruktiv positiv nutzen? Viele Menschen haben leider verlernt, auf ihre Gefühle zu hören bzw. diese zuzulassen. Es wurde uns in der Kindheit schon abtrainiert, denn „ein Indianer kennt keinen Schmerz". Ausrufe wie „es ist doch nicht so schlimm" oder „jetzt weinst du schon wieder" vermitteln dem Kind, dass diese Gefühle falsch und nicht erwünscht sind. So haben wir in den letzten vielen Generation gelernt, Gefühle nicht anzusprechen, weil sie negativ bewertet werden, außer, wenn sie durch positive Feuerenergien erlebt werden. Denn wenn man positiv über seine Herzensprojekte oder die gefundene Liebe spricht, dann ist das inspirierend und motivierend. Diese Gefühle werden positiv bewertet und sind gesellschaftlich gern gesehen.

Die eigentliche Kraft der Emotionen ist aber ständig vorhanden, unabhängig davon, wie wir diese werten. Und insofern erlebt der Mensch heutzutage ein Ungleichgewicht zwischen dem, was er kognitiv erfasst und sich denkt, und dem, was er fühlt bzw. ausdrückt. Dieses Ungleichgewicht macht sich dann so bemerkbar, dass wir unsere Kraft der Emotionen für unsere Gedanken und Vorstellungen gar nicht mehr nutzen. Während wir die Feuerenergien auf der Emotionsebene bewusst oder unbewusst viel öfter nutzen, aber nicht im vollen Potenzial, verkümmert die Wasserenergie beinah vollkommen und bleibt zumeist ungenutzt oder wird von anderen und einem selbst entwertet. Sie steht uns als Potenzial nicht mehr zur Verfügung. Und doch ist die Ausgeglichenheit notwendig, um unser volles Potenzial ausschöpfen zu können. Wer herzlichst lachen und Freude erleben, aber auch zutiefst weinen und trauern kann, der hat es hier schon viel leichter, diese Potenziale in sich weiter zu entfalten. Es ist eben nicht die Idee oder Vorstellung, etwas zu verwirklichen, sondern dass Gefühl, die Emotion dazu, welche in der Seele eine Kraft der Empfindung und Veränderung bewirkt. Denn die Seele erinnert sich an alles, was Eindruck auf sie macht – alles, was durch Emotionen tief empfunden wird, was berührt, egal ob Trauer, ein empfundenes Trauma oder Freude und Leidenschaft. Und je länger dieses Gefühl anhält, desto mehr hat unsere Seele davon. Daher ist es nicht entscheidend, was man tut, aber so viel mehr, wie man es tut – mit Spaß, Freude, Elan, wodurch sich die Seele schließlich entfalten kann. Diese Empfindungen führen zu Freude, Liebe und Schönheit, sprich, Glück, und sind höheren Grades. Je intensiver und zugleich authentisch gelassener, desto besser für die gefühlten Emotionen im Herzen und in der Seele. Empfindungen können aber auch ins Negative und zu körperlichen Erkrankungen führen, wenn sie so intensiv erlebt werden. Wer z. B. unmittelbare Angst empfindet, wird ein mögliches Herzrasen bemerken. Bei Prüfungsangst kann einem speiübel werden. Wer sich überfordert und gestresst fühlt, kann Symptome von Schwächeanfällen über Gürtelrose bis hin zum Herzinfarkt erleben. Überhaupt sind 90 Prozent aller Krankheiten auf Stress zurückzuführen, der natürlich mit Emotionen gekoppelt ist. Daher ist es auch im Besonderen so wichtig, dass wir auf unsere Gedanken und Gefühle Acht geben, denn sie werden zum Spiegel im Außen und manifestieren sich in unserer Welt. Denn die Gedanken und Gefühle werden von ihnen in die Welt projiziert. Die Tiefe und Richtung der Emotion ist somit absolut entscheidend, ob wir unserem Herzen, unseren Wünschen und seelischen Aufträgen folgen oder z. B. in Angst und Unsicherheit verweilen und unsere Kräfte dafür opfern. Gedanken und Gefühle täglich zu reflektieren hat somit sehr viel Sinn und stellt mitunter eine Notwendigkeit dar auf dem Weg zur seelischen Integration und zu einem glücklichen und gesunden Leben. Daher kann man auch sagen, dass unsere Emotionen zugleich die Schwelle zur Selbsterkenntnis und Erleuchtung sind. Ich lade dich daher ein, mehrmals am Tag an deine wahren Wünsche zu denken, daran, was du dir im Leben erträumst, was du wirklich willst und ersehnst. Denke und fühle vor allem Positives und mit Liebe Erfülltes und wünsche den Menschen in deiner Umgebung Frieden, Liebe und innere Ruhe. Das wird auf Dauer die Emotionen in dir positiv stimmen und deine äußere Welt ändern. Dass unser verändertes Denken und Fühlen unser Leben verändert, hat schon Laotse im Tao Te King beschrieben.

Wichtig ist die Ausgeglichenheit zwischen geistigen Vorstellungen und gefühltem Ausdruck, da nur die Kraft der Emotion durch den Wunsch unserer Seele uns die Energien zur Verfügung stellt, um unsere Vorstellungen auch wahrlich umsetzen zu können. Ohne diese Emotion gibt es keinen echten (wahren) Erfolg. Das ist durch das Prinzip der Resonanz schon beschrieben worden, und auch im Gesetz der Analogie spiegelt sich diese Dynamik. So verwandelt sich unser Alltag wie ein Wunder in ein Spielfeld, auf dem wir alles tun können, was unser Herz begehrt, denn wir sind emotional vollkommen vereint mit unseren Vorstellungen. Diese Kraft ist schier endlos. Du kannst alles schaffen, was du dir vorstellst, wenn du es auch fühlst. Und es funktioniert garantiert.

Aber es steckt auch eine Gefahr darin, die man sich bewusst machen sollte, damit sie keine Gefahr mehr darstellt: Einerseits ist das Schöpfen deines vollen Potenzials natürlich magisch und andererseits kenne ich es aus Erfahrung, dass diese Energien, die du für dich aufbringst, auch schnell zu Ich-bezogen wirken können und dein Umfeld, wie Familie oder Partnerin, hier zurückstecken müssen, weil du in deinem Projekt oder dergleichen emotional voll verhaftet bist. Du bist dann mit deinem Projekt verheiratet anstatt mit deiner Partnerin. Wenn deine Beziehungen diese Leidenschaften nicht mit dir teilen, kann das auch ein sich Entfernen von geliebten Menschen auslösen, was gar nicht gewollt war. Diese Art der Selbstsucht kann durch Reflexion und Schattenarbeit aufgearbeitet werden, sodass dein wahres höheres Selbst wieder durch dein Herz und deine Emotionen spricht und nicht dein leidenschaftlich feuriges Ego. Wahre Liebe bringt dich den Menschen näher, wohingegen jede Trennung von Menschen und Beziehungen grundsätzlich einen destruktiven

Akt darstellt und zeigt, dass auch die Selbstliebe sich nicht im Gleichgewicht befindet. Selbstliebe bedeutet, auf sich selbst zu achten, sich gesund zu ernähren, keinen Alkohol oder ähnliche Substanzen zu sich nehmen, sich nicht zu überarbeiten und mit Mitgefühl und Sanftmut das Leben zu leben. Es ist daher auch so wichtig, dass du weißt, was du wirklich willst und was dich wirklich glücklich macht, denn nur so kannst du auch den richtigen Gefühlen diese große Bedeutung geben und Weichen in deinem Leben stellen, welche dich tatsächlich glücklich machen. Ich empfehle in meinen Vorträgen immer, mit der Schattenarbeit zu beginnen, denn diese ist essenziell, damit wir uns auf unseren eigentlichen Weg begeben können. Sprich, unser dominantes Ego ist uns zuweilen immer wieder dabei im Weg, uns selbst zu erkennen. Es verhindert, dass wir die wahren schönen Dinge im Leben erkennen, und lässt uns in teuflischer Versuchung auf anderes fokussieren. Nur ein Beispiel: Wenn in einer Beziehung schon länger nicht mehr miteinander gesprochen wird, man sich auseinandergelebt hat oder Themen quasi unter den Teppich gekehrt hat, aber man sich ein schönes neues Auto kauft oder öfter groß shoppen geht oder sich auf ähnliche Weise Gutes tut, um zumindest ein paar Wochen wieder glücklich zu sein, dann kompensiert der Mensch seine unglücklich gehandhabten Beziehungsthemen mit Materiellem. Das Ego gewinnt an Macht. Die Seele aber würde lieber eine gute Beziehung führen und Liebe im Hause empfinden können. Das mag nun manche triggern, die sich gerne Materielles kaufen und nicht erkennen können, was der dahinter wirkende Mechanismus ist. Wer hier nicht getriggert wird, hat sich selbst vielleicht bereits erkannt, und jede materielle Investition erfolgt vielleicht wirklich aus Freude und Jux und nicht aus Kompensation. Erkennst du den Unterschied?

Hier fehlt also die nötige Wasserenergie. Daher ist nicht nur die Feuerenergie, sondern auch die Wasserenergie von Bedeutung, um eine Harmonie der Kraft der Emotion herzustellen. Auch die Harmonie der inneren Energiezentren bzw. der dem indischen Sanskrit entnommenen Chakren wird durch die Gefühlswelt gesteuert. Unsere Gefühle sind die Schwelle zur Erleuchtung. Und genau deshalb haben die Gefühle und so auch die Gedanken ihren Ursprung in einer noch höheren Sphäre des Lebensbaumes, die aus dem Allwissenden kommt. Wir dürfen noch höher in den Emanationen steigen, um die Wurzeln der Gedanken und Gefühle zu entdecken. Denn die Sphären des Intellekts und der Emotionen sind nur die Vibrationen dessen, was weiter oben gedacht und gefühlt wird. Gemeinsam mit dem „sensorischen Bewusstsein", der geistigen und emotionalen Sphäre bilden sie das niedere Dreieck der Persönlichkeit. Und so ist es schon entscheidend, zu wissen und zu fühlen, dass man von innen und von oben geführt wird, denn das beeinflusst die eigenen Emotionen zutiefst. Dieses Wissen allein wird deine Welt auf Dauer verändern. Weil die Gefühle und Gedanken aber noch weiter oben in den Sphären ihren Ursprung haben, bedarf es einer genauen Betrachtung der höheren Ebenen sowie einer täglichen Rückschau auf die projizierten Gefühle und Gedanken, die deine Realität kreieren, sprich, weiter fortschreitender Schattenarbeit.

Denn wenn wir unsere Gedanken und Gefühle steuern wollen, müssen wir unser Selbst zuvor erkennen, damit wir unsere Vorstellungen und Emotionen auch effektiv für uns selbst einsetzen können. Zu wissen, dass man von oben geführt wird, hilft dabei, in diesem Sinne im Inneren ein Gefühl von Getragensein zu bewirken. Das ist schon ein wichtiger Grund, warum Religionen auf Menschen so großen Einfluss haben, denn der Mensch hat durch seinen Glauben das Gefühl, getragen zu werden und damit in Sicherheit zu sein. Wenn man einen strafenden Gott hereinbringt, ändert sich natürlich die Lage, was aber der emotionalen Wirkung nicht im Geringsten entgegensteht. Der Glaube ist nicht nur geistig, sondern auch emotional höchst wichtig, um die göttlichen Energien empfangen zu können. Damit sich die Seele wahrlich ausdrücken kann, bedarf es des Glaubens an höhere Kräfte und des damit einhergehenden Wissens, dass uns diese Kräfte leiten und unterstützen. Das Göttliche kann in uns und durch uns wirken, wenn wir es empfangen. Auch eine tiefe Hingabe, wie viele Geistliche sie in der Geschichte schon vorlebten (etwa Franz von Assisi, Teresa von Ávila, Johannes Klimakos, Johannes vom Kreuz und viele mehr), kann intensivste und stark bindende Gefühle entwickeln und uns so mit dem Göttlichen in uns vereinen, welches daraufhin in uns und durch uns wirkt. Wenn wir uns abwenden, es verdrängen und nicht beachten, kann es nicht für uns wirken. Das würde dann aber auch bedeuten, dass wir zu unseren seelischen Bedürfnissen nur geringen Zugang haben. Wir spüren uns selbst weniger, bemerken, dass das Leben ein Leidensweg ist und zeitweise sogar ohne spürbare Liebe verläuft, wir vereinsamen oder empfinden im Materiellen mehr Glück als in unseren Beziehungen. Wir spüren noch eine Sehnsucht nach einer Einheit, werden diese aber nicht erleben, wenn wir nicht hineinspüren und wieder lernen, an diese göttliche Einheit, aus der wir stammen, zu glauben. Die Trennung von körpergebundenem Ego und unserer göttlichen Seele, und damit der Sündenfall, ist wahrscheinlich der größte Trugschluss und ein teuflisches Vergehen. Denn obwohl wir ein individuelles eigenständiges Ego haben, sind wir dennoch eins mit allem. Unser Ego gibt uns nur die Fähigkeit, den freien Willen auch in der Inkarnation auszuleben. Sich dem Göttlichen zuzuwenden, ist also ein menschlicher Reifeprozess. Es ist insofern schon wie eine Bedingung, wenn man sich selbst finden und ein glückliches und gesundes Leben führen möchte, dass man auch anerkennt, dass es viel höhere Kräfte gibt, welche unweigerlich zu diesem Unterfangen beitragen; Energien, die uns unterstützen und uns eine seelische Rückintegration zu unserem Selbst ermöglichen können. Erst dann ist Erleuchtung möglich. Erst dann können wir unser Selbst wahrlich ausdrücken und leben. Erst dann sind wir eins mit uns selbst und kongruent mit unseren Gedanken, Gefühlen und Handlungen.

Im niederen Dreieck der Persönlichkeit kommt es also auf die innere Kongruenz (im Sinne des Selbstkonzepts nach Carl R. Rogers) von sich etwas *vorstellen, fühlen* und *wollen* an, welche mit deinem Selbst und deinen seelischen Impulsen im Vergleich zu deinen egogetriebenen Überlegungen und Handlungen übereinstimmen sollen. Sprich, das geistige Verständnis, das Empfindungsverständnis und das Tun durch Willensstärke können dann, nach Rudolf Steiner, dein höchstes Selbst ausdrücken. Wenn dies gelingt, sind Erleuchtung, Gesundheit, Wohlstand, Glückseligkeit erreicht, denn dann begibst du dich auf dem Pfad des Lebensbaumes bereits Richtung Tiphareth, der Schönheit der Seele, des erleuchteten Bewusstseins, das im Weiteren beschrieben wird.

Suche dir einen ruhigen Platz, an dem du ungestört bleiben und meditieren kannst. Setze oder lege dich bequem hin. Atme ein paarmal tief und laut durch. Bei jedem Einatmen atme gesunde positive Energie ein und bei jedem Ausatmen negative Energie und Belastendes aus. Spanne kurz deinen ganzen Körper an, von den Füßen zu den Waden, Ober- und Unterschenkel, Gesäß, Bauch, Brustkorb, Arme, bis zum Hals und den Kopf und entspanne danach den gesamten Körper wieder. Nimm bewusst wahr, wie die Spannung aus deinem Körper fließt und wie du deinen Körper spürst. Und nun lege deine Hände verschränkt über dein Herz und spüre in dich hinein. Spüre dein Herz, atme tief ein und wieder aus. Stelle dir nun vor, wie dich von oben herab eine hellgrüne Lichtsäule umgibt. Fühle das Licht und nimm es in dich auf, bis die Schwingung des Lichts um dich und in dir zu vibrieren beginnt. Versuche währenddessen, langsam, aber tief zu atmen, und fokussiere auf deine Emotionen, auf dein Herz, auf deine Gefühle im Körper, wo auch immer du sie gespeichert hast. Empfinde sie und lass dich darauf ein. Denke nun an die Kraft eines Löwen, seine Macht, sein Herrschen über die Savanne. Spüre die Kraft des Löwen auch in dir. Spüre die Emotion. Und versuche nun, einem dir wichtigen Thema, einem Thema, das dir am Herzen liegt, diese Löwenenergie und Aufmerksamkeit zu widmen. Was braucht es, damit du deinem Herzen folgen kannst, damit du den ersten Schritt machst und deinen Weg gehst? Fühle die Kraft des Löwen … Und nun bringe diese Kraft in dein Thema ein und erlebe, wie viel Power du hast und wie der Lösungsweg aussehen wird, wenn du endlich auf dein Herz hörst und mit voller Energie und Emotion ans Werk gehst. Spüre die Herrscherin in dir. Du kreierst die Welt. Deine Gefühle erschaffen die Welt, in der du lebst, und du spürst deinen Löwenanteil in dir. Lebe endlich. Stelle dir diese innere Energie, diese Emotionen als feurige rot-orange Flammen vor, die aus dem Herzen kommen und rund ums Herz brennen. Und erhöhe nun die Flammen: Mit jedem Ein- und Ausatmen werden diese deine Flammen der Emotionen höher und kräftiger. Du brennst förmlich und spürst diese unglaubliche Kraft, die zugleich Energie gibt und auch heilsam ist, denn es ist zugleich die Flamme der Läuterung wie auch deine Lebensenergie, die du schon immer hattest, die als Kind schon zur Verfügung war, die du nun wieder aktiviert hast. Es ist die Flamme, durch die sich deine schlechten Gefühle reinigen können. Und durch die große Flamme werden all diese unreinen Gefühle über dein Halschakra hinausgeatmet und die reinen Emotionen, die dir deinen Weg zeigen, bleiben geläutert zurück. Lodernd flammen sie für dich auf, um dir Kraft zu geben, deinen Weg zu gehen.

Meditiere zu deinem Thema noch etwas nach und spüre diese Energie, diese tiefe Emotion eines JA zum Leben, eines JA zu deinem Weg, eines JA, ich will etwas verändern, JA, ich will höheres Bewusstsein erlangen … Und wenn du diese JA so richtig spürst, dann schicke diese Energie, dieses Licht, diese Kraft an dein gesamtes Umfeld und die ganze Menschheit, denn sie sind dein Spiegel, den du dir erschaffst, und wenn jeder dein Licht hat, ist die Welt ein Stück heiler geworden. Meditiere noch nach und sage dann in tiefem Vertrauen: AMEN.

Die höheren Sphären – erleuchtetes Bewusstsein

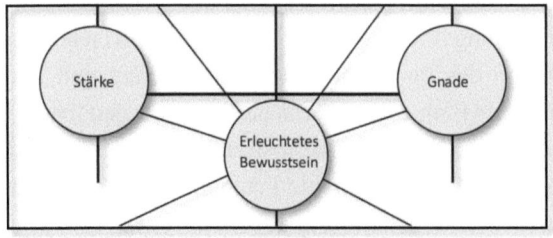

Abb. 30: Höhere Sphären des Lebensbaumes

Die Sphäre der Erleuchtung – Vorstellungskraft

Wo wollen wir wirklich hin, als Individuum und als Menschheit? Das Göttliche in uns auf Erden voll auszuleben, also den Himmel auf Erden zu verwirklichen, darum geht es. Auf der Sphäre der Erleuchtung ist das bereits machbar. Denn von oben herab wirken die göttlichen Kräfte ein, aber auf dieser Sphäre des höheren Bewusst-

seins hat der Mensch bereits gelernt, seine Schatten zu durchschauen, seine Gedanken und Gefühle für das Gute, für den Her-
zensweg, einzusetzen und das Göttliche durch sein höheres Selbst
empfangen zu können. Mehr braucht es ja gar nicht, um den Himmel
auf Erden zu holen. Aber ja, das Aufwendige ist die Schattenarbeit.
Und je mehr du an das Göttliche glaubst, betest und dich mit dem
Göttlichen verbindest, sprich, das Göttliche in dir aktivierst, desto
mehr wirst du strahlen und deine Schattenarbeit wird beinah von
selbst laufen. Alles läuft plötzlich von selbst, wenn du das Göttliche
in dir findest. Und noch einmal: Ich bin kein religiöser Mensch im
Sinne der kulturellen Idee von religiös, ich gehöre keiner Religion
und keiner Sekte an, aber ich erkenne die Wirkungskräfte, die in uns
stecken, und um unser Selbst voll und ganz ausleben zu können,
müssen wir erkennen oder lernen, das Göttliche in uns zu erwecken.
Auf der Sphäre der Erleuchtung können wir bereits erwachen und
Erleuchtung finden. Sie vereint die vier Elemente unserer Natur,
also alle Persönlichkeitsaspekte, und beherrscht diese. Denn über
diese herrscht unser höheres Selbst, welches wir auf dieser Sphäre
entdecken bzw. erkennen. Und so können wir die niederen Sphären
in die vier alchemistischen Elemente einteilen. Körper (Erde), Unterbewusstsein (Luft), Intellekt (Wasser), Emotion (Feuer). Der
Geist, unser Spirit mit der Spitze nach oben, ist das fünfte Element
(siehe Abbildung 3, S. 40), denn unser Spirit herrscht über die Elemente. Wenn das Pentagramm umgedreht erscheint, ist es genau
umgekehrt: Die Elemente beherrschen uns, was den Irrtum der Trennung, die Illusion der Welt, die materielle Verhaftung und so unser
Schicksal zeigt. Das umgedrehte Pentagramm ist somit dem Teufel
zugeschrieben und macht uns glauben, dass wir sterblich sind und
daher das Leben, jede einzelne Bewegung, kontrollieren müssen,
um das Leben hinauszuzögern, obwohl das Paradies so ohnehin
nicht zu finden ist. Was für ein gesellschaftlicher Trugschluss! Und
keine unserer Weltreligionen konnte uns hiervor retten, weil sie
selbst unbewusst und durch den Sündenfall ausgelöst in ihren Vorstellungen das Pentagramm umdrehten. Doch das Teuflische ist im
Engeren nur der gefallene Engel (Satan/der Getrennte/Ego), so wie
es uns durch den Sündenfall erging, der uns versucht und daher

prüft. Er ist der Hüter der zweiten bzw. großen Schwelle.[55] Der Sündenfall ist nur die Prüfung, ob wir den Mut haben, auf unser Herz zu hören, das Göttliche in uns zu aktivieren, unsere göttlichen Kräfte auszuleben – ja, und auch über Wasser zu gehen, das gehört natürlich dazu. Der gefallene Engel ist die Versuchung, z. B., dass künstliches Licht genauso gut sei wie das Sonnenlicht, und so der Mensch in der Nacht noch arbeitet und Energie verliert und altert; oder Fernsehen statt in die Natur zu gehen; oder Fastfood zu essen statt Gemüse; oder ein neues Auto zu kaufen, statt in die Beziehung zu investieren ... Doch wenn wir die Versuchung überwinden, wie Jesus in der Wüste[56], dann kommt unser wahres höheres Selbst als Erlöser zum Vorschein. Du musst mir das nicht glauben, probiere es aus. Überwinde deine Scham, danach die Versuchungen der Welt – und du wirst dein Ego entlarven können und dein wahres ICH erkennen. Deswegen schreibe ich auch dieses Buch, damit du es ausprobierst. Der gesamten Menschheit wäre so viel geholfen, wenn jeder nur das ausprobiert. Und glaube mir einmal mehr, auf deinem Weg zur seelischen Rückintegration kommen die Versuchungen geradewegs auf dich zu. Denn zuvor waren sie dir nicht bewusst, aber nun erkennst du sie und, ja, der Teufel will dich zurückgewinnen und versucht dich mehr denn je. Daher ist die Schattenarbeit so wichtig, denn auch hier reflektierst du letzten Endes die unaufgelösten Schatten, die dich noch daran hindern, den egogetriebenen Versuchungen zu widerstehen.

Die Schönheit der Seele

Das fünfte Element, unser Spirit, ist alchemistisch gesehen die Essenz der chemischen Zusammenstellung, es ist die Quintessenz (quint = fünf). Wir, jeder Einzelne von uns, sind die Quintessenz. Wir stehen über den Elementen und können sie beherrschen, wenn wir unser Bewusstsein dafür öffnen, hin zu unserem höheren Selbst.

---

[55] Die kleine Schwelle ist aus hermetischer Sicht die Schwelle der eigenen Scham. Diese tiefe Angst, die uns hindert, unser wahres ICH BIN zu leben, gilt es zu überwinden. Das Ego stellt die große Schwelle dar.
[56] Mt 4:1–11; Lk 4:1–13.

Es gibt nichts, absolut keine Argumente, die dagegensprechen könnten. Außer, dass wir uns das Göttliche, die Macht, die Kraft, die Verantwortung, nicht im Geringsten zutrauen. Ja, so getrennt sind wir von unserem eigenen Potenzial, dass mein letzter Satz besser und realistischer klingt als mein vorletzter.

Daher beschäftigen wir uns nun mit dem höheren Selbst des Menschen, das wir durch unsere seelische Rückintegration erkennen und das im Lebensbaum auf der Sphäre der Erleuchtung dargestellt wird. Auf dieser Sphäre geht es um deine Vorstellungen – „Fantasien", haben unsere Eltern noch gesagt –, alles, was du dir erdenken, erträumen und erfühlen kannst. *„Fantasie ist wichtiger als Wissen, denn unser Wissen ist begrenzt"*, wie Albert Einstein schon sagte. Die Imagination, unsere Vorstellung, ist der Treiber unserer Persönlichkeit und der Einstieg in unsere Göttlichkeit. Mit unserer Vorstellungskraft können wir die Elemente mit der Kraft unserer Gedanken und Emotionen verwirklichen und werden zum Schöpfer im Leben. Natürlich ist es eine Frage deiner Vorstellungskraft. Kannst du dir vorstellen, dass du göttlich bist? Wenn du deinem Herzen und deinem Weg treu bist, wirst du andere Vorstellungen haben, als wenn du in der Matrix unserer Welt versuchst, jemand zu sein. Da sind deine Vorstellungen schon anhand deiner Haltung limitiert und wirken unter Umständen sogar unbewusst für das Dunkle auf der Welt anstatt für die Liebe und die Verwirklichung des Paradieses auf Erden. Wenn dir das jetzt klar wird, dann beginne, dein Leben und deine Handlungen zu hinterfragen, und setze die ersten Veränderungen. Die Zeit ist reif dafür. Auf Basis der mitgeteilten Weisheiten in diesem Buch kannst du beginnen, deine bewusste Wahrnehmung der Welt zu schulen und deine Gedanken, Gefühle und Handlungen zu reflektieren.

„Unsere Taten sind das stärkste Zeugnis für unseren spirituellen Fortschritt. Keine spirituelle Übung kann so stark sein wie eine echte und überzeugte Tat. Wenn wir wahrlich bereit für die Transformation sind, dann handeln wir, anstatt nur leere Worte über Spiritualität zu verbreiten", so Elias Rubenstein.

Steht dein SEIN mit deinen WÜNSCHEN, deinem WORT und deinen HANDLUNGEN in Einklang?

Die Schönheit der Seele kommt zum Vorschein, wenn wir unsere Seele, unser höheres Selbst, wahrlich ausleben können – nicht unser Ego, sondern unsere Seele, also das, was unserem Herzen wirklich guttut, was Spaß und Freude macht, was Hoffnung und Zuversicht bringt und die Welt im Allgemeinen verbessert, alles, was sich gut anfühlt, alles, was Liebe ist und Wärme erzeugt. Um unser höheres Selbst ausleben zu können, bedarf es eben der niederen Sphären, um durch gute Gedanken und starke Emotionen die Welt so zu erschaffen, wie du sie gerne haben möchtest. Wenn dies wahrlich dein Wunsch aus deinem höheren Selbst ist, dann ist es zugleich Gottes Wunsch und wird in Erfüllung gehen. Es wird nicht gleich passieren, weil das Unterbewusste erst daran arbeiten muss, die Weichen für diese Vorstellung zu stellen, aber es wird passieren, denn der göttliche Plan steht dahinter. Daher heißt diese Sphäre „die Sphäre der Erleuchtung", denn hier verwirklichen wir unser wahres ICH BIN und bringen es schließlich durch das Körperliche (die niederen Sphären) auf die Erde. Und so erleben wir den Himmel auf Erden, weil wir ihn erschaffen und gestalten. Das Göttliche wirkt durch uns, durch unser höheres Selbst. Wenn wir das erkennen und wieder lernen, unser höheres Selbst zu hören, die Stimme des Herzens, dann wird die Welt so, wie wir sie wollen. AMEN, so möge es sein.

Und bitte vergesst nicht: Damit wir unser Herz bzw. unser höheres Selbst hören können, ist es notwendig, den Alltagslärm zu reduzieren, Schattenarbeit zu betreiben und den Kopf wieder freizubekommen, damit wir von oben empfangen können. Denn nur ein leeres Gefäß kann befüllt werden, ein volles läuft über. Unser Ego spielt ansonsten hinterlistige willensstarke Streiche mit uns und wir werden nie Erleuchtung finden bzw. ein höheres Bewusstsein erlangen. Und ohne die Verbindung zum Göttlichen ist Erleuchtung nicht möglich. Die Schönheit der Seele ist aber immer da. Sie wartet auf dich, bis du sie bzw. dich selbst wiedererkennst.

Die Sphäre der Stärke – Willenskraft

Die Willenskraft befindet sich in der höheren Sphäre, denn dieser bedarf es, um die Disziplin für die Schattenarbeit und gegen die Versuchungen aufzubringen. Verhaltensveränderungen können oft sehr anstrengend sein, weil man einen starken Willen benötigt, um für das Gute einzustehen und die Veränderung wirklich durchziehen zu können. Die Willenskraft wird dem Feuerelement und dem Widder zugesprochen. *„Ich will das schaffen"*, heißt es innerlich, *„denn das ist es mir wert."* Bei Verhaltensveränderungen meine ich z. B. den Verzicht auf Zucker, weil dieser dem Körper nur schadet und ihm seine lebensnotwendigen Mineralstoffe entzieht. Oder der Verzicht auf Fleisch, Alkohol, Milchprodukte, Junk-Food und alles, was für den Körper ungesund ist. Aber auch Verzicht auf alles, was für die Umwelt, die Mutter Erde, ungesund ist, wie künstliche Spülmittel, Abfallprodukte im Generellen, wie Plastik, Batterien und verschiedenste künstliche Stoffe. Dazu gehört auch der Verzicht auf Produkte aus Übersee und vieles mehr, das ich hier aufzählen könnte. Dieser Verzicht bringt eine Verhaltensveränderung mit sich, was keine leichte Angelegenheit darstellt. Umso mehr bedarf es eines starken Willens, diese Veränderungen durchzuziehen und nicht rückfällig zu werden.

Es wird allerdings leichter, wenn wir den Verzicht nicht als Verzicht erleben, sondern als: „Ich schaue auf mich und meine Umwelt, ich liebe mich und meinen Körper, daher will ich das alles gar nicht!" Dann verzichten wir nämlich nicht, sondern wir wollen es nicht mehr, weil es ungesund ist, weil es die Luft, die Erde, das Wasser verpestet, weil wir mehr vom Leben wollen. Wir müssen daher alte Glaubenssätze zerstören, um neue zu bauen und eine neue Welt zu erschaffen. Denn es braucht andere Denkmuster dafür. Und solange wir die Veränderung als Verzicht oder Verlust sehen, kommen wir nicht in unsere Willensstärke, sprich, um ein persönliches Beispiel zu nennen, das jährliche Fasten war für mich zwar zwanghafte Disziplin (Willensstärke) und hat gewirkt, aber der bekannte Yo-Yo-Effekt folgte zweifellos. Das Reframing des gefühlten Verzichts fehlte mir noch bis vor zwei Jahren, um wahrlich erfolgreich zu sein. Seitdem ich nicht mehr verzichte, sondern nur mehr gesund essen will, habe ich auch mein Idealgewicht und halte es ganz ohne fasten zu müssen. Und so ist es mit allen anstehenden Veränderungen, die wir ersehnen. Es ist also der eigene starke Wille nötig für Veränderung, aber es ist auch der Wille Gottes nötig, um wahrlich unseren Weg auf Erden zu finden. Wenn wir ohne den göttlichen, nur durch den eigenen Willen, denken und handeln, dann erleben wir nicht die Einheit oder Verbundenheit, sondern die Trennung und werden im Leben von unserem Ego getäuscht. Wir werden ent-täuscht, wenn sich das Göttliche offenbart und wir erkennen, was wirklich Sache ist. Genau so ent-wickeln wir uns in unserer Trennung durch Ent-Täuschungen, die wie Blitze der Erleuchtung aus der göttlichen Sphäre kommen, wie Elias Rubenstein in seinem Buch ‚*Der Baum des Lebens: Kabbalah der Unsterblichkeit*‘ dazu schreibt. Das Göttliche zerstört die Illusion, die wir hatten, und offenbart uns die wahre Welt. Und so ist es entscheidend für die eigene Willensstärke, den Willen des Göttlichen, also deines höheren Selbst, mit aufzunehmen, um, zum Beispiel, beim zwanghaften Fasten nicht ent-täuscht zu werden, sondern durch den göttlichen Willen zu erkennen, dass es nicht um Verzicht geht, sondern um Selbstliebe.[57] Der besagte Yo-Yo-Effekt ist nichts anderes als der göttliche Blitz der Ent-Täuschung, dass sich nämlich in Wahrheit nichts geändert hat. Das ist defacto nur eine kleine Ent-Täuschung aus dem Göttlichen; die große Variante wäre eine lebensbedrohliche Krankheit, die oftmals durch die Diagnose wie ein Blitz einschlägt. Es bleibt nichts anderes übrig, als zu beten, an das Göttliche zu glauben und diese Verbundenheit zu suchen, denn die Schulmedizin hat oft ihre Grenzen, schafft sie doch „nur" Symptombehandlung statt ganzheitlicher Heilung. Diese Sphäre der Willenskraft wirkt von oben auf unser erleuchtetes Bewusstsein und verbindet uns mit dem Göttlichen, mit unserem höheren Selbst.

---

[57] Bitte lies hierüber nicht einfach hinweg, sondern denke für dich selbst nach, was das für dich und dein Leben bedeutet und was mit Verzicht und Selbstliebe gemeint ist. Das ist wichtig, wenn du dich wahrlich entwickeln willst.

Die Sphäre der Gnade – Erinnerung

Gnade ist das tiefe Wort für die Empfindungen, die in dieser Sphäre auftauchen. Hier erinnern wir uns, dass alles gut ist, dass uns nichts passieren kann, weil wir mit dem Göttlichen verbunden sind. Wir spüren, unser tägliches Brot wird uns gegeben und alles, was wir brauchen, um uns entwickeln zu können. Wir erinnern uns daran, dass alles in Ordnung ist, obwohl wir durch das Leiden des Lebens gehen. Es ist das Urvertrauen, das in dieser Sphäre zur Wirkung kommt. So empfinden wir Gnade, weil wir mit dem Göttlichen irgendwie verbunden sind, und wir fühlen es, sprich, wir wissen es unbewusst, eventuell auch bewusst. Und das ist eine Gnade des Göttlichen, dass wir fühlen dürfen, dass wir versorgt sind und uns nicht unsicher fühlen müssen. Wenn das Göttliche dir Bewusstsein schenkt, so wie mir das SOPHIA-Bewusstsein zuteilwurde, dann ist das absolute Gnade. Wir brauchen keine Ängste mehr zu haben, denn wir fühlen den Schutz von oben. Ob wir reich oder arm sind, hat damit nichts zu tun. Denn Armut ist in diesem Sinne keine Bestrafung und Reichtum auch keine Belohnung. Es kommt wahrlich auf die nötigen Erfahrungen deiner Seele an, in welchen Lebensumständen du dich befindest. Durch Armut kann man oft Dankbarkeit und Wertschätzung lernen. Der Reiche ist allerdings oftmals abgelenkt vom eigenen seelischen Entwicklungsweg und will nichts mehr ändern. Somit ist möglicherweise sein Weg der persönlichen Entwicklung gehindert.

Diese Sphäre der Erinnerung bildet gemeinsam mit der Sphäre der Willenskraft und der Sphäre der Erleuchtung (Vorstellungskraft) das Dreieck der Individualität, das über dem Körperlichen und den niederen Sphären steht und der Seele bzw. dir selbst immer zur Verfügung steht (auch in kommenden Inkarnationen). Für das reife Individuum verwirklicht die Dynamik dieses Dreiecks das erleuchtete Bewusstsein. Die jüdischen Mystiker nennen es Tiphareth, dies ist der wünschenswerte Zustand. Wenn sich der Mensch an das Göttliche erinnert, von oben geleitet wird und den göttlichen Willen einbezieht, dann erleuchtet dies seine Seele.

5.2. Die Göttliche Triade

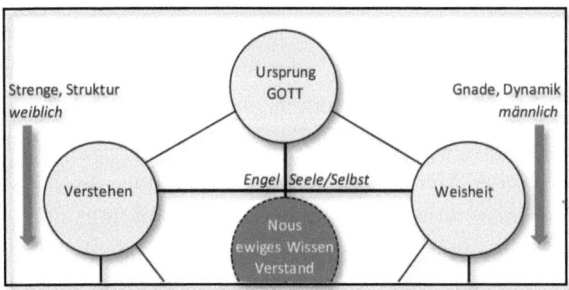

Abb. 31: Göttliche Sphären des Lebensbaumes

Auf diesen allerhöchsten Ebenen gilt es, das Göttliche in seinem Ganzen zu verstehen und offen bzw. geistig leer zu sein, um Weisheiten aus dem Göttlichen empfangen zu können. Und ja, das Allergöttlichste, das SOPHIA-Christus-Bewusstsein, ist auch in dir und in jedem von uns. Wir sind Teil dieser göttlichen Energie und ihres Bewusstseins.

Die Sphären des göttlichen Verstehens, der göttlichen Weisheit und des höchsten Selbst

Es bedarf dieser drei göttlichen Emanationen durch ein aufgebautes Verständnis, das sich durch ein spirituelles Studium wie das Lesen und Reflektieren dieses Buches oder zum Beispiel der anthroposophischen oder hermetischen Schriften wie auch durch viel Meditation, um das Göttliche integrieren zu können, entwickelt. Du baust durch ein solches Selbststudium ein Verständnis auf, das dir wiederum hilft, deinen Kopf freizubekommen und zu lernen, wahrlich empfangen zu können. Denn es hilft, wenn du zuallererst verstehen lernst, warum das nötig ist und wie du es schaffen kannst, ein leeres Gefäß zu werden. Sokrates hat es schon auf den Punkt gebracht: *„Ich weiß, dass ich nichts weiß."* Und genau das müssen wir verstehen lernen, damit wir einerseits von unserem Ego und dem Glauben, alles Mögliche zu wissen, loslassen, und andererseits lernen, dass wir uns durch dieses Bekenntnis tatsächlich öffnen und den Kopf freimachen, entleeren, denn wir wissen im Grundsätzlichen tatsächlich gar nichts. Und das erlaubt, dass sich das Göttliche im leeren

Gefäß entfalten kann, sprich, dass du empfangen kannst. Sieh dir nur an, wo die Wissenschaft nach über achttausend Jahren steht: Sie weiß vom Menschen immer noch so gut wie gar nichts. Mitunter ist das so, weil wir die spirituelle oder feinstoffliche Welt nicht in Betracht ziehen, wenn wir beobachten, analysieren und Thesen aufstellen. Das ist schon der erste große Fehler der Wissenschaft, die ganz nach Aristoteles' Herangehensweise vorgeht und die Philosophien und Erkenntnisse von Pythagoras, Heraklit, Sokrates und zum Teil auch Platon gänzlich ignoriert. Natürlich steckt auch in unserer Wissenschaft Weisheit, denn in allen Dingen steckt das Göttliche und somit auch Weisheit[58], aber es ist nur ein Auszug dessen, was wir an Weisheit empfangen könnten, wenn wir offen dafür wären. Und so muss auch der Forschende zugeben, dass er oder sie eigentlich nichts weiß. Wir können so viele grundlegende Dinge immer noch nicht erklären, wie das Universum, schwarze Löcher, unseren Körper im Kleinen, die Atome, die Funktion und den Kraftstoff dahinter, die körperlichen Wunderheilungen, letzten Endes auch den Sinn des Lebens, der uns entgeht, wenn wir das Göttliche nicht in Betracht ziehen.

Es geht also darum, den Zugang zum Göttlichen zu verstehen und dann zu lernen, wie man die göttlichen Weisheiten empfängt, damit du diese Weisheiten, Ressourcen, und Impulse für dein menschliches Leben zur Verfügung hast und diese mit ins Körperliche, also in die Inkarnation, nehmen kannst, damit sie dort manifestieren. Die Weisheiten kommen allesamt aus dem Göttlichen und du bist Teil dessen. Es kommt letzten Endes alles aus dir selbst heraus, aus deinem höchsten Selbst, aus dem SOPHIA-Christus-Bewusstsein, aus dem ICH BIN. Überlege dir einmal, wie mächtig du bist und was du wirklich in dieser Welt davon auslebst. ICH BIN sind Kraftworte.

Durch dieses Bewusstsein sind wir auch alle eins. Darin sind wir alle – also alle Lebewesen! – verbunden. Daher ist diese Weisheit auch das Licht des Lebens, denn wenn wir alle uns wieder verbunden miteinander fühlen, dann beginnt das Paradies auf Erden wieder

---

[58] Siehe auch Rudolf Steiner, GA 13.

zu erblühen. Doch um diese Weisheiten und das Göttliche empfangen zu können, bedarf es der Stille. Der Kopf muss leer werden, auch das Herz soll sich öffnen und der Lärm des Alltags muss entfernt werden, denn es ist so schwer, irgendetwas zu hören, wenn wir die ganze Zeit mit Nachrichten aus den Medien, Messages auf dem Handy, Straßenlärm und so weiter bombardiert werden. Wir können uns aber in unsere Welt zurückziehen, einen Ort der Stille suchen und in Meditation eintauchen, um das Göttliche zu hören. Und es geht. Ich selbst kann es bezeugen und habe erfahren dürfen, wie das Göttliche mit mir kommuniziert, nämlich durch Visionen und Gefühle. Dazu muss man aber still werden.

Diese Visionen und Gefühle, die aus meinem Herzen kommen und zu mir sprechen bzw. die ich sehe und höre, geben mir Richtung in meinem Leben und auch Sicherheit, und vor allem spüre ich die bedingungslose Liebe. Diese Weisheiten und Impulse kann ich durch meine Willenskraft und die göttliche Gnade und ihre Liebe in meine Vorstellungskraft transmutieren und ein göttliches Leben führen, mein Leben. Das Leben, das für mich gedacht war. Ich kann mich verwirklichen und meinem Selbst treu bleiben. Durch Hingabe und Dankbarkeit wird diese göttliche Vorstellung meines Lebens umgesetzt werden können. Es manifestiert sich durch das Unterbewusste und das Göttliche absolut. Denn die Botschaft kommt ja direkt von oben und hat ihren Segen. Das bedeutet, dass man durch seine Schwingungen zum Göttlichen hin erhöht wird. Liebe passiert und gedeiht. Der Mensch erkennt sich als Lichtwesen und wird zum göttlichen Menschen, zum Anthropos. Er wird automatisch Liebe fühlen und Gutes empfinden. Und er wird somit zum Diener des großen Werkes, wie die Hermetiker den großen göttlichen Plan nennen. Der, der wahrlich von oben durch sein Selbst empfängt, wird seine Inkarnationen und den Rhythmus des ewigen Lebens verstehen. Innerlich still zu werden und empfangen zu lernen ist die große Botschaft dieser Sphären des Lebensbaumes, um das Göttliche, Empfangene wieder mit auf Erden zu bringen und mit Hingabe zu manifestieren. Und je mehr wir das große Werk erkennen und ihm dienen wollen, desto mehr wird auch unsere Willensstärke wachsen und wir werden Energien und Kraft haben, das Göttliche auf Erden zu verwirklichen, siehe Jesus Christus, Maria Magdalena, Buddha, Teresa von Ávila, Mutter Theresa, Gandhi und viele mehr, die in göttlicher Kraft ihren einzigartigen Weg gegangen sind.

Durch die wahre und tiefe Hingabe können wir mehr und mehr Kraft aufbauen und werden Energie und Fähigkeiten aktivieren können, um das Göttliche zu spüren, zu hören, zu sehen und zu verkörpern. Im Laufe der Bewusstseinserhöhung kannst du durch deine tiefe Entwicklung der inneren Stille und des Empfangens auch hellfühlig, hellhörig, hellsichtig und hellwissend werden. Diese Fähigkeiten sind alle bereits in uns und auch verfügbar – wir müssen sie nur entwickeln. Und ja, es geht nicht von heute auf morgen. Wahrscheinlich sind es einfach kleine Schritte der Entwicklung, die uns aber in kürzester Zeit bereits ein verbessertes Leben schenken. Ich sehe das in meinem Leben, im Beruf und in meiner Beziehung. Meine Lebensqualität hat sich unermesslich gesteigert. Und sicher sind noch genug Themen vorhanden, die es aufzuarbeiten gilt. Aber es ist kein Stress mehr vorhanden, denn ich lerne im eigenen Rhythmus des Göttlichen, meines höchsten Selbst. Mein Weg ist klar ersichtlich und ich spüre, wo meine Zukunft liegt, wie es mir gehen wird, wie alt ich werde und was noch alles zu lernen ist und auf mich zukommt. Ich beginne zu leben und im göttlichen Sinne zu manifestieren für das große Werk. Ich fühle die mir gegebene Gnade und bin aus tiefstem Herzen dankbar für all die Weisheiten, die ich empfangen darf und die mein Leben zum Allerbesten verändern.

6. ALCHEMISTISCHE QUINTESSENZ FÜR DEN ALLTAG DES 21. JAHRHUNDERTS

Der Mensch, der seinen Geist und sich selbst fühlt,
fühlt auch das ewige Leben.
Johannes Slacik

Es gibt nichts Neues unter der Sonne. Alles steckt bereits in uns und wir würden es auch wissen, wäre uns bewusst, dass wir aus dem

Göttlichen kommen und mit dem Göttlichen verbunden sind. Viele heutzutage verneinen das Göttliche, finden es gar lächerlich, weil die Religionen ausnahmslos ganze Arbeit geleistet haben, den Menschen bewusst in die Irre zu führen, wie die katholische Kirche es tat, oder auch unbewusst. Viele fühlen sich vom Göttlichen verraten und brachen die Beziehung zur Spiritualität ab. Auch die Bilder eines strafenden Gottes, die Annahme, einen Gottvater zu haben, aber keine Gottmutter, machte für die meisten Menschen im Allgemeinen keinen Sinn. Und unsere leistungsorientierte, materialistisch-kapitalistisch geprägte Welt fordert allemal viel von jedem einzelnen Menschen, sodass der Glaube an ein Paradies mitunter komplett verschwunden ist. Wir haben dadurch vor vielen Inkarnationen bereits das Göttliche verleugnet und damit uns selbst, unseren Ursprung, das ICH BIN.

Und die Zeit ist nun reif, viele Jahrtausende später, dass wir endlich wieder erwachen, und zwar im Kollektiv, und das Göttliche in uns erkennen. Wir haben viel Arbeit vor uns, Schattenarbeit und Erinnerungsarbeit (Meditationen), aber auch viel Arbeit der Selbstvergebung, damit wir im Kern wieder zur Selbstliebe finden können. Denn nur wer sich selbst liebt, ist fähig, andere authentisch von Herzen zu lieben. Die bedingungslose Liebe, von der ich hier rede, kennen wir so nicht mehr. Wir sind aufgerufen, diese wieder zu entdecken, zu spüren und in uns zu integrieren. Das geht nur, indem wir das Göttliche in uns reaktivieren. So und nicht anders können wir zu Erleuchtung finden. Denn jeder von uns ist göttlich, geschaffen nach dem Ebenbild Gottes.

Doch zum Verständnis, was denn eigentlich Erleuchtung ist: Jede Art und Form der Erkenntnis ist ein Grad der Erleuchtung. Wir erleben aber hauptsächlich dann Erleuchtung, wenn wir gelernt haben, die Wertung zu überwinden und damit die Polarisation aufzulösen. Dann sind zwei wieder in der Einheit und erkennen das Göttliche. Denn Gleiches erkennt Gleiches. Und danach gibt es noch unzählige Schritte oder Stufen der Erleuchtung, die sich gar nicht ermessen lassen können, außer, wir sind auf derselben Stufe der Erleuchtung.

Meine eigene Reise und Entwicklung führten mich unweigerlich zur Hermetik bzw. Magie, Anthroposophie und schließlich eröffnete sich mir das SOPHIA-Bewusstsein oder zumindest ein Teil davon. Ich erwachte im Jahr 2019 und befinde mich seitdem auf meiner Entwicklungsreise zur seelischen Rückintegration und Aktivierung des höheren Bewusstseins, um das Göttliche in mir voll zu erkennen, zu integrieren und ausleben zu können, um glücklich und gesund das Paradies auf Erden zu erleben. Ja, es ist eine längere Reise, und je mehr ich daran wachse, desto mehr erkenne ich den Sinn und die Wahrheit dahinter. Ich erkenne mich wieder. Und ich erkenne auch meine Schattenseiten, auch die tief verborgenen, die schön langsam, aber sicher hochkommen dürfen, um von mir bearbeitet zu werden. Und so habe ich viele Erkenntnisse und spirituelle Erfahrungen und Weisheiten zu teilen, denn wer Weisheit erlangt, hat auch den Auftrag und die Verantwortung, diese zu vermitteln. Es sind nicht meine Weisheiten, sondern allgemeine, für uns alle verfügbare Weisheiten. Und so stelle ich hier einige für euch zur Verfügung. Die Sammlung an Erkenntnissen ist nämlich eine rein natürliche Entwicklung, wenn man sich mit sich selbst beschäftigt. Und so steht nichts zwischen dir und deinem göttlichen ICH außer dir selbst.

Mein großes Aufwachen habe ich aber dem SOPHIA-Bewusstsein zu verdanken. Es lässt mich wieder erinnern, wer ich bin und weshalb ich hier auf Erden bin. Es ist das größte Geschenk, das mir je zugetragen wurde. Ich weiß nun, dass ICH BIN. Und das genügt.

Der vermeintliche Leidensweg – oder der Sündenfall

Die Buddhisten nennen den irdischen Lebensweg des Menschen einen Leidensweg. Und es ist wahr, dass wir im Leben neben hoffentlich vielen glücklichen Momenten auch sehr viele mühsame Momente erleben. Wir ringen mit unserem Schicksal, das wir nicht begreifen und viele nicht einmal anerkennen wollen, weil wir auch nicht wissen, wie man sich vom Schicksal erhebt. Wir sind gelegentlich zornig und aggressiv, dann wieder traurig und depressiv und erleben in Summe einen Lebensweg, der mehr zum Lernen gedacht scheint als zum Glücklichsein und das Leben Genießen.

Unser Leben ist aber vor allem ein Leidensweg, weil wir die kosmischen Gesetze nicht kennen, nicht berücksichtigen oder nicht verstehen. Auch die Wirkungen der Elemente gehen an unserem Verständnis vorbei. In der vieltausendjährigen Geschichte der Menschheit konnten wir als Gesellschaft nicht lernen, wie wir unseren Lebensweg verbessern und den Himmel auf Erden leben können. Die meisten von uns wissen nicht, wie sie die kosmischen Gesetze und die inneren elementaren Wirkungen anwenden bzw. für sich nutzen können. Genauso wenig wissen sie, wie sie ihr Schicksal positiv beeinflussen können. Kaum jemand hat eine tiefgründige Schattenarbeit hinter sich und damit sein Herz und seinen Geist befreit. Kaum jemand kennt den eigenen Sinn des Lebens und die Wirkung der göttlichen Einheit in uns Menschen. Kaum jemand versteht die Begriffe Magie oder Mystik und die Wirkungskräfte der Elemente, die uns ausmachen. Selbst der über fünftausend Jahre alte kabbalistische Lebensbaum wird nur von Auserwählten wahrlich verstanden, obwohl jeder einzelne Mensch den gesamten Lebensbaum widerspiegelt sowie seine männlichen und weiblichen Polaritäten. Diese Weisheiten sind leider kein Allgemeinwissen. Es ist allzu logisch, dass wir hier auf Erden einen Leidensweg und Lernweg erleben, wenn wir das alles nicht verstehen bzw. begreifen. Insofern ist es mein Wunsch, der Menschheit im Allgemeinen mit den Weisheiten, die in diesem Buch verpackt sind, Unterstützung und eine Möglichkeit zu bieten, den individuellen und persönlichen Lebensweg zu verbessern und durch Erkenntnisse zu wachsen.

Und ja, alles begann mit dem Sündenfall, der als Metapher oder Symbol für die Bedeutung der Trennung des Menschlichen vom Göttlichen steht. Der einstige Zustand des Menschen im Paradies wird durch Adam Kadmon verkörpert. Er gilt als der Anthropos, der ganzheitliche göttliche Mensch, der Mensch, der weibliche und männliche Teile in Harmonie vereint hat und in der Einheit lebt, sprich, das Göttliche vollkommen integriert hat. Er ist Sohn Gottes wie auch Tochter Gottes, weil jeder Mensch beide Teile in sich trägt, jede Frau und jeder Mann. Das Göttlich-Weibliche, die Eva, spielt hier eine sehr große Rolle als Impulsgeberin. Denn das Weibliche empfängt, z. B. den Samen des Mannes, aber auch die göttliche Stimme. Und so vermittelte Eva (das Göttlich-Weibliche), was zu tun sei, während Adam (das Göttlich-Männliche) diesen Impuls ins Leben brachte und umsetzte. Hier gibt es keine Schuld, wohlgemerkt. Doch der bildhafte Fall aus dem Paradies war die tatsächliche Trennung vom Wissen unserer Göttlichkeit. Der Satan in uns wurde sichtbar und damit unser Ego. Seitdem konnten uns der Teufel oder die dunklen Kräfte suggerieren, dass Gott männlich und strafend ist, die Frau eine böse Hexe und ihr nicht zu trauen ist, dass alle Versuchungen der Welt die normale Welt seien und so weiter. Der Mensch nach dem Sündenfall hatte aber immer noch die Idee des wahren Göttlichen und fühlte zumindest noch, was gut für den Menschen ist und was nicht. So wussten die meisten Menschen immerhin noch, welche Kräuter welche Krankheiten heilten. Doch über die vielen Jahrtausende und auch die (Kräuter-)Hexenverbrennungen haben dunkle Kräfte ganze Arbeit geleistet und uns vollkommen vom Göttlichen, ja, sogar von uns selbst getrennt, siehe die weltweiten Covid-19-Maßnahmen, die sich nur auf einen Augenblick in unserer Lebenszeit beziehen. Doch die Trennung ist bereits dem Sündenfall geschuldet. Und ja, das ist unsere Urschuld, die wir unbewusst mit uns tragen, damit wir sie im Kollektiven hoffentlich bald auflösen und uns davon befreien dürfen. Denn es ist der göttliche Mensch selbst, der sich den Sündenfall erlaubt hat, vor allem, um seelische Erfahrungen zu machen, doch seitdem in Trennung vom Göttlichen lebt, nicht mehr im Paradies, und sich deshalb auch schuldig fühlt. Doch ist es nicht seine Schuld, denn es ist auch zugleich immer der große göttliche Plan, der dahinter, auf einer höheren Stufe, wirkt. Somit ist es auch nicht unsere Schuld und wir können von dem Thema loslassen. Jede Erfahrung bringt Erkenntnisse; jede Erkenntnis ist ein Grad der Erleuchtung; jeder vermeintliche Fehler ist keine Frage der Schuld, sondern eine Frage des Erlebnisses und der gesammelten Erkenntnisse. Es ging nie um Schuld. Die Trennung vom Göttlichen sowie die Urschuld sind allerdings die Gründe, warum wir erkranken. Denn auf Erden inkarniert und getrennt vom Göttlichen zu sein, macht uns unsicher, ängstigt uns und wir verstehen die

Welt nicht mehr, geschweige denn den Sinn hinter unserem Leben. Die psychische Belastung lässt uns erkranken. Und sei dir gewiss, jede Krankheit entsteht aus seelischer Imbalance oder Inkongruenz zum eigenen wahren Selbst. Es ist nicht normal, dass der Mensch erkrankt, auch nicht im Alter. Der Leidensweg, und damit unser Leben, ist aber durch die Trennung ein Weg der Krankheit, durch den wir lernen, uns seelisch wiederzuerkennen und damit zum Göttlichen in uns zu finden. Und so gab uns Hermes erste Lösungsansätze, um die Welt und uns selbst besser verstehen zu können. Dann kam Moses und schenkte uns Struktur durch göttliche Gesetze. Doch nicht jeder Mensch schafft es, seine Krankheiten zu heilen, weil nicht jeder, damals wie heute, an das Göttliche und an die Selbstheilungskräfte in sich glaubt oder auch nicht die Muße hat, sich seine Themen anzusehen und an sich zu arbeiten. Und so kam auch Jesus, um der Menschheit mitzuteilen, dass es um die Selbstliebe hin zur Nächstenliebe geht, die uns mit dem Göttlichen wieder vereint. Und Selbstliebe bedeutet, dass wir uns selbst genügen. Wir sind einzigartig und perfekt so, wie wir sind. Christus brachte uns das ICH-Bewusstsein, laut Rudolf Steiner. Denn er zeigte uns, dass jeder Mensch, also jedes einzelne ICH, die Fähigkeiten und Wunder von Christus erwerben kann, dass es in uns steckt und wir sogar noch mehr Wunder hervorbringen können, wenn wir an ihn und das Göttliche glauben. Er zeigte uns, welche Wunder der Mensch fähig zu tun ist und ja, das inkludiert auch die eigene Heilung. Die alchemistische Quintessenz ist: Ich bin fähig, damit BIN ICH göttlich wie er. Anstatt dies zu lernen, haben wir ihn gekreuzigt und auch hier vollbrachte er noch Wunder in Liebe zur Menschheit und in der Hoffnung bzw. seinem Wissen, dass er uns damit als Menschheit heilen würde. Er prägte mit seinem Opfer die Menschheit und die Erde als Planet. Es gibt einen Grund, warum Jesus seit über zweitausend Jahren angebetet wird. Natürlich, der brutalen Kolonialisierung und dem Machtanspruch der katholischen Kirche ist das leider auch zu verdanken. Vor allem aber, weil sich sein Geist, das Christus-Bewusstsein, in unsere menschlichen Ätherleibe eingeprägt hat. Darum ist es auch so leicht, an Jesus zu glauben und zu ihm zu beten, denn er ist sehr real spürbar. Christus wirkt in jedem von uns, ob wir das bewusst merken oder nicht, denn er hat seine Mysterien ins Feld des kollektiven Unbewussten gesetzt, die seit zweitausend Jahren der Menschheit zur Verfügung stehen. Und ja, viele, die bereits aufgewacht sind, haben seine Kräfte in uns erkannt und wenden sich an Christus für ihre eigene Befreiung. *„Denn wer da bittet, der empfängt; und wer da sucht, der findet; und wer da anklopft, dem wird aufgetan"*[59]; *„wer an mich glaubt, der wird die Werke auch tun, die ich tue, und wird größere als diese tun"*[60], dies waren seine Hinweise für uns. Die Liebe überwindet alle Krankheiten – nicht durch den Tod, sondern durch echte Heilung, durch das Aktivieren deiner Selbstheilungskräfte des göttlichen Menschen in dir.

Solange wir inkarniert sind, kommen wir in dieser Entwicklungsphase des Menschen dem vermeintlichen Leid nicht wirklich aus. Aber wir erleben es differenziert, wenn wir Fähigkeiten und ein höheres Bewusstsein erwerben, um es zu überwinden. Ein Beispiel dazu wäre: Wenn wir in Angst leben statt im Vertrauen, dann ist das unsere Realität und zugleich schmiedet diese Perspektive unser Schicksal. Wenn wir aber im Vertrauen leben, erfahren wir ein ganz anderes Schicksal, denn wir filtern die Welt und unsere Erlebnisse anders und haben zudem Vertrauen, dass alles gut ist, wie es ist. Wir können uns für das Leid und die Angst im Leben entscheiden oder aber auch für das Gute im Leben und für Vertrauen. Bei Angst kontrollieren wir oft unseren Alltag, was zu Dauerkontrolle und Überforderung und einer niedrigen Schwingung des Menschen führt; bei Vertrauen übergeben wir unser Leben dem Höheren, das uns führt – unserem höheren Selbst. Wir können Wunder erleben, weil wir nichts kontrollieren. Wir sind frei und können unser höheres Selbst verwirklichen, was uns letztendlich glücklich macht. Wir überwinden also unser Schicksal in unserem Gefühl. Wir fühlen die Freiheit, die uns unsere Perspektive bringt, und das verändert unser Schicksal, denn es wird zum Leben anstatt zur Qual.

---

[59] Mt 7:8.
[60] Jh 14:12; Mt 28:19.

Und so empfehle ich Schattenarbeit, denn wir haben so viele Themen, die uns gar nicht bewusst sind. Aufgrund unserer Konditionierung und der kulturellen Prägungen in der Kindheit sind viele Glaubenssätze und Verhaltensmuster entstanden, die unserem Selbst nicht guttun und durch die wir uns selbst sozusagen im Wege der Entwicklung stehen. Mit einer konstruktiven Schattenarbeit, in der man wirklich alles hinterfragt, was einen nervt, ärgert, irritiert, kann man schon sehr viele Muster erkennen und auch auflösen.

Oder wenn wir uns selbst bzw. unsere Handlungen für nicht genügend erachten und uns selbst entwerten und uns daher in manchen Bereichen minderwertig fühlen oder wenn wir unkonstruktiv ausgelebte oder unterdrückte Aggressionen haben. Das Ego versucht uns ständig zu überreden, dass wir nicht vertrauen können, dass alles Göttliche nur Einbildung und Blödsinn sei. Und es schafft das auch, wenn wir noch immer unaufgearbeitete Teile in uns besitzen, welche uns bestimmen und uns sozusagen angreifbar machen, besonders, wenn wir bis jetzt zu wenig göttliche Erfahrungen gemacht haben, um dem wahrlich vertrauen zu können. Also habe Mut, dir deine Themen ernsthaft anzusehen.

Vor allem aber das Arbeiten mit den Tierkreiszeichen und Elementen sowie mit den astrologischen Archetypen bzw. Planeten (welche in meinen Buch ‚*SOPHIA – Der göttliche Mensch*‘ genauestens beschrieben sind) hilft uns, diese Kräfte in uns zu erkennen und unsere Schatten gänzlich bewusst zu machen und aufzuarbeiten. Manchmal hilft es allein schon, darüber zu reden. Andere Male ist es harte Selbsterfahrung und Arbeit. Schließlich gilt es, diese Teile oder Kräfte allesamt zu lösen und ins Licht zu bringen, bevor wir wirklich unseren göttlichen Weg finden können. Wir müssen unsere Schatten bewusst machen und die dahinterstehenden Muster hinterfragen. Nur so sind wir letztendlich imstande, auch zu unterscheiden, was unsere Ego-Themen und was klare Herzensvisionen sind. Erst dann können wir klar und frei den Weg zur Seele gehen. Dann haben wir, hermetisch gesehen, den Hüter der großen Schwelle erreicht, das

Ego, das uns anblickt, und unser höheres Selbst, dass hinter dem Ego hervorstrahlt und uns anlächelt, weil wir es erkannt haben.

Wir Menschen haben ja so viele Themen, ob es mit dem Essverhalten zu tun hat, was zumeist eine Kompensation des unterdrückten Ärgers ist, oder ob es die Faulheit der Couch-Potatoes ist oder das materialistische Kompensieren durch Einkaufen und Besitzanhäufen, oder die Beziehungsthemen zuhause, in der Arbeit und sogar mit Freunden – es ist egal, in welchem Bereich des Lebens wir nachsehen, es sind überall Schatten vorhanden, die uns das Leben schwerer machen und uns den Spiegel im Außen nicht erkennen lassen, solange wir die unbewusst laufenden Dynamiken und Verhaltensmuster nicht durchschaut haben. Und unsere Bequemlichkeit, nicht an uns selbst arbeiten zu wollen, also auch nicht in die Selbstverantwortung zu gehen, macht uns mürbe und unlebendig. Wir sind eigentlich energetisch schon fast tot, während wir uns noch überessen, uns mit Fernsehen begnügen und die Arbeitsstelle wie auch die Führung unseres Landes einfach als gegeben hinnehmen. Wir geben unsere Eigenverantwortung an Vater Staat ab, an den Arbeitgeber, ja, sogar an die Partnerin oder den Partner und sind einem schlafenden Menschen sehr ähnlich. Die gesamte spirituelle Welt spricht auch vom Teil der Menschheit, der noch nicht erwacht ist, sprich, die Illusionen der Welt noch nicht erkennen kann, von schlafenden Menschen. Und so haben ja auch unglaublich viele Menschen weltweit geschlafen, als die verheerenden, unmenschlichen Covid-19-Maßnahmen implementiert worden sind, alles im Namen des Schutzes der Menschheit. Was taten die Milliarden Menschen auf der Erde, bis auf im Verhältnis gesehen wenige: Sie sahen zu, ließen es zu und taten nichts gegen den Irrsinn. Sie schliefen. Dass jede Impfung auch unsere Selbstheilungskräfte minimiert und dem Körper sogar suggeriert, wie er zu sein hat, ist ein Spiel mit den göttlichen Kräften. Ja, in einem solchen Fall ist es wohl der Teufel. So sind sich die Anthroposophen alle einig, dass jede Impfung, aber im Speziellen die neuen mRNA-Impfungen tiefe Suggestionen an den Körper und die Seele sind – „die Impfung treibt die Seele aus", so das spirituelle Verständnis, aber wir lassen uns darauf ein aus Bequemlichkeit. Wir übernehmen zu wenig bis keine Verantwortung mehr für uns selbst, daher tun das andere für uns. Und natürlich geht es hier nicht nur um Verantwortungsabschiebung, sondern auch um unsere Ängste, die uns begleiten. Und speziell in den Corona-Jahren wurde uns eine Überdosis an Angstbildern vermittelt. Doch da sind wir eben beim Thema Angst, das in der Schattenarbeit aufzuarbeiten ist. Denn Angst und Stress, der ja auch aus der Angst kommt, sind verantwortlich für all unsere Krankheiten im Offensichtlichen und im Subtilen. Und Stress ist im Ursprünglichen der Adrenalinstoß, den der Körper ausschüttet, wenn wir z. B. verfolgt werden, wenn wir ums Überleben rennen müssen. Heutzutage ist es aber keine Überlebensangst mehr, sondern wir schütten pures Daueradrenalin in den Körper, in die Zellen, um in der Arbeit den Druck auszuhalten, den hausgemachten Leistungsdruck. Und nur zur Info: Adrenalin ist für unseren Körper auf Dauer nicht gesund. Es ist eine Überlebenskraft, aber keine Lebenskraft. Zu viel Adrenalin macht uns krank und der Körper reagiert. Stress kommt aus der Angst und ist die größte Krankheitsursache der heutigen Welt. Doch die Krankheit fördert wahre und schnelle Umgesinnung – das ist wie ein *wake-up call*. Aber sobald wir wieder gesunden, ist die Chance sogar groß, dass wir wieder zu unseren alten Mustern zurückkehren, weil sich diese so eingepflanzt haben und wir diesen Weg kennen und nicht verzichten wollen. Der Körper sagt „Halt!", aber unser egogetriebener Verstand will ihn gar nicht hören. Insofern kann man auch wahrlich sagen, der Verstand wird hier nicht genutzt. Es sind egogetriebene Muster, nach welchen wir leben, und nicht unser Selbst, welches wahrlich gesunden würde, würden wir es zulassen. So hat jemand z. B. Arthrose, ist aber immer noch hart im Nehmen, sehr konsequent und auf Vollgas unterwegs und will gar nicht erkennen, dass es so nicht geht, dass dieser Weg nicht der Weg für diese Person ist, sonst würde sich der Körper nicht so quälen, sonst würde er gesunden und wie im Flow alles von selbst oder wie geschmiert laufen. Hier ist es unsere Vehemenz, die ebenso aus der Angst entsteht, die uns erkranken lässt. Daher bedarf es der tiefen Schattenarbeit. Und wenn du so weit bist, dir deine Angstthemen anzusehen, weil alles Oberflächlichere bereits aufgearbeitet wurde, dann wird wahre tiefe Heilung passieren. Dann wirst du dein Herz wieder hören und eventuell auch den Mut entwickeln, dem eigenen Herzen zu folgen.

Die Vergebung

Das Schwierigste ist und bleibt in unserer kollektiven Entwicklung der Menschheit, dass man sich seine Menschlichkeit mit all seinen Fehlern auch verzeihen kann. Selbst auf dem Weg zum höchsten Selbst sind wir vor Fehlern nicht gefeit und müssen unsere Schatten überwinden. Wie Teresa von Ávila bereits sagte, müssen wir uns hüten, denn die Schwächen unseres Egos holen uns immer wieder ein bzw. führen uns immer wieder in Versuchung. Die Versuchungen, welchen selbst Jesus in der Wüste ausgesetzt war, waren sein eigenes Ego (sein Satan in ihm), das seinen Glauben testete. Auf unserem ganz persönlichen Weg ist es dasselbe. Die intensive, aufwendige Schattenarbeit wird notwendig, um das eigene Ego durchschauen zu können und letztlich an sein höheres Selbst und seine seelische Bestimmung glauben zu können. Das Menschsein mit all unseren Fehlern begleitet uns auf unserem Weg hin zum höchsten Selbst. Und bei allen vermeintlichen Fehlern, die wir auf dieser Reise machen, sollten wir versuchen, unser Menschsein zu akzeptieren, sollten uns selbst mit viel Liebe und Mitgefühl behandeln und uns vergeben. Mitgefühl kommt bereits aus einem tiefen Vergeben heraus. Denn wer seinen Taten und vermeintlichen Schwächen vergeben kann, wird Mitgefühl für sich und somit für andere spüren.

Doch gibt es auch tiefere Wunden, die wir uns vergeben müssen, etwa transgenerationale Wunden aus Familientraumen oder Wunden aus Vorinkarnationen, die es zu vergeben gilt. Das kann bis zur Urschuld des Sündenfalls gehen oder sogar darüber hinaus. Die Vergebung, wie auch Christus schon sagte, ist die einzige Form der Liebe, die durch das entstehende Mitgefühl wahrlich Heilung bringt. Übe dich daher in der Vergebung all deiner menschlichen Themen und lerne, den Personen in deinem Umfeld zu vergeben. Du wirst deine Welt auf Dauer nicht mehr kennen, weil so viel Positives eintreten wird. Das Ho'oponopono-Vergebungsritual aus dem Kapitel ‚Das Gesetz von Ursache und Wirkung' hilft hierbei.

Von Unschuld, Fülle und dem reinen Herzen

Wer Selbsterkenntnis erlangt, aber seine egogetriebenen Begierden nicht aufgeben oder auflösen kann, der entwickelt sich nicht. Die Seele wird sich allerdings dafür schämen, so erklärt Rudolf Steiner (GA 13). Und dieses Schämen ist das Grundübel für inkongruentes Verhalten. Inkongruenz zeigt sich, wenn die Gedanken und Vorstellungen mit den Emotionen und Gefühlen und schließlich dem Willen und der gewollten Umsetzung nicht zusammenstimmen. Schämen ist die subtile Form der Inkongruenz, die auch verhindert, dass wir uns selbst erkennen. Wenn wir etwas nicht schaffen, obwohl wir denken, dass wir es eigentlich schon schaffen sollten, dann schämen wir uns schnell einmal dafür vor anderen und uns selbst. Wir zweifeln an unseren Fähigkeiten und möchten dennoch im Außen so wirken, als würde alles passen und wir würden alles, was wir uns auch immer vornehmen, schaffen. Dieses Schämen, welches sich in Selbstzweifel wandelt, schafft Inkongruenz mit und in uns selbst. Dieses Gefühl des sich Schämens, so Rudolf Steiner (GA 13), ist letztendlich die Verhüllung des Menschen vor sich selbst, welches damit auch seine seelische Welt verhüllt: das Schämen als kleiner Hüter der Schwelle zur seelischen Integration. Wie Jesus schon sagte: *„Wenn ihr nicht umkehrt und werdet wie die Kinder, so werdet ihr nicht ins Himmelreich kommen."* Und werden wie die Kinder bedeutet, unschuldig zu sein. Kinder schämen sich für gar nichts. Sie sind ehrlich und direkt, halten sich nichts vor und fühlen keine Scham. Kinder sind noch göttliche Menschen. Und alles, was wir an unseren Kindern nicht ausstehen können, weil sie uns ärgern, weil sie nicht so sind, wie wir sie haben wollen, sind unsere projizierten, unbewussten eigenen Schattenthemen. Es sind nie die Kinder, da sie ja unschuldig sind. Es sind immer unsere Themen, die wir auf unsere eigenen Kinder projizieren. Das Beste für uns und die Menschheit, das wir sofort tun können, ist, mit unserer Schattenarbeit zu beginnen, um zumindest unsere Kinder von uns selbst zu befreien. Wir sollten von ihnen lernen, wie Jesus schon suggerierte. Er hat das nicht zum Spaß gesagt. Und so wie Kinder unschuldig sind, so warst und bist auch du unschuldig. Das Leben ist ein Erkenntnisweg, um aus Fehlern (die eigentlich keine Fehler sind, denn es sind Erkenntnisse) zu lernen. Thomas A. Edison bzw. sein Forschungsteam fanden tausend Wege, wie man eine Glühbirne nicht zum Leuchten bringt. Das sind aber keine Fehler, sondern Erkenntnisse. Und schließlich hat er nur eine Möglichkeit gebraucht und gefunden, wie man künstliches Licht herstellt.

So können wir in unserer Unschuld auch die Fülle des Lebens wahrnehmen. Denn alles rund um uns ist geschaffen, uns zu unterstützen. Die Elemente bringen uns das Leben, die Früchte der Erde, das Wasser zum Trinken, Feuer zum Kochen und auch den Wind, der die Samen der Erde verstreut und befruchtet, sodass es Fülle auf dem ganzen Planeten Erde gibt. Wir müssen nur hinsehen und es erkennen. Denn in unserer hausgemachten Welt wird uns täglich Knappheit suggeriert. Aus der Medienpsychologie wissen wir, wenn wir das oft genug hören, dass diese Perspektive schließlich zu unserer Wahrnehmung wird. Dann denken wir auch in Knappheit und treffen Entscheidungen aus der Perspektive der Knappheit. Eine Knappheit, die der Kapitalmarkt positiv nutzt, die aber schlechthin die Illusion der Welt ist. Wache auf und erkenne die Fülle in deinem Leben. Und am schnellsten geht das mit Dankbarkeit. Sei dankbar für alles, was dir im Leben gegeben wird, auch für das, was du für selbstverständlich hältst, wie die Sonne am Himmel, das Wasser auf der Erde, dass du Strom hast, dass du eine Toilette hast und noch tausend Sachen mehr, die deinen Tag jeden Tag erfüllen können, wenn du sie siehst. Dankbarkeit macht Fülle sichtbar. Und Fülle ist Liebe. Dankbarkeit macht immer die Liebe sichtbar. So möge es sein.

Und durch eine ehrliche Dankbarkeit spüren wir auch automatisch wieder unser Herz. Die Schattenarbeit macht das Ego sichtbar und entmächtigt es, wodurch das Herz wieder spürbar und seine Nachrichten hörbar werden. Wenn die Schatten beseitigt sind, kann man vom gereinigten Menschen reden, der ein *reines* Herz hat, denn es reden in seinen Entscheidungen und Worten keine Anteile des Egos mehr mit. Das Wort Jungfrau bedeutet im Hebräischen eigentlich *„rein bzw. Reinheit"*. Die Jungfrau Mutter Maria ist eigentlich die Mutter Maria mit reinem Herzen, die also keine Schatten mehr mitträgt. Diese Reinheit machte ihre Jungfräulichkeit. Und so hört sie ihr Herz und hört des Engels Stimme durch ihr reines Herz. Dies gilt es auch für uns zu meistern, dass wir durch Schattenarbeit wieder lernen, unser Herz zu hören, weil es gereinigt wurde. Dann hören wir wieder uns selbst, unser höheres Selbst. Dieser Punkt ist eine Schlüsselstelle und von absoluter Wichtigkeit. Denn der Weg zur Seele kann nur durch ein freies, gelöstes oder *reines* Herz geschehen. Unser Ego würde ein von Schatten beeinträchtigtes Herz sofort für sich vereinnahmen und uns an den Herzensvisionen und -nachrichten zweifeln lassen. Sämtliche Schatten, die uns noch begleiten, ergreift unser Ego sofort und verwendet sie gegen unsere Herzensstimme. So hast du z. B. ein Herzensgefühl, dass du jemandem helfen könntest, egal in welchem Kontext, und dein Ego erzählt dir gleich, warum du das doch nicht kannst. Denn es sind Hirngespinste, oder du bildest dir deine Fähigkeiten nur ein, dieser Jemand braucht die Hilfe ohnehin nicht, und wenn doch, dann sicher nicht deine Hilfe und so weiter. Wie können wir es aber nun schaffen, dass wir mit *reinem* Herzen unsere Visionen und Gefühle erkennen bzw. erhören und uns daher mit einer Portion vertrauenswürdigen Glaubens halbwegs sicher sein können, dass die Visionen in der Meditation oder auch im Alltag tatsächlich von unserem Herzen bzw. unserer Seele kommen?

Wertungen uns selbst und anderen gegenüber sollten wir ablegen, um frei sein zu können. Jede Wertung hält uns schließlich fest, so, wie jeder Ärger und Hass uns gebunden halten. Auch das Loslassen von sämtlichen Bindungen, wie Materiellem, löst. Und in diesem Sinne ist eine Entleerung, ein Fasten und sich Entlasten auch ein Lösungsweg, um vom Ego loszulassen und die Seele zugänglich zu machen. Auch das Erkennen der Polaritäten hilft dabei, die Wertungen zu reflektieren und den mittleren Weg zu finden. Das klingt nach viel Arbeit, und das kann es auch sein. Es kann auch sein, dass es leichter geht, weil das Bewusstsein schon vorhanden ist oder die Seele schon immer irgendwie mit dabei war (siehe Teresa von Ávila, welche mit ihrer Seele redete, als wäre sie ihr bester Freund).

Aber im Falle, dass sich das Ego einmischt, sollten wir uns zumindest bewusst sein, ob wir noch ein belastetes Herz haben, welches unweigerlich andere Visionen zeigt, nämlich Ego-Visionen, oder ob wir spüren, dass wir Gnade durch unser Herz und unsere Seele empfangen und uns unser eigener Weg gezeigt wird. Wenn wir das schaffen und reflektieren können, sind wir dem Anthropos nahe, dem Kind der Menschheit, wie Jesus Christus meinte, dem göttlichen Menschen in uns.

Es ist vor allem wichtig, zu verstehen, dass der Körper als Medium dient, um durch das Herz zur Seele zu gelangen, wie Meggan Watterson schreibt. Wir dürfen nicht nur unseren Geist für unser Verständnis und unsere Reflexion heranziehen, sondern müssen uns vor allem der Zeichen und Anzeichen unseres Körpers, im Besonderen des Herzens, bewusstwerden. Es spielt eine sensationell wichtige Rolle in unserem Leben. Es gibt unseren Rhythmus vor. Es hält uns am Leben. Es schmerzt und gibt Zeichen, wenn etwas nicht stimmt. Es wärmt uns von innen, wenn wir den individuell richtigen Weg gehen. Es gibt uns Hinweise und lässt uns wissen, wenn wir glücklich und zufrieden sind. Es lügt nie. Und auf unseren Geist hören wir ja schon. Das haben wir auch besser gelernt (wobei auch hier noch zu unterscheiden ist, was unser reflektierter Geist zu sagen hat und was unser eng denkendes Ego behauptet). Die Zeit ist reif, um auf unser Herz zu hören, welches als Sprachrohr der Seele fungiert. Die Seele, so schrieb St. Isaak von Syrien im 7. Jahrhundert, ist die Schatzkammer unseres Herzens. Durch das Herz können wir unsere Seele erfassen und ausleben. Das Menschliche (unser Ego) ist fähig, das Göttliche (Seelische) über das Herz zu integrieren und auszuleben. Wenn wir also etwas sagen bzw. in Worten ausdrücken und auch tatsächlich so handeln, wenn unsere Handlungen unseren wahren Wünschen entsprechen und wir daher unsere Seele erfreuen, dann sind wir kongruent und leben aus dem reinen Herzen.[61] Es sind schließlich das, was wir sagen, und unsere Handlungen und Aktionen, die erkennen lassen, ob sie vom Herzen und vom Seelischen (Göttlichen) kommen oder ob das Ego dahintersteckt. Liebe vermit-

---

[61] Siehe Jean Yves LeLoup (2002, EvMar) als auch C. G. Jung (2016).

teln, Zuneigung geben, Verständnis zeigen, wertfrei sein, Dankbarkeit empfinden. Dies sind Handlungen, die unweigerlich vom Herzen kommen, während das Ego immer taktisch vorgeht und verhandelt, sich schützt, verletzt, Finger zeigt, nicht glaubt, hinterfragt, unverlässlich sein kann, projiziert, irritiert ist und, und, und. Und so können wir das reine Herz in uns und in anderen erkennen. Mein Aufruf an die gesamte Gesellschaft ist es daher, anzustreben, unsere Herzensbotschaften auszudrücken und unser Ego hintanzustellen. Erst mit der Reinheit unseres Herzens werden wir die Fülle des Lebens, unsere Unschuld und unseren Auftrag im Leben wahrnehmen können. Lerne, dein Herz zu hören und seinen Botschaften zu vertrauen. Sprich, wir müssen von den Ängsten des Egos loslassen, um schließlich den Mut fassen zu können, unserem Herzen zu folgen.

Unsere Ängste und unser vermeintliches Schicksal zu überwinden, bedarf einer inneren Erkenntnisreise, gepaart mit viel Schattenarbeit, Reflexion und persönlichen Veränderungen. Es wurde in diesem Buch anhand der alten Weisheiten neu aufgearbeitet und dargestellt, wie man sein wahres ICH befreien und das Göttliche im Menschen aktivieren kann. Wenn wir den Lebensbaum als symbolische Führung für unsere Entwicklung aus der körperlichen Sphäre einmal hoch ins Pneuma und aus dem Göttlichen wieder hinuntergehen sowie die Kraft der Elemente in uns und die kosmischen Gesetze verstehen lernen, dann sind wir reif für die Schönheit unserer Seele. Und diese braucht es, um ein gesundes und glückliches Leben, ja, den Himmel auf Erden zu erleben. Ich hoffe zutiefst, dass dir dieses Buch dabei geholfen hat oder hilft, zu erwachen und dein tiefes Göttliches zu aktivieren.

Kein Zweifel bewegt mehr meinen Geist, sondern Liebe, Hoffnung und mein Glaube an das Göttliche und somit an das Göttliche in mir und in dir. AMEN.

„Namaste!"
(Bedeutung: *Ich verbeuge mich vor dir* (denn ich erkenne meine Göttlichkeit und sehe die Göttlichkeit in dir))

Akronyme

bzw.	beziehungsweise
C.H.	Corpus Hermeticum
EvMar	Evangelium nach Miriam von Magdala
GA	Gesamtausgabe (Rudolf Steiner Werke)
Jn	Evangelium nach Johannes
Kor	Korinther (Brief)
Lk	Evangelium nach Lukas
Mk	Evangelium nach Markus
Mt	Evangelium nach Matthäus
Th	Evangelium nach Thomas

Abbildungsverzeichnis

Literaturverzeichnis

De Bry Johann Theodor (1615), *Mercurius Trismegistus: para el Tractatus posthumus de divinatione & magicis præstigiis de Jean-Jacques Boissard.* Oppenheim. Biblioteca Nacional de España. Thoth Hermes Trismegisto y su ancestral escuela de misterios (VÍDEO) | CODIGO OCULTO

Die Bibel (1980), *Einheitsübersetzung: Altes und Neues Testament.* Herder Verlag, Freiburg in Breisgau.

Birkenbihl, Vera F. (2001), *Erfolgstraining.* Mvg Verlag, München.

Buwler-Lytton, Edward (1842), *Zanoni.* 5. Auflage. (2015) Benu Verlag. Hildesheim.

Byron, Katie (2002), *Lieben was ist: Wie vier Fragen Ihr Leben verändern können.* 12. Auflage. Arkana, München.

Cleary, Thomas (2011), *Das Geheimnis der Goldenen Blüte: Das klassische Meditationshandbuch des Taoismus.* Aurinia Verlag, Hamburg.

Dalai Lama (2019), *Be Angry! Die Kraft der Wut kreativ nutzen.* Allegria, Berlin.

Drei Eingeweihte (2011), *Das Kybalion.* 10. Aktual. Edition. Aurinia Verlag.

Khunrath, Heinrich (1609), *Amphitheatrum Sapientiae Aeternae*, Hanau: Wilhelm Anton, ULB Sachsen-Anhalt, Sign. AB 171174.

LeLoup, Yves Jean (2002), *The Gospel of Mary Magdalene.* Inner Traditions, Rochester.

McErlan, Sharon (2006), *Selbstermächtigung: Die Offenbarung des zutiefst Weiblichen.* Neue Erde, Saarbrücken.

McGee, R., Jon and Richard L. Warms (2011), Anthropological Theory: An Introductory History. New York, McGraw Hill.

Ménard, Louis (1866), *Hermès Trismégiste.* Didier. Paris.

Miller, Maria Magdalena (2004), Die Traktate des Corpus Hermeticum, Novalis Verlag, Schaffenhausen, und Wiontzek Hermetika-Stiftung.

Pantović-Nuit, Nataša (2017), *Spirituelle Wissenschaft, über Meditationen*; URL: https://transinformation.net/das-geheimnis-der-goldenen-bluete/, Abfrage: 30.10.2019.

Scholem, Gershom (1962), *Origins of the Kabbalah.* The Jewish Publication Society Princeton University Press.

Schulz von Thun (2014), Miteinander reden. Sonderausgab. Rowohlt Verlag, Reinbeck bei Hamburg.

Sefanie, Ilan (2022), Finde Deine Sexuelle Kraft: Die Elemente der Ekstase. Unum, Gräfe und Unzer Verlag, München.

Steiner, Rudolf (1993), *Der Mensch im Lichte von Okkultismus, Theosophie und Philosophie.* 5. Auflage, Rudolf Steiner Verlag. Dornach, Schweiz.

Steiner, Rudolf (2013), Gesamtausgabe: Band 13. *Die Geheimwissenschaft im Umriss.* Rudolf Steiner Verlag. Dornach, Schweiz.

Steiner, Rudolf (2014), *Ein Weg zur Selbsterkenntnis des Menschen.* 9. Auflage, Rudolf Steiner Verlag. Dornach, Schweiz.

Szekely, E.B. (1987), *Das Friedens Evangelium der Essener.* Martin Verlag.

Reitzenstein, Richard (1904), *Poimandres: Studien zur griechisch-ägyptischen und frühchristlichen Literatur.* Leipzig B.G. Teubner

Rilke, Rainer Maria (2015), *Gesammelte Werke.* Reclam.

Rubenstein, Elias (2019), *Der Baum des Lebens: Kabbalah der Unsterblichkeit.* 7. Auflage. Bohmeier Verlag. Leipzig.

Von Ávila, Teresa (2005), *Wohnungen der Innere Burg: Vollständige Neuüberarbeitung*, Verlag Herder Spektrum, Freiburg im Breisgau.

Von Kirschner, Johan (2017), *Lehrbuch der Mystischen Kabbala: Strukturprinzipien des Göttlichen,* Firavarti Verlag, Berlin.

Watterson, Meggan (2019), *Mary Magdalene Revealed.* Hay House Inc., Carlsbad, California.

Bildnachweis:
Bild S. 1-3, 38, 60, 64, 81-89, 102, 112, 168, 178, 181, 188, 206, 299, 268 © Johannes Slacik
Bild S. 36 © Heinrich Khunrath (1595)
Bild S. 37 © J.T. de Bry (1615)
Bild S. 42 © farmasihistorie,com
Bild S. 47, 126, 206 © Fotolia cidepix, and Johannes Slacik
Bild S. 60 © W. Hölzel
Bild S.61 © Rutherford
Bild S. 106 © Fotolia, theerakit
Bild S. 107 © Schulz von Thun
Bild S. 219 © *Lab. Algoritmos computacionales: Análisis recursivo (btocastro.blogspot.com)*
Bild S 222, 226, 237, 243 © Anlehnung an Johann Kirschner, sowie The Kabbalah Society, Rebekah Kenton
Bild S. 267 © novum verlag, und Sam Schooler by Unsplash
Autorenbild S. 269 © Katina Fridik

SOPHIA – Der göttliche Mensch

218 Seiten, **ISBN:** 978- 3903861329

Auf sein Herz zu hören, sein Selbst zu leben und dadurch glücklich zu sein, scheint vielen Menschen trotz Materialismus immer noch als erstrebenswertes Lebensziel. Doch die Umsetzung gestaltet sich meist sehr schwer. Viele sind orientierungslos, wie man das angehen kann. Johannes Slacik zeigt in seinem neuen Buch ‚*SOPHIA – Der göttliche Mensch*‘, auf welche Weise das erreicht werden kann. Nach einem höchst spannenden religionsphilosophischen Ausflug zu diesem Thema entwickelt er die Anthropos-Methode, mit der er Wege aufzeigt, die Spannung zwischen körpergebundenem Ego und göttlicher Seele zu überwinden. Vor allem geht es darum, zu seinem Selbst zu finden. Anhand von praktischen Beispielen und persönlichen Erfahrungen zeigt er dem Leser eine gut nachvollziehbare Vorgehensweise auf.

novum publishing, Neckenmarkt

EL CAMINO: Auf dem Jakobsweg

319 Seiten, **ISBN:** 978-3751956437

Johannes Slacik beschreibt in mitreißender, gefühlvoller, lustiger und vor allem authentischer Art und Weise seine Reise auf dem berühmten und bekanntesten Teil des spanischen Jakobsweges, dem *Camino Francés.* Er erfährt am eigenen Leib, was es heißt, zu pilgern! Als er nicht mehr kann und eigentlich nur mehr aufgeben und den Bus nehmen möchte, tja, genau da passiert ein Wunder: Der Weg verändert sich und vor allem verändert er Johannes. Wohl wird es noch einige Wochen dauern, bis er die Reise ‚Urlaub' nennen wird. Er pilgert durch das Baskenland, die Navarra, die Rioja, die Meseta und durch Galicien nach Santiago de Compostela. Und inzwischen lernt er die Höhen und Tiefen des Caminos kennen und lernt, sein eigenes Tempo zu gehen. Er sammelt seine daraus erlangten Erkenntnisse und Lebensweisheiten und teilt uns diese romanartig mit Humor und Spannung mit. Ein schönes, reichhaltiges Tagebuch, gepaart mit Gedichten und Rezepten aus der Region!

SSCI Eigenverlag: BoD – Self Publishing, www.bod.de

DER AUTOR

Dr. Johannes Slacik ist spiritueller Therapeut und psychologischer Berater. Er ist zudem Autor mehrerer Bücher und unterrichtet im Bereich der Wirtschaftswissenschaften an der Johannes Kepler Universität Linz, Österreich.

Vor allem aber widmet er sich der Entwicklung des höheren Bewusstseins. In seinen Workshops und Vorträgen vermittelt er den Zugang zum SOPHIA-Bewusstsein, das aus der göttlich-weiblichen Quelle kommt. Er unterstützt beim individuellen Erwachungsprozess und fördert die Aktivierung der weiblichen Qualitäten in Männern und Frauen. In seinen Coachings und psychologischen Beratungen begleitet er im Besonderen auch Jugendliche, um unserer nächsten Generation eine Chance auf authentische Entwicklung zu geben.

Für weitere Informationen:

www.sophia-bewusstsein.com

www.johannesslacik-selbsterkenntnis.com